イスラーム古典叢書

鳩の頸飾り

——愛と愛する人々に関する論攷——

イブン・ハズム 著
黒田壽郎 訳・解説

岩波書店

目次

慈悲深く慈愛遍きアッラーの御名において
またアッラーにのみ救いを求めまつる

序章

筆者アブー・ムハンマド――アッラーよ我を許し給え――の序言

本書を執筆するにあたり、至大至高のアッラーに当然の感謝をささげ、特にその下僕にして使徒たるムハンマドにたいし、また総じてアッラーの預言者たちすべてにたいし祝福をこいねがう。

またアッラーよ、私と貴方（筆者が本書を献げている友人）を困惑から救い給わんことを。そして私の力及ばざることを課し給うことなかれ。美しき助力をもってそなたにたいする従順への導き手を授け給え。好意ある執り成しにより、そなたに叛くことなからしむる術を与え給え。また私をしておのが薄弱なる意志、か弱き能力、脆弱なる体力、惑える意見、誤てる選択、乏しき分別、妄りなる情念の虜たらしむることなかれ。

アルメリアの町[1]からの玉翰は、ハティィバ[2]の宮廷の居所にて拝受いたしました。御身恙なきよしを知り慶賀の念にたえず、これにつきまして至大至高のアッラーに感謝し、アッラーが変らぬ御加護を、いやこれにもまして御加護を垂れ給わんことを祈りあげました。

その後間もなくして貴方御自身とお目にかかった次第です。貴方は自ら、遠路を顧みずお越し下さいました。われらを隔てる遠い道のり、道中の難儀をものともせずに。これより他にも恋い慕う者の慕情を色褪せしめ、胸に刻まれた記憶を忘却の淵に沈める障害は多々ありますが、ただ貴方のように盟約の絆に忠実であり、旧き契り、深き友愛、竹馬の友の刎頸の交わり、幼年の頃の友誼を重んじ、至高のアッラーを愛する者には、いかなる障害もありません。

アッラーはわれら二人の間にこのような友愛を築かれましたが、それゆえにこそわれわれはアッラーを讃え、感謝を惜しまないのです。さて前述の書簡の中で、貴方はこれまでのお便りには見られなかった考えを述べられました。そして親しくお目もじした折にその真意を伝えられ、貴方の意向を明らかにされました。私と語られるさいのあの憂きも甘きも、私的な考え、公けの信条をも包み隠さぬ件の率直さをもって。貴方を動かしているのは真の友情でありますが、私も貴方にたいしそれに倍する友情で応えました。ただ貴方からもそれに相応しい報酬のみを期待して。

私はこの主題に関して、私の友人であるカリフ、アン＝ナースィル[3]――アッラーよ彼を嘉し給え[4]――の曾孫、ウバイドッ＝ラーフ・ブン・アブドッ＝ラフマーン・ブヌ＝ル＝ムギーラ[5]に次のような長詩を献げております。

われは君を愛す非の打ちどころなき愛をもて
これに比すれば他の愛は　さながら夏の陽炎か
君に献ぐる忠言の　誠実のほどは極みなく
判然と心深くに刻まれた　君への愛は紛れなし

わが魂に異なる愛の芽生えれば　直ちにそれを摘みいだし(6)
両手をもちて切り刻む　その跡形も見えぬほど
わがひたすらに求むるは　ひとえに君の愛ばかり
わがひたむきに語るのは　ひとえに君の愛ばかり
君の愛のみかちうれば　この世に価値あるものもなく
世の人々はちりあくた　同郷《むら》の友とて蠅のむれ

貴方――アッラーよ貴方に栄誉を授け給え――は私に、愛の特性、さまざまな意味、原因、属性、そこでそれに付随して起る事柄について論攷を書くことを求められました。そのさい事実を事実として、混ぜもの、粉飾なしに、ありのままを、生起したままに、記憶したすべてを、能力の及ぶ限り誌すようにとの御意向です。私は直ちに貴方の求めに応じました。ただし貴方の御意向がなければ、このようなことを敢えてしないでしょう。それというのも、私には力が欠けているからです。短い生涯しか持ち合せぬわれわれは、死後の恩恵、来世での幸福を約束する事柄にのみ専念すべきでしょう。ただし裁判官のフマーム・ブン・アフマド(7)は、ヤフヤー・ブン・マーリクからアーイズ、アブッ＝ダルダーウ(8)にまで遡る言い伝えを教えてくれました。アブッ＝ダルダーウは言っています。「他愛もないことに心を憩わせよ。それは真理の道を歩む助けともなろうから。」アッラーに嘉された行い正しい先人の言葉に、「よき騎士としての資格を備えぬ者は敬虔さも深まらぬ(9)」とあります。また預言者の伝承中には、「しばし心を憩わせよ。それは鉄が錆びるように錆びつくものだから」とあります。

貴方の命を実行するにあたり、私は自分が実際に体験したこと、自ら努めて学び知ったこと、信ずるに足る同時代の人々から耳にしたことを利用せざるをえません。特に名前を匿名であげる場合には、これを大目にみていただきたいものです。名前を明らかにして恥辱を及ぼさぬよう、また親しい友、貴顕の士を守るという配慮のなせる業なのですから。したがって名前を記しても害の及ばない人物、それにより私も、当の本人も恥辱を蒙らぬ場合にのみ実名をあげました。これは事件があまりにも有名でことさら秘匿し、明記を避けるまでもない場合か、話題となった人物が話の種となることに満足し、ほとんど気にしない場合のことです。

私はこの論攷で、自らの見聞を詠んだ自作の詩を多く引用するでしょう。貴方に限らずこの書の読者も、私が自分の体験談を語る語り手の道を踏襲していることに留意して下さい。これは詩作で身を飾る者の流儀なのですから。さらに私は、友人たちに起った事柄を、ありのまま彼等に起ったこととして書くことにためらいを覚えました。そこで他人が体験したものと類似の自分の体験を、あくまでも私的経験として伝えることに努めました。

本書において私は、貴方の定められた範囲を守り、自分で確かめたこと、信ずるに足る人々の話のうち、正しさに紛れのないもののみを記しました。遊牧民や上代の人々に関する話は省略しましたが、その理由は彼等の生き方がわれわれのそれとは異なっており、その上彼等についての逸話はあまりにも数多いからです。他人の騎り物に乗るのは私の流儀ではありませんし、借りものの装いで身を飾りたくもありません。アッラーのお宥しと援助を乞い願います。アッラー以外に神はなし。

私はこの論攷を三十の章に分割しました。そのうち愛の諸原理に関するものが十章ですが、それは以下のように配列されています。第一章、愛の本質について。第二章、愛の徴候。第三章、夢で陥る愛。第四章、噂に始まる愛。第五章、一目惚れ。第六章、長い交際ののちの愛。第八章、言葉による暗示。第九章、眼による暗示。第十章、恋文。第十一章、愛の使者。

また本書は愛の属性、並びにその善き特性、悪しき特性を十二章に分けて論じています。実のところ愛とは〔それ自体〕属性であり、属性は他の諸属性を許容しないものです。また愛とは特性であり、特性はそれ以上〔他の性質をもって〕特徴づけられません。したがってここではあくまでも比喩的に、特性をさらに特徴づけられるものとして論じているのです。また諸属性を認識するさいに、ある属性が実際に他の属性より大きい、小さい、美しい、醜いといわれた場合、われわれは実際に目撃し、認めうる限りでのものに関してのみ、諸属性が増減という観点からたがいに異なると知ることができます。本来これらの属性は場を占めることがないため、それらについて量、部分を云々できないのですが。とまれこの部分にあたるのは以下の諸章です。第十七章、親しい助力者。第二十章、愛の成就。第十二章、愛の秘匿。第十三章、愛の漏洩。第十四章、従順。第十五章、無理強い。第七章、特定の性質を愛してそれに固執する者。第二十五章、満足。第二十二章、誠実さ。第二十三章、裏切り。第二十六章、憔悴。第二十八章、死別。

また愛にふりかかる災厄については次の六章で論じました。第十六章、非難者。第十八章、監視者。第十九章、中傷者。第二十一章、愛の断絶。第二十四章、別離。第二十七章、忘却。

このうちの二章は、上述のある章と対をなしています。つまり非難者の章は親しい助力者の章と、また愛の断絶の章は愛の成就の章と対立関係にあります。

他の四章は、愛の領域において対立するものがありません。監視者と中傷者の章の反対といえば、彼等がいなくなること以外にないのですから。そもそも対立物とは、それが生じた場合に元のものがなくなるようなものを指しますが、この点については学者たちの間で議論が百出しています。この問題を詳しく論述することも可能ですが、本書の話題に相応しくないのでここでは長談義を避けるにしくはありません。

別離の章の反対は近くに居住することですが、これはこれから論じようとする愛の主題に該当しません。また忘却の章の反対は愛そのものといえましょう。忘却とは愛の除去、その不在に他ならないのですから。

本書の終りには二つの章、つまり第二十九章、罪の卑しさ。第三十章、貞節の美徳が配されていますが、これは本論攷の結論、結語として至大至高のアッラーへの恭順を説き、善行を奨め、悪行を控えさせようとする意図にもとづいています。これらはすべての信者が服すべき義務に他ならないのですから。

ただし以上の諸章を配列するにあたり、この序章で述べた順序を正確に守ることはしませんでした。むしろ第一章から最終章に至るまで、話題の優先性、段階性、実際に生起する順序を勘案して、事の軽重、対となる諸章を並べる等の配慮を行なったので、配列に関しては多少の差異が生じました。ここでふたたびアッラーの援助を乞い願います。

したがって実際の配列は次のごとくであります。まず冒頭はこの序章で、序章では各章の配列が言及されました。ついで愛の本質について論及し、以下次のように諸章が続きます。愛の徴候の章。（夢で陥る愛の章。）噂に始まる愛の章。一目惚れの章。長い交際ののちの愛の章。特定の性質を愛してそれに固執する者の章。言葉による暗示の章。

非難者の章。無理強いの章。従順の章。愛の漏洩の章。愛の秘匿の章。愛の使者の章。愛の文の章。恋文の章。眼による暗示の章。親しい助力者の章。監視者の章。中傷者の章。愛の成就の章。愛の断絶の章。誠実さの章。裏切りの章。別離の章。満足の章。憔悴の章。忘却の章。死別の章。罪の卑しさの章。貞節の美徳の章。

（1） 地中海に面したスペインの港町。アブドッ＝ラフマーン・アン＝ナースィルの命により三四四／九五五年に作られた町で、イスラーム海軍の重要な軍港として栄えた。当時は貿易、手工業でも有名。

（2） バレンシア州の古都。

（3） スペイン・ウマイヤ朝で最も実力のあったカリフの一人。その統治は三〇〇／九一七年から三五〇／九六一年の長きに及んだ。

（4） 故人を讃えるアラビア語固有の表現。本訳書では煩瑣を避けるため、時に省略した。

（5） カリフ、アン＝ナースィルの息子アル＝ムギーラの歿年以降のことは、史書に残されていない。したがって本人については不詳。

（6） 原文 hawāka を siwāka と訂正。

（7） 著者の同時代者。諸所の裁判官をつとめた上、修辞学に通じ、古い伝承を諳んじ、詩文をよくした。

（8） 預言者ムハンマドの教友の一人。

（9） 異説に「陽気な冗談にたけぬ者は」という解釈もある。

第一章　愛の本質について

愛――アッラーよ貴方に栄誉を授け給え――の初めは単なる戯れであるが、その行き着くところは真剣さそのものである。愛が内に含む種々相はきわめて崇高であり、筆舌に尽し難いほど繊細である。したがってその真実は、自ら体験する以外には理解されない。また愛は宗教により否定されもせず、法によって禁じられているわけでもない。なぜならば心は至大至高のアッラーの御手のうちにあるのだから。これまでにも多くの正道を歩むカリフたち、道を踏み迷うことのないイマームたちが恋の虜となっている。例えばわれわれの地アンダルスでは、ダアジャーウを恋したアブドッ＝ラフマーン・ブン・ムアーウィヤ[1]やアル＝ハカム・ブン・ヒシャーム[2]、息子アブドッ＝ラーフの母タルーブとの恋が輝く太陽よりも有名なアブドッ＝ラフマーン・ブヌ＝ル＝ハカム[3]等があげられよう。また三人の息子ウスマーン、アル＝カーシム、アル＝ムタッラフを産んだギズラーンとの恋で知られるムハンマド・ブン・アブドッ＝ラフマーン[4]、ヒシャーム＝ル＝ムアイヤド・ビッ＝ラーヒ――アッラーよ彼とその一統を嘉し給え――の母スブフを熱愛したあまり、彼女の子を除き他の子供に一切意を払おうとしなかったアル＝ハカム＝ル＝ムスタンスィル[5]などはその一例である。このような例は数多いが、もしもこれらの支配者のムスリムにたいする責任ある地位が問題とされねば、彼等の逸話を数多く引いたであろう。とまれ彼等について語る場合には分別ある行為、宗教の再興に関わるものを伝える必要がある。また彼等の愛は宮廷における家族の私事に属するため、冗言は差し控えねばならない。

貴顕の士、王朝の柱ともいうべき人々については無数の話題がある。そのうち最も新しい話題は、かつてわれわれが眼のあたりにしたアル＝ムザッファル・アブド＝ル＝マリク・ブン・アビー・アーミル[6]と徴税官の娘ワージドとの恋である。彼は熱愛のすえ彼女と結婚したが、ちなみに彼女はアル＝アーミル一族の滅亡後宰相アブドッ＝ラーフ・ブン・マスラマ[7]と結婚し、彼が暗殺されたのちベルベル族の首長の一人に嫁いでいる。

アブ＝ル＝アイシュ・ブン・マイムーン・アル＝クラシー・アル＝フサイニーは、これと類似の話を私に聞かせてくれた。エジプトの支配者ニザール・ブン・マアッド[8]は、のちに彼の領土を嗣ぎ、自ら神と称えた息子のマンスール・ブン・ニザール[9]の誕生後も、久しく息子を訪うことがなかった。これは当時彼が熱愛していた奴隷女のためである。この支配者の王国の後を嗣ぎ、彼の足跡を残す世継ぎは彼をおいて他になかったが、その息子にしてこのような仕打ちにあっている。

過ぎにし上代の信仰篤き人々、学者たちについては、その恋愛詩を引用するのみで、彼等の経歴を云々する必要のない場合が多々ある。例えばウバイドッ＝ラーフ・ウトバ・ブン・マスウード[10]の逸話と恋の詩は、それのみで充分であろう。ちなみに彼は、マディーナ（メディナ）の七人の著名な法学者の一人に数えられていた。またイブン・アッバース[11]――アッラーよ彼を嘉し給え――については彼の判決文を引くのみで充分である。彼は判決を下している。「この男は恋の病いで生命を落した。したがって血の代償も復讐も問題ではない。」

愛の本質については人々が意見を異にし、これまでにも縦横に議論がなされている。私自身の見解によれば、愛とは現世において切り離された魂の諸部分の、魂本来の高貴な要素における結合である。このさい私は、ある哲学者の説を容れ、魂とは毀れた球体であるとするムハンマド・ブン・ダーウード[12]――アッラーよ彼を嘉し給え――の説をとらない。むしろ私は、魂の本来の棲処である上部の世界において魂の力がたがいに類似し、その組成が酷似しているという考えに依拠している。

被造物における混合、離別の秘密が、結合、分離の過程にあることは周知の事実である。ある形態は通常類似の形態を求め、あるものはそれと類似のものに赴く。同類性は顕著な働き、明白な影響力をもっている。対立物間の拒否、同種の物の間の協和、類似物間の牽引性は身近なわれわれの周囲の事柄にも見られるのであり、魂においてこれらの作用が起るのはなおさらのことであろう。魂の世界は純粋、繊細で、その実体は軽妙で完全な均衡を保っているのである。それは本来調和、あらゆる傾向、渇望、忌避、快楽、嫌悪の影響を受け入れやすくできている。これは、さまざまな状態における人々の言動にかんがみて本性的に明らかであり、したがって本性の中に固定されている。至大至高のアッラーは述べておられる。「アッラーこそは一つの魂から汝等を創造し、心の安らぎのためにそれから対を作り給うた御方」(コーラン七章一八九節)。これこそ、女性が男性から作られたことが心の安らぎの原因である証明に他ならない。

もしも愛の原因が肉体的な形姿の美しさにあるとすれば、器量の悪い者は讃美の対象とならないことになる。だがわれわれは、他に美しい人間がいることを認めながらも心の絆を断ち切れず、醜い者を選り好みする例に事欠かない。また愛の原因が性格の一致にあるとするならば、ひとは同じ意志をもたず、意見を異にする者を愛したりはしないであろう。したがって愛は魂そのものの中にあるということができる。時には愛情が特定の原因により芽生えることがある。ただしこのような愛は、原因がなくなれば消え失せてしまう。特定の事柄のために寄せられる愛は、それに用がなくなると背を向けるが、これについて私は次のような詩を詠んだ。

君に献げしわが愛は　愛そのものというべきか
極み尽せしわが愛は　満つることなく欠けもせで
そのことわりをあぐるれば　ただ君を恋う心のみ
これを除きて誰ひとり　ことわりあぐるよしもなし
ここにものありてそのままに　ことわりをしも兼ぬるなら
そはとこしえに滅びざれ　まったき姿欠けもせで
ことのたがいてそのものに　他のことわりのありとせば
もと滅ぶればそもこぼつ　あだしかぎろいの失せるごと

愛にさまざまな種類があるという事実は、このような見解を支持するものである。ともに仕事に精を出すにせよ、たがいに信条、流派を共にするにせよ、あるいは深い学識を分ち合うにせよ。この他にも次のような愛があげられる。親族関係から生ずる愛。親しい交わり、共通の目的をもつことにより生まれる愛。友人、知己の愛。仲間にたいする恩恵にもとづく愛。相手の名誉にとりつかれた愛。ともに隠すべき秘密を分ち合う者同士の愛。快楽を成就し、欲望を満たすための愛。先に述べたような、魂の合一のみしか原因をもたぬ渇望に根ざす愛等。

これらの愛はすべて、原因が失われると消滅し、原因の増減に応じて昂まったり、衰えたりする。また原因が近づくと愛は昂揚し、遠ざかるにつれて衰退する。ただし魂から発した真の渇望に依存する愛ばかりはこの限りではない。

なぜならこのような愛は、死の訪れまでやむことがないのだから。

　ひとは墓に片足を踏みこんだような老人が、心ならずも愛などは卒業したと口にするさまを見かけるであろう。しかし一たび愛について言及されると、彼はそれを想い起して悦びに浸り、若々しい情熱の虜となってふたたび愉悦を感じ、渇望の念に悩まされる。ただしこれと異なる上述の愛においては、真実の愛につきものの激しい執心、物狂おしさ、憂愁、特定の気質の変化、生来の性質の変貌、憔悴、深い溜息等の、強い衝撃に伴う諸徴候は認められない。これらすべては、真の愛が霊的な讃美、魂の結合であることを証している。

　だがこれにたいしては次のような反論も可能であろう。もしも愛がそのようなものであれば、たがいの愛はまったく等しいものになるであろう。なぜなら両者はともに融合の行為に参加し、したがって双方の愛の量は等しいのだから。これにたいする筆者の解答は、以下のごとくである。確かにこの反論は当を得ている。しかし自分を慕う者を愛し返さぬ者の魂は、それを包み隠す種々の属性、現世的な性質の蔽いに取り囲まれ、それが現在の肉体に宿る以前に結合していた他の部分に惹かれることがないのである。このような蔽いがなくなれば、二つの魂は、結合、愛において等しい。他方恋い慕う者の魂は無碍であり、かつて自分と隣り合せていたものがどこにいるかを知っている。彼の魂はこの他者を欲し、求め、その居場所を見出してふたたび巡り合おうと努め、できることなら磁石が鉄を引きつけるように引き寄せようとする。磁石と鉄は形態、要素いずれをとっても似ているが、磁石の本性的な力は鉄のそれと比べた場合、強度においても純度においても鉄に及ばず、したがって磁石が鉄のもとに赴くことはない。ただし鉄の力は強力なために類似のものを求め、それに牽引されるのである。運動とは常に力強いものの方から起るものなのだから。鉄の力は、そのままに放置されいかなる束縛も受けぬ場合、類似のものに惹かれ、そこに赴く。鉄の力がそのような運動をするのは、本性的、必然的なことであり、選択によるものでも、特定の目的のためでもない。ひとが鉄を手にもつと、鉄は磁石の方に近づくことができない。なぜなら鉄の力は、それを妨げる人間の強い力にうちかつことができないのだから。ところで鉄の部分が多量になると、部分同士でたがいに作用し合い、同種のもので満足して遠くにある小さな力を求めるようなことはしない。ただし磁石が大きなものであり、その力が鉄のすべての力と匹敵するほどである場合、鉄はその本性を取り戻す。

同様に燧石の中の火は、火というものが四散しているその諸部分（火性）を結合し、招集する力をもっているにもかかわらず、強く打った後でなければ外に出ない。二つの物体が圧迫されたり、こすり合されると火が出てくるが、さもないと火は燧石の中に隠れ、外に姿を現わすことはない。

私の説を支持するものとして、さらに次のような事実があげられる。たがいに愛し合う二人の人間がいる場合、両者の間には必ず類似性や本性的な協調が存在する。たとい少量であれ、これは必ず存在せねばならず、類似点が多ければ適性が増し、愛情も確固たるものになる。この問題は、実際に観察すれば明瞭である。アッラーの使者——アッラーよ彼に祝福と平安を授け給え[13]——も、これについて次のように確言している。「精神は軍隊であり、知己の者同士で構成された部隊は協調し、疎遠の者から成る部隊は内紛が絶えない。」またある敬虔な信者の言として、次のような言葉が伝えられている。「信者の精神はたがいに知己の間柄である。」それゆえヒッポクラテス[14]は、自分を慕っている者の欠陥が指摘され、その話が伝えられると次のように述懐している。「私と彼の間に性格的な共通点がなかったなら、彼は自分を愛したりしないだろう。」

プラトンは語っている。ある国王が彼を正当な理由なく投獄した。彼は無実を証すまで自己弁明に努め、その結果国王は自らの非を悟るに至った。その折プラトンの言葉を王に取り継ぐ役割にあった宰相が尋ねた。「王様、あの男の無実はすでに明らかではございませんか。これ以上あの男と何の関わりがございますか。」すると国王は答えた。「生命にかけて、あの男を非難する理由は何もない。ただしあの男には何ともいえぬ嫌悪感を覚えるのだ。」宰相がこれをプラトンに伝えると、彼は話を続けて次のように語っている。「そこで私は仕方なく、自分の魂、性格の中から彼の魂、性格と対応する共通点を見出す必要があった。だが調べてみると彼の性格には公正を好み、不正を忌むという美点があり、その点で私と共通性があった。そこでこの共通性を利用し、たがいに共有するこの特性を介して彼の魂と接するように心がけると、王は『胸のわだかまりがすっかり解けた』と大臣に告げて、私の釈放を命じた。」

愛が一般に美しい形姿を求める原因は、以下の点に明らかである。魂はそれ自体美しいため、あらゆる美的なものを好み、均整のとれた姿に惹かれる。そのような姿を見かけると魂はそれに執着し、さらにその美しい姿の背後に自分との何等かの共通性を見出すとそれと結合し、かくして真の愛が芽生える。だがその背後に何の共通性も見出せぬ場合、愛はその姿を超えることがなく、肉体的な欲望にとどまる。ともあれ肉体的な形姿は、散り散りになった多くの魂を招き寄せる不思議な力をもっているのである。(15)

私は旧約聖書の第一の書中(16)で次のような話を読んだことがある。預言者ヤアクーブ(ヤコブ)——彼に平安あれ——は、母方の叔父ラーバーン(ラバン)が娘の嫁入りの財産として飼っていた羊の番人をしていた折に、叔父と羊の子の配分に関して協議した。その結果単色の仔羊はヤアクーブのもの、白い斑点をもつ仔羊はラーバーンのものと決められた。そしてヤアクーブは木の枝を切り、半分はその皮を剝ぎ、半分はそのままにして羊の水場に投げこんだ。それから雌羊をそこに送りこんだが、時を経て半分ずつ単色の仔羊と白い斑点をもつ仔羊が生れた。

また次のような人相見の話が伝えられている。彼のもとに二人の白人夫婦が、色の黒い息子を連れてやってきた。この息子の容貌を調べてみると、この子が二人の子供であることは紛れもなかった。そこで彼はこの夫婦の寝室を見たいと所望し、彼等の家に赴いて寝室を点検すると、ちょうど母親の視線と向い合う壁に黒人の絵がかかっていた。人相見は父親に、「こういう子供が生れたのはこの絵のせいです」と説明したとのことである。

《神学者》を兼ねる詩人の多くがこの問題について詩を書いているが、彼等は外的に可視なものを、心中の想いを告げるものとして取り扱っている。この主題は、アン＝ナッザーム・イブラーヒーム・ブン・サイヤール(17)やその他の神学者、詩人がしばしば取り上げているが、私も次のような詩を詠んでいる。

汝は知るか　したたかな敵打ち破る勝因を
すさまじい敵の襲撃に　きびすを返す敗因を
よろずいくさの勝敗は　心の戦いに他ならず
されば取り戻せ　身中に秘められた真珠の玉を
汝に従う軍勢は　道踏み迷う怖れなし
高くかかげた松明に　道明らかな旅人のごと
また前線の軍団は　安き心に励まされ
命ずるままに敢然と　敵陣さして突き進む

また私は、次のように詠っている。

答えてくれ　お前は天使の世界のものか人間の類いか
千々に乱れる私の判断力は　徒らに翻弄されるばかり
うち見たところお前の姿は　たしかに人間の類いだが
理性の眼で眺めれば　まさしく高貴な天上のもの
祝福あれ　均整あふれる創造の巧みを示された神よ
お前を清らかな本性を備えた　光に創られた神よ
紛れもなくお前は　たがいの魂の類似性によって
われわれと結びつけられた　精妙なる霊　ただし
お前の肉体における顕現を　明らかに示す証拠はない
限りなく清澄なお前が　可視のものであることを除いては
もしもわれわれの眼が　この世でお前の存在を認めねば
お前が崇高で真実な　理性だと断言してはばからないが

またある友人が「想像的認識」の詩と評した自作の長詩があるが、そこから数行を引くことにする。

それはありとあらゆる対立を含み
さまざまな概念を定義するにも術がない
不可思議な物体よ　お前には拡がりがなく
偶性よ　お前は滅びもせずに存続する
とまれお前は神学の基礎をつきくずす
精妙な光を前にその正しさもかき消えて

これと同様のことは憎しみの中にも存在する。ひとはなんの理由、原因もなく憎み合い、訳もなく反感をつのらせる人々を見かけるであろう。

愛——アッラーよ貴方に栄誉を授け給え——とは、厄介な病いで、治療法をわきまえる者にとっては、それを癒す薬は愛そのものの中にだけある。ただしこれは悦ばしき病い、望ましき病気で、これに罹っていない者は免疫となることを望まず、これに悩む者も回復を願わない。愛はひとがそれまで蔑んでいたものを美化し、困難であったことを容易にし、その結果彼がかつてもっていた特定の気質、もって生れた性質をも変えてしまうのである。これらについては、それぞれ個別の章で神の思召しのまま簡単に論及することにする。

逸　話

私の知人にある若者がいたが、彼は愛に襲われてその虜となり、激しい恋情に悩み、恋病いのただ中にあった。ただし彼の魂は、この不運から逃れるよう至大至高のアッラーに願うこともせず、彼の舌は黙したままで、その願いといえばひどい苦しみ、絶えざる悲しみにもかかわらず、恋の成就、恋人を獲得することにしかなかった。病いからの治癒を望まぬ病人とは、一体どうしたものであろう。ある日私は彼と同席したが、彼が頭を垂れ、悲しみに塞ぎこんでいる姿を見て、自分まで気が滅入ってしまった。そこで私は彼に語りかけ、「アッラーよ貴方の苦しみを癒し給え」というと、彼は明らかに不快の表情を見せた。
私はこれについて長い詩を書いたが、その数行を引くことにする。

望みの星よわれは慈しむ　貴方のゆえの苦しみを
生命ある限り　貴方への思慕をいかで断つ
友のありて　益もなし恋など捨てよといわれても
恋に朽ちなんわれはただ　あらがう術もなきままに

イマーム・ヒシャーム・ブン・アブドッ＝ラフマーン・ブン・ムアーウィヤ(18)の後裔で、アッ＝シャバーニシーという名で一般に知られているアブー・バクル・ムハンマド・ブン・カーシム・ブン・ムハンマド・アル＝クラシー(19)が、彼自身の態度について語ってくれた話は、上述の愛する者の特性とは対極をなすものである。それによれば彼はこれまで誰一人愛したことがなく、親しい友と別れても特に悲しみを覚えず、友情、知己の限界を超えて愛や恋情の領域に分け入ったことがないとのことである。

(1) スペイン・ウマイヤ朝カリフ。統治期間は西暦七五六年から七八八年。ちなみにイスラーム・スペイン史の概要については、W・M・ワット『イスラーム・スペイン史』黒田壽郎・柏木英彦訳、岩波書店、一九七六年刊、参照。
(2) 同右。統治期間は西暦七九六年から八二二年。
(3) 同右。統治期間は西暦八二二年から八五二年。
(4) 同右。統治期間は西暦八五二年から八八六年。
(5) 同右。統治期間は西暦九六一年から九七六年。彼の寵愛をほしいままにしたスブフは Aurora のアラビア名。彼女の息子ヒシャーム＝ル＝ムアイヤドは西暦九七六年から一〇〇八年、一〇〇九年から一〇一三年までカリフの地位にあった。
(6) 肩書きは国璽尚書《ハージブ》であったが、実質的にはスペインを統治していたアーミル朝の支配者。統治期間は西暦一〇〇二年から一〇〇八年。
(7) アーミル朝の重臣であったが一〇〇九年に暗殺されている。ちなみにワージドの運命については多くの史書に書き残されている。
(8) アル＝アジーズの異名で知られるエジプト、ファーティマ朝のカリフ。統治期間は西暦九七六年から九九六年。
(9) アル＝ハーキム・ビ・アムリッ＝ラーヒの名で知られるファーティマ朝三代目のカリフ。統治期間は西暦九九六年から一〇二一年。
(10) 著者の説明にある通り、上代の著名な法学者。彼の父は預言者の教友。
(11) 預言者の教友。西暦六一九年生れ、六八七年歿。
(12) アブー・バクル・ムハンマド・ブン・ダーウド・アッ＝ザーヒリー。ザーヒリー派法学の創始者の息子で、著者イブン・ハズムに先がけて愛の論攷「花の書《キターブッ＝ザフラ》」を書いている。この書は愛の研究においては欠くことのできない重要な著作である。著者は西暦八六八年に生れ、九一〇年に歿しているが、その著書は一九三二年にA・R・ニクル、I・トゥーカーンの手により刊行された。イブン・ハズムの言及している部分は、同書の一五頁にあたると思われるが、以下にその部分を翻訳する「ある哲学者たちの意見によれば、称讃尽きせぬ至高のアッラーは、魂を丸く球形に創られた。そしてそれを半分に分割され、肉体の中に置かれたのである。あらゆる肉体はかつて一つであった魂の他の半分を備えた肉体に出会うと、その古い絆が機縁となって強い愛情を覚える。ただし人々の本性の繊細さのいかんにそってその度合は異なるが。」

(13) 預言者にたいする称讃の意を示す特別な表現。敬虔なイスラーム教徒は預言者もしくはその名が言及された場合、この表現を執拗なほど繰り返す。

(14) 著者がいかにしてこの逸話を知るに至ったかは現在まで未詳。後のプラトンの逸話に関しても同様である。

(15) 十三世紀のイタリア詩人たちの考えとの共通性が指摘されているが、厳密な比較研究はいまだになされていない。

(16) 「創世記」三〇章。

(17) バスラのムアタジラ派の長。認識における懐疑の重要性を主張したことで有名。同時にイスラームのヘレニズム化に反論を加えている。有名な文人のジャーヒズの師であったが、西暦八四五年頃歿している。

(18) スペイン・ウマイヤ朝第二代カリフ。統治期間は西暦七八八年から七九六年。

(19) 著者と親交のあった詩人。

第二章　愛の徴候

愛には怜悧な人物がすぐにそれと知り、聡明な男が容易に見分けうるような徴候があるが、その第一は執拗な視線である。

眼は心の開かれた門であり、その秘密を垣間見させ、内面の想いをあらわし、表現する。それゆえ恋人はまばたき一つせず、相手の視線に自分のそれを合せる。相手が片隅を眺めれば彼もそこを眺め、視点を動かせば彼もそれを追うさまは、ちょうどカメレオンの眼が太陽を追い求めるのに似ている。

これについて私は次のような詩を詠んでいる。

ただひたすらに　求むるは
なが麗わしの　たますがた
磁石の北を　指すごとく
なれにつきそう　眼差しの
移ろうさまは　さながらに
アラビアぶみの　形容詞

名詞につきて　変るごと

愛の徴候としてはまた、愛する者との会話があげられるが、恋人はいかに努めてもとかく愛人としか話したがらない。そのような姿を見る者にとって、隠された想いは明らかなのである。彼は愛人の話にじっと聞き耳をたて、相手がたとい不合理で、常識に反する話をしても一々感心し、嘘でも本当だと信じこみ、正しくなくとも納得する。彼は相手が誤ちを犯しても敢えて証人となることを辞さず、どこまでもその後を追い、どんな話でも受け入れる。

愛する者のいる場所にいそいそと赴き、その近くに席をとることに努め、その傍から離れず、彼の許を辞するのがいやなばかりに大切な仕事も放り出し、どうしても出かけねばならぬ重要な問題を些細なものと見なし、立ち上るにも腰が重いといった態度も、みな愛の徴候である。

これについて私は次のような詩を詠んだ。

貴方のもとを辞す折の　腰の重さは
さながらに　刑場に赴く囚人か
いそいそと貴方を訪らう　素早さは
満月が　急ぎ夜空をよぎるごと
別れのときの身のこなし　中天高く
とどまりて　微動だにせぬ星々か

また恋人が突然愛する者の姿を見かけたり、予期せぬうちに出会ったりした折に示す狼狽、表情の変化も愛の徴候に属している。

愛人に似た者を見たり、突然その名を耳にしたときに認められる動揺も、愛の徴候である。

これについては、以下のような自作の詩がある。

両の眼が紅の　衣まとうひと見る時は
悲しさ傷み極まりて　千々にこぼつるわが心
かのひとの光鋭き一瞥は　人を傷つけ血を流す
その紅の装いは　サフラン色の返り血か

愛の徴候としてはまた、恋人がそれまでは決してしようとしなかったような事柄にでも、それがそのまま自分に報酬をもたらすものであり、それを成就することが彼自身の幸福であるかのように、力の限りを尽すことがあげられる。これらはすべて愛人の関心を引き、気に入られるためになされる。これまでいかに多くの吝嗇漢が財布の紐をほどき、顰っ面の男が表情を和らげ、臆病者が勇名を轟かせ、粗野な男が敏感になり、無知な男が洗練されたことであろうか。また不精者(1)がめかしこみ、無骨者が小ざっぱりとし、老いぼれが若さを取り戻し、禁欲者が誓いを破り、貞潔な男が遊蕩に身をもちくずしたであろうか。

これらの徴候はすべて愛の火が灯り、熱気が熾んになり、焔が紅になって燃えさかる以前にも認められる。そして一たび愛が君臨し、しっかりと腰を落ち着けるとそれ以後は、愛人との内緒話に夢中になったり、他人のいる席でも明らかに愛人にしか注意を払わないといった態度が見られるのである。
私はこれらの徴候の多くに言及した詩を書いているので、以下に引用することにする。

かのひとの　話題となれば　胸はずむ
ここちよき　竜涎香を　かぐがごと
かのひとの　もの言う時は　ひたすらに
うるわしく　愛しき声に　聞きほれて
あなかしこ　カリフの君の　いましても
わがこころ　愛しきひとを　さりがたく
よしもなく　かのひとの許　去るときは
あしなえの　きみを見詰めて　去るがごと
うつしみの　去りても失せじ　わがおもい
あらうみに　岸おもう者　さながらに
むねいたむ　遠きかのひと　おもうとき
みずとひの　さ中にありて　倦むがごと

ひとありて　空にのぼるかと　たずぬれば
うべなわん　空行くはしご　しりぬれば

愛の徴候、具眼の士にとっての外的な証しとしては、並外れた喜びを示し、広々とした場所でたがいに身を寄せ合い、相手の手にしたものを取り合い、ひそかに秋波を送り、片隅に身を寄せ合うこと、あるいはたがいに手を取り合い、身体をまさぐり、相手の飲み残したものを飲み、唇の触れた場所を求めること等があげられる。

またこれに反する徴候もあるが、それは状勢の力、偶然の出来事、種々の要因、内的刺激によるものである。対立するものはしばしば隣接している。事物の対立性が極端に強まると、相違の限界に達し、結局相似たものとなるが、これは至大至高のアッラーの思召しによるものであり、人間の想像がそこに介入する余地はない。たとえば長い間氷を摑んでいると、それはあたかも火のような働きをし、喜び、悲しみが極まると、ともに死に至らしめるようなものである。激しく笑うとついには両の眼から涙があふれ出るといった例は、この世に数多い。

同様に恋人同士が充分に愛し合い、たがいの愛情がしっかりと確立されると、何という理由もなく対立が生じ、故意に相手の言葉に反撥するようになる。彼等は些細なことでいさかいをし、相手の言葉の端を捉え、故意に意味を取り違えるが、これらはすべて相手が意図していることを身をもって確かめるためのものである。

このようないさかいと本来の離別、憎しみや争いの結果生ずる怨恨に由来する敵意との相違は、和解の素早さにある。ひとは彼等が、生来穏やかで執念深さなど少しも持ち合せぬような人物でも和解に相当の時間を要し、怨みがましい人間だったなら絶対に和解不可能なような不穏な間柄になっても、またすぐに仲直りをし、非難し合うことをやめ、不和を解消し、その時以来たがいに笑い興ずるさまを見るであろう。たった一度の会合で、このような光景が何度も繰り返される場合もある。二人の人間の間にこの種の事柄を目撃したさいには、疑いをさしはさんだり、判断をためらう必要は少しもない。彼等の間には紛れもなく隠れた秘密、愛が存在するのである。これは否定する余地のない、明々白々たる事実であり、これ以上確実な証拠、信頼するに足る見聞は必要でない。これは外見はともあれたがいの間に愛が存在し、真実の情愛がある場合にしか起りえないのだから。このような光景は私自身が、しばしば目撃しているものである。

愛の徴候としては、恋人が絶えず愛人の名を耳にすることを望み、愛人が話題となる会話に無上の喜びを感ずることがあげられる。彼は絶えず愛人の話を聞きたがり、それ以上に彼を喜ばすものは他にない。ただし彼は、聞き手が感知し、同席者が見抜くことを怖れてそれを隠そうとする。とまれ愛とは、ひとを盲、唖にする。恋人は、自分の居合せる場所で愛人の話しか話題にのぼらぬようになれば、決してそこを立ち去ろうとしないであろう。

真の愛情を抱く者は、充分な食欲をもってものを食べ始めるが、愛人のことを想い起すと心乱れて食物が喉につかえ、ものも食べられぬ場合があるが、水を飲むことに関しても同様である。会話についても同様で、恋人は初めは快活に話をはずませているが、ふと愛人のことを思い出すと、たしかに話の調子が変り、ものを言いよどむようになる。そして明らかに寡黙になり、うちしおれ、もの思いにふけり始める。ある時は顔に笑みを浮べ、もの腰も軽やかであるが、次の瞬間には塞ぎこんで元気がなくなり、呆然として身のこなしも自由でなく、話をするにも大儀そうで、ものを尋ねられても返事をしたがらない。

愛の徴候としてはまた、孤独を好み、一人で蟄居したがり、とりわけ熱があるわけでもなく、自由な動作、運動の妨げになるような痛みも覚えぬまま憔悴する例があげられる。さらに歩き方にしても偽ることのない証拠を秘め、内心に隠された影響を誤つことなく告げる場合がある。

恋人たちの他の属性として不眠があげられる。これについてはすでに多くの詩人が言及し、恋人を星々の牧童と呼び、夜の耐えがたい長さを描写している。これについては私も詩をものし、愛の秘密の秘匿並びに、それが種々の徴候によりいかに予知されるかを描いた。

さめざめと涙する　私のただならぬ悲しみを知り
むれなす雨雲は　沛然と大地に大雨を降らす
夜は貴方ゆえに　私を哀れんで泣きそぼち
悄然として眠られぬ　恋の犠牲《いけにえ》をなぐさめる
両の瞼が閉ざされて　待ち望む眠りが訪れるまで
夜の暗闇が　消えやらぬものであるならば
われらには　光輝く昼を迎える術もない
耐えがたい不眠は　いやますばかりなのだから
空を蔽う黒雲がその輝きを隠し　われわれがしばし
垣間見ることもできぬ星々は　いとしきひとよ
さながら私のかたく秘められた　貴方への愛のよう

烔眼の士の憶測をのぞき　それを知るよしもない

この主題に関しては、次のような詩もある。

目覚めたるわれは　夜の牧場で星見はり
恒星や遊星の　別なく統べる星飼いか
あるいは闇夜の星々は　恋の焔というべきか
胸の想いは赤々と　紅蓮の炎して燃えさかる
はたまたわれは純白の　水仙の花をちりばめた
清き花園の庭番か　したたる緑にかこまれて
いまもなお　プトレマイオスいますれば
われをしいわん星辰の　動き知りたる大学者

しばしばある事物は、他を想起させるために言及される。(2) いまここに引用した詩で私は、一行の中で二組のものを対比させている。つまり「あるいは闇夜の星々は……」で始まる一行がそれであるが、これは詩においてかなり稀なものである。ただし私はもっと完璧な例を自作の詩から引用しよう。次に引く詩の中では一行中で三組のもの、四組のものが対比される例が見られる。

ひとを恋い　苦しみのあまり　夜も寝ず
中傷の酒に酔い痴れて　思いは乱れるばかり
とまれかのひとの気紛れに　われはただ驚き迷う
折にふれ他人行儀で親しくて　時に冷たく和やかで
かのひとの上機嫌　突然の怒り　冷淡さ　訳しらぬ和解は
星々が近寄り離れ　運勢の良し　悪しが定まるよう
長らく遠ざけたと思えば　切なる愛に同情し
かつては嫉妬に燃えた身が　いまは他人からそねまれる
かくてわれらは　純白の花咲く苑でむつみあい
豊かに雨降らす朝雲に　花々は神をほめ讃える
そしてさながら雨露と朝の雲　香りに満ちた庭園は
早乙女の清らな涙と両の瞼　薔薇色をした頰のよう

この詩で「星々の接近」に qirān という語を用いたが、これを誤用とする説は当を得ていない。天文学者は、二つの星が同一の度に位置する場合にこの語を用いているのだから。

自作の詩には、これよりさらに完璧な例があるが、そこでは一行中に五つのものが対比されている。

われは恋うひとと二人いて　傍らに酒のあるばかり
夜の翼はわれらを包み　非情の朝を近寄せず
はやすでに生きるよしなし　恋うひとの許を離れては
されど生命の憧れを　罪となすひとの誰やある
われと恋うひと　盃と　うま酒　ぬばたまの夜は
大地と慈雨　真珠と黄金　濡れ羽色した黒玉か

ただしこれが極限で、これ以上は不可能である。韻律、言葉の構造からして五つ以上の対比を行うことはできないのだから。

愛し合う者にとり、不安を生じさせる場合は二つある。

第一は、恋人が愛人との逢瀬を期待している折に障害が生ずる場合である。

逸　話

私は意中の人の訪れを待つ男の状態をよく知っているが、彼はあちこち歩き回ってじっとしていることができず、一つ場所に落ち着いていられない。絶えず方向を変えて右往左往し、悲しみに沈んでいるかと思えば陽気になり、黙りこくっているかと思えば急に快活になる。

愛人の訪れに関しては、次のような自作の詩がある。

君とのあうせたのしみに　夜のおとずれまちのぞむ
あくがれのきみ恋うひとよ　わがまちのぞむあでびとよ
遠くにきみをまつときの　闇はわがみをきりきざむ
夜の闇をばかつてわれ　怖れじひるのちかきゆえ
それにつきては紛れなく　うたがいもなき証しあり
ひとをなやます難問も　たちまちあかすちからある
きみわれをしもたずぬれば　闇はとくさりやすらぎの
光にみてるきみとわれ　愛のひざしはかげりなく

不安の第二の原因は、愛し合う者の間にいさかいが生じて非難の言葉が交され、その真偽のほどが第三者を介してしか知られぬ場合である。この場合事が明らかになるまで不安は嵩じ、宥しが得られる望みがあれば悩みは解消するが、離別のおそれがあれば不安は悲嘆と苦しみに変る。

とまれ恋人は愛人のむごい仕打ちを唯々諾々と甘受するが、これについてはいと高きアッラーの御心のもとに、それに該当する章で詳しく論ずることにする。

愛の属性としてはまた強度の焦躁、激しい感情のあらわれがあげられる。これは愛人が恋人のもとを逃れたり、遠ざけたりする場合に見られるが、そのしるしは溜め息、呻き、悲し気な嘆声、鬱々として塞ぎこむこと等である。

これについては次のような詩を詠んでいる。

うるわしき忍耐(3)はひとやにつながれて

君おもうなみだはしとどほほつたう

愛の徴候としてはまた、恋人が愛人の一家、眷族、郎党に特別の愛情を抱き、彼等に自分の一族、彼自身、自らの盟友、郎党にたいするよりも一層の近しさを覚えることがあげられる。

泣いて涙を流すことも愛の徴候の一つであるが、これには人によりかなりの相違がある。ある者は涙もろく、泣こうと思えばすぐに眼がそれにこたえ、多くの涙がどっと溢れ出る。だが他の者は眼が乾いているといおうか、涙の泉が涸れているが、私は後者に属している。

この原因は、私が幼少の頃から心臓の動悸を鎮めるために乳香を摂りつづけていたことにある。ときにひどい不運に見舞われると、私は心臓が砕け、引き裂かれそうになるのを感じ、コロシント(4)より一層苦い胸のつかえを覚えて口も碌々きけず、時には窒息しそうになることがある。したがって眼が私の感情に応ずるのはごく稀であり、涙もきわめて少ない。

逸話

この章を執筆中に、私は次のようなことを想い出した。ある日私は、友人のアブー・バクル・ムハンマド・ブン・

イスハーク[5]とともに、東方に旅立ちふたたび相まみえることのなかった友アブー・アーミル・ムハンマド・ブン・アーミル[6]――アッラーよ彼を憐れみ給え――に別れを告げた。別れにあたりアブー・バクルは涙を流し、彼の感情を次のような一句に託した。[7]

　ワーシトの戦いに逝きし君のため　尽きせぬ涙
　惜しむ眼は　なさけなき石のまなことい うべきか

これはヤジード・ブン・ウマル・ブン・フバイラ[8]――アッラーよ彼を憐れみ給え――をいたむ哀悼の詩の一句である。このときわれわれはマラガの海辺にいたが、私も万感胸に迫るのを覚え、断腸の思いであったにもかかわらず、ついに涙は一しずくも流れなかった。そこで私はアブー・バクルの引いた句にこたえて次のように詠んだ。

　訣れゆく君がすがたに耐えがたく　思い乱れぬ
　もののあれば　なさけなき凍てる心のもち主か

　私はまた成年に達する以前に、人々が詠う常套の手法を用いてこの問題を詩にしているが、以下にその冒頭の部分だけを引くことにする。

恋の悩みのあかしには　心に燃える
赤き火と　両の頰しとどに濡らす涙あり
かたく誓い　こころの秘密かくしても
こみあげる　涙はあかす胸のうち
きよらなる瞳に　涙みとむれば
胸いたむ恋の病いに　紛れなし

愛には、当事者がたがいに相手に疑念を抱き、相手のどんな言葉にも疑いをさしはさみ、それを故意に曲解するのがつきものであるが、これは愛する者同士で交しあう非難の原因となる。私は、誰にもまして猜疑の念がなく、きわめて寛大で忍耐強く、寛容で抱擁力にあふれた人物が、愛人に関する些細な事柄に我慢がならず、二人の間にほんの少しの行き違いがあると、ありとあらゆる非難の口実を思い浮べ、疑心暗鬼になる例を知っている。これについて私は、次のような詩を詠んでいる。

私はお前のちょっとした言動にも疑いを寄せる
卑しむべきは些細なことを蔑ろにする者
それが別れ憎しみに繋がるのも知らぬまま
だが空焦がす大火ももとはといえば小さな火花

よろず大事のもとはごく控え目なもの
小さな一粒のたねから大樹が育つように

恋人は、愛人の自分にたいする感情が純粋であるという確証がもてぬ間は、以前には見られなかったほど万全の注意を払う。そして節度ある話し方をし、身のこなし、視線の配り方にも優雅さをにじみ出させる。とくに彼が怒りっぽく、喧嘩早い人物を愛する不運に見まわれたさいにはなおさらのことである。

恋人が愛人に特別の注意を払い、その口にしたことをすべて記憶にとどめ、愛人に関する話を細大洩らさず蒐集し、その赴くところどこにでもつき従うのも愛のしるしに他ならない。誓っていうがこのような場合には、愚か者も賢明になり、粗忽な男が、才知のほどを示すようになった例は数多い。

逸話

かつて私は、アルメリアの町のユダヤ人医師イスマーイール・ブン・ユーヌス(9)の店にあがりこんでいた。彼はまた観相術の大家でもあったが、その時われわれと同席したムジャーヒド・ブヌ＝ル＝フセイン・アル＝カイシーが、われわれからちょっと離れていたハーティム——彼はアブ＝ル＝バカーウという異名で知られていたが——という男を指さして尋ねた。「あの男をどう思いますか。」すると医師のイスマーイールは答えた。「あの男は恋をしている。」「その通りですが、一体どうしてそれが解るのです。」ムジャーヒドが再度尋ねると、彼は言葉をついだ。「彼の他の言動はともあれ、彼の表情に現われている過度の放心の表情だけで、あの男が恋をしていることは疑いもなく明らかだ。」

（1） 原文 tafilun をG・ゴメスの説に従って tafirun と訂正。

（2） 著者はここでいささか本題を離れ、作詩上の技巧について説明している。ちなみに訳者は極めて稀な例外を除き、原文の詩半行を和文の一行に訳している。したがって原詩一行はほとんどの場合和訳の二行に相当する。

（3） コーラン七〇章五節の「うるわしい忍耐をもって待つがよい」という表現に依拠している。

（4） からすうりに類する植物で、その実の苦さで有名。心の苦悩を示すためアラブ詩中でよく用いられる。

（5） 著者の親友の一人。著者はこの友人に宛てて、「アンダルスの民の優越性について」という書簡を書き送っている。

（6） アーミル朝の始祖イブン・アビー・アーミルの孫といわれる。同朝の力が無に帰した後に、ハエン、ムルシアに独立領を作ろうと画策したが、一〇三〇年アルガルヴェの城で他界した。

（7） 引用の句は、アブー・アターウ・アッ＝シンディーの長詩の一節。

（8） ヤジードは、ウマイヤ朝最後のカリフ、マルワーンにより任命されたイラク太守。新興のアッバース朝はさんざん彼に手を焼いたが、策謀をもって西暦七五〇年、ワーシトの戦いで彼を斃した。ウマイヤ朝系のスペインで彼が讃えられるのは当然である。

（9） 後出のムジャーヒドとともに不詳。

第三章　夢で陥る愛

あらゆる愛には、何らかの基本的な原因がある。ここでは記述の整合性を保つためにとりわけ特異なもの、つまり最も単純、容易なものから始めることにする。愛の原因にはさまざまあるが、実際に見聞しなかったなら到底ここに書きえないような風変りなものもある。

逸話

ある日私は、アル＝ムアイヤド(1)により解放されてその家臣となった友人のアブッ＝サリーユ・アンマール・ブン・ジャードを訪ねた。彼が深く物想いに沈んでいたのでその理由を尋ねると、彼は暫くためらってからいった。「今まで耳にしたこともないような風変りなことが、私の身にふりかかったのです。」「それは一体何事だね」と尋ねると、彼は説明し始めた。「昨晩若い女の夢を見たのですが、眼が覚めても恋心が去らず、恋情しきりといった有様で、胸の苦しさは耐えきれぬほどです。」彼は一月以上もこの恋にうちひしがれて鬱々と時を過し、どうしても気を紛らわすことができずにいた。そこで私は彼をたしなめ、忠告した。「ありもせぬものに心を煩わし、現実に存在しないものに気をとられるのは愚の骨頂だね。君はその女の名前を知っているのか。」すると彼は答えた。「神かけて、何も知らないのだ。」私は続けていった。「まったく君はどうかしているよ、頭がいかれてしまったのかい。創造もされず、この世に存在もせず、しかも現実に見たこともない女に惚れるなんてね。風呂屋の絵にある女[2]を愛したというなら、まだしも納得のいくところだが。」私は、彼がやっとの思いで恋の病いから立ち直るまで忠告し続けた。

私の考えでは、これは心に生ずるとりとめもない幻想で、気ままな考え、勝手な空想に属すものである。

これについて私は次のように詠んでいる。

名も知らず　姿も見ずに　する恋は
日と月の　わかれもしらぬ　うつけ恋
あてもなく　みだる想いの　織る夢に
艶めかし　うつろの姿　しのびよる
はたはまた　気儘なおもい　酔いしれて
あだごころ　夢をうつつと　とり違う
かくあらざれば　折よしと　定めの神の
さし向けし　死出のたびの　凶つこと

（1）ウマイヤ朝カリフ、ヒシャーム二世のこと。在位期間は西暦九七六年から一〇〇八年、一〇〇九年から一〇一三年。後出の人物アブッ＝サリーユについては不詳。
（2）人物画を禁じたイスラーム世界に、ローマ的伝統が残存、共存している例として興味深い。

第四章　噂に始まる愛

情熱の起源として風変りなのは、直接姿を見ることなしに、噂を耳にしただけで愛が芽生える例である。この場合恋人は、愛のあらゆる階梯を登りつめることになる。そしてまだ見ぬ相手に使いや手紙を送り、切ない思い、激しい情愛にかられ、悶々と長夜を明かす。また愛人にまつわる四方山話、美談、消息等は恋人の心を強く捉えずにはおかない。ともあれ壁を隔てて女の声を耳にしたばかりに愛を覚え、心を掻き乱されることもありうるのである。

これらの事実を体験したのは、ごく少数の人間に限られているわけではない。ただし私の考えでは、この種の愛は砂上の楼閣のようなものである。まだ会いもせぬ相手に心を奪われた者は、独りで物想いに耽ると必ず空想裡に愛人の姿はかくあらんかと想い描き、絶えず愛人にのみ意を配り、思いを寄せて夢想の糸を紡ぐ。そしてある日実際にこの相手に出会うと、ますます想いがつのるか、愛情が一気に溶けきってしまうかのいずれかである。これら二つの例は実際に起っており、広く人も知るところである。この種の愛情は、宏壮な館に住む貴顕の士の、いわゆる深窓の女たちとその近親者の間で育まれる例が多い。このような場合、女性の愛は男性のそれより一層永続的であるが、その理由は女性が生来のか弱さゆえにすぐにこの種の愛に身を委ね、その虜になってしまうことにある。

私はこれについて次のような詩を詠んでいる。

まだ見ぬひとを　われこうと　あざける汝《なれ》の
なにゆえに　わがこいうしと　さげすむか
あのよのそのの　たのしみも　話の他に知りもせで

また私は、歌い手の姿を見ずにその声に魅せられるという主題について、次のように詠んでいる。

雷鳴一過して　恋の軍団は　わが耳を陥し
鎧袖一触　眼を攻めて　凱歌をあげる

また次の詩では、夢に描いた愛人と実際に相まみえたさいの落胆について詠っている。

ひとのうわさの　厚化粧
相まみえずば　よきものを
からのたいこも　音すれば
だいのおのこを　脅やかす

これと反対の場合は以下のごとくである。

ひとのうわさに　かぎりあり
あいまみえれば　さらによし
あのよのそのの　たのしみは
かたりてつくす　すべもなし

これらの事態は友人、同僚たちの間に起るが、以下に私自身に関わりのある話を記すことにする。

逸話

かつて私はある貴顕の士に深い愛着を覚え、たがいに会ったこともないまましばしば書翰を交し合った。その後神の思召しにより彼と直接巡り合うことになったが、時いくばくを経ずしてたがいに激しい嫌悪、強い反撥心を抱き今日に至っている。これについて私は次のように詠った。

深き想いのたちまちに　憎しみと化すその様は
文うつす手のつまずきに　尊き源《もと》の欠くるごと

ただしアブー・アーミル・ブン・アビー・アーミル(1)――アッラーよ彼を嘉し給え――との関係は、これと反対である。直接面識をもつ以前には、私も彼も激しく憎み合っていたが、その原因は第三者の噂話にあった。たがいの父親同士が宮廷で寵を競い[2]、栄達のために争っていたことが憎しみの炎に油を注いでいたのである。その後アッラーの導きによりたがいに面識を得てからは、われわれは無二の親友となり、死が二人を隔てるまでこの交友が続いた。以下はこの友を偲んで詠んだ詩である。

めぐり合いてえし無二の友　高貴のほどはたぐいなく
憎しみのあまり遠ざけて　知己をこばみし日もうとし
怒りは愛へとうつりゆき　憂きことなべて消え失せて
むかしにかわりいそいそと　かどとう足もかろやかに

またアブー・シャーキル・アブドッ＝ラフマーン・ブン・ムハンマド・アル＝カブリー[3]の場合は、たがいに見識り合う以前から永らく友人であり、面識をもってのちはますます愛着が深まり、現在に至るまで絶えることなく交友が続いている。

（1）　第二章註(6)参照。
（2）　アブー・アーミルの父アル＝ムザッファルと、イブン・ハズムの父が、ヒシャーム二世のもとで寵を競い合った事実を指す。
（3）　法学、伝承学に通じ、詩文をよくした著者の親友。コルドバ生れだがのちにハティバに住み、西暦一〇六四年歿。

第五章　一目惚れ

たった一目で愛の虜となる例は数多い。この種の愛は二つに分類される。第一の場合には、これまでに述べたものと異なり、どこの誰とも知れぬ者の姿を見かけて魅了されてしまうが、これを体験した者はあながち少数の人間に限られない。

逸話

友人アブー・バクル・ムハンマド・ブン・アフマド・ブン・イスハーク[1]は、名前を失念したが信頼のおける人物、たしか裁判官のイブヌ＝ル＝ハッザーウ[2]の伝えたこととして、次のような話を聞かせてくれた。アッ＝ラマーディーという名で有名な詩人ユースフ・ブン・ハールーン[3]は、ある日コルドバのバーブ＝ル＝アッターリーン[4]を通りかかった。ちなみにここは、よく女性が集まってくる場所である。そこで彼は一人の若い娘に出会ったが、彼女は完全に彼の心を虜にし、その全身を恋心で満たしてしまった。そこで彼はモスクに行くのをやめ、アル＝カンタラ[5]に向って歩いていく娘のあとを追った。アル＝カンタラの橋を渡ると娘はアッ＝ラバドと呼ばれる区域に向ったが、〔コルドバ市とは河を隔てて〕対岸にあたるアッ＝ラバドの墓地の、マルワーン一族――アッラーよ彼等を嘉し給え――の墓所に建てられた廟のところに来ると、彼女は彼がひとりで、自分をめあてにあとをつけているのに気づいた。そこで彼女は彼に近より、「なぜ私のあとをつけるのです」といった。彼は、自分がいかに恋の一撃にうちひしがれているかを訴えたが、彼女はすげなく答えるばかりであった。「お忘れ下さい。私を醜聞の種にしないで下さいませ。貴方の望みは遂げられず、欲望を満たす術もございませんから。」彼はすがるようにいった。「ただお目にかかるだけでよいのです。」娘は答えた。「それだけならばよいでしょう。」そこで彼は尋ねた。「お伺いします。貴女は自由の身ですか、奴隷の身ですか。」すると「私は奴隷女です」、という答えが返ってきた。「ところでお名前は何とおっしゃいますか。」尋ねる彼に彼女は答えた。「ハルワと申します。」「貴方の御主人はどなたでしょうか。」矢継ぎ早の質問にたいして、彼女はいった。「神かけてそれを申しあげることは、七天に住まわれる方の名を申すより難かしいことですわ。無理な注文はおやめ下さい。」そこで彼は懇願した。「お願いです。次にはどこでお眼にかかれるでしょうか。」彼女は、「毎週金曜日、今日お目にかかったのと同じ時間、同じ場所で」と答えてから付け加えた。「もうお行き下さい。それとも私の方から失礼しましょうか。」最後に彼はいった。「貴女が行って下さい。そして神の御加護がありますように。」彼女はアル＝カンタラの方に立ち去ったが、彼女が時折振り返って後を追う姿の有無をたしかめるので、彼はついてゆくこともできなかった。彼女が橋を渡りきってから、彼は後をつけ始めたが、すでにその姿は杳として知れなかった。

アブー・アムル、つまり恋人のユースフ・ブン・ハールーンはいっている。「神かけて私はあれ以来今にいたるまで、バーブ＝ル＝アッターリーンやアッ＝ラバドを尋ねまわりましたが、彼女の消息は杳として知れません。天が彼女を呑みこんでしまったのでしょうか。大地が隠してしまったのでしょうか。ただし私の胸のうちには、彼女への想いが炭火より熱く燃えさかっているのです。」このハルワこそ彼の恋歌で有名なかの女性なのである。

その後彼は、この女性のあとを求めてサラゴサに旅し、そこで彼女の消息を得ているが、これについて長々と述べている暇はない。このようなことは実に頻繁に起っているのである。

これについて私は、次のような詩を詠んでいる。

わが眼《まなこ》　恋のほむらを　かきたてて
糸目もみえず　なくなみだ
さめざめと　したたる露の　涸れもせで
しかとものみる　術もなく
魂さかる　初の逢瀬の　よろこびの
永のわかれと　知りもせで

この種の愛のうち第二のものは、アッラーの思召しのもとに、次の章で述べるものとは異なっている。この場合男は、氏、育ち、名の知れた女性に一目で惚れこんでしまう。ただしこの場合にも、束の間に忘れ去るか、忘れるのに時間がかかるという相違がある。一目で相手を愛し、瞬時にして愛情を覚える者は忍耐力に欠け、移り気で粋を好むが、落着きがない。何ごとにつけ、成長の速いものは滅びるのも速く、ゆるやかに成長するものはより永続する。

逸話

私はある年若い書記を知っているが、さるやんごとない深窓の女性がこの男の姿を見かけた。この女性は、彼女の家の覗き窓から通りがかりのこの男を見かけ、結局二人は相思の仲となった。彼等は暫くの間恋文を交換したが、その手段の巧妙さは剣の刃より鋭いといったもので、本書の目的がこの種の狡智、術策を述べることにあるならば、私は最も機敏な人々をも狼狽させ、最高の知者をも驚ろかせるような事柄を数多く書き誌したことであろう。ただしここでは、われらすべての回教徒《ムスリム》に、恵みあつき庇護の蔽いを垂れ給わんことをアッラーに祈るばかりである。まことにアッラーは十全のお方におわします。

(1) 第二章註(5)参照。
(2) 法学、伝承学に通じた学者。西暦一〇二五年歿。
(3) アーミル朝初期の代表的な詩人。ただし彼の作品の多くは散佚している。
(4) 香科商人の門の意。コルドバ市の七つの門のうちの一つ。
(5) ローマ皇帝アウグストゥスが築いたといわれる由緒ある橋。

第六章　長い交際ののちの愛

ある種の人々の愛は、長らく親しい会話を交し、回を重ねて相まみえ、友誼を深めてからでないと実現されない。このような愛はどちらかというと永続し、時の経過にも影響されない。よろず成就するのに困難だったものは、容易に色褪せない(1)というのは、また私の信条でもある。聖なる伝承によれば至大至高のアッラーは、いまだ粘土の状態にあるアダムの身中に入るよう魂に命じた折、怖れ、尻込みする魂に向って仰せられている。「無理をして中に入り、無理をして外に出でよ。」これは先師たちから伝え聞いたものである。

この種の人々に属する私の友人の一人は、心に愛情の芽生えを感じ、ある人の美しさに特別の感情を覚えると、自ら遠ざかり、席を共にしないように努めている。これはそれ以上感情を昂ぶらせ、抑制の手段を失い、本能の赴くままに任せないためである。この事実は、愛がこの種の人々といかに密着しているかを示すものであろう。とまれ一たび彼等のうちに宿った愛は、決して消え去ることがない。

これについて私は、次のような詩を詠んでいる。

　われはただ　恋のもとより　遠ざかる
善きひとは　こころ揺るがぬ　者ゆえに

そもそもの　恋路の闇の　はじまりは
さおとめの　花のかんばせ　賞でるごと
よろこびきわみ　歓つきて
足かせ手かせに　まかるさま
浅瀬とおもい　足とられ
淵におぼるる　うつけかな

実のところ私は、一目惚れすることを望む人々すべてにたいし驚きを禁じえない。私にとってこれは容易に認めがたいことであり、この種の愛は一種の快楽とみなされるべきものなのである。このような愛が心の蔽いをつき抜けて、その奥処に宿るなどとは到底信ずることができない。少なくとも私にとって愛が胸中に宿るのは、長い間相手の人物と交際し、重大な用件について相談したり、意味のない冗談などを交しながら時を過してからのちのことであり、愛から癒され、遠ざかるにしても、同様である。私事に関する限り、かつて覚えた愛情を忘れさったことがなく、昔の愛着を想い起すにつけ、食事も喉につまり、水も容易に飲み干せぬ有様だが、われわれの部類に属さぬ人々は、いとも簡単に昔のことを忘れさってしまう。また私は一度深く知りあったのちに厭気を覚えたことがなく、また面識をもった初めからすぐに親密さを求めたこともない。とにかくこの世に生を享けて以来、このような流儀を変えようと望んだためしがないが、これは友人、知己の場合に限らず、自分の使用するもの、衣服、乗物、食物等のすべてにいいうるのである。元来私は人生に楽しみを見出すことなく、愛する人々との別離を体験してからというものは、ただ頭を垂れ、悲嘆の淵に沈んで時を過してきた。苦しみは絶えず私を見舞い、激しい悲しみの訪れは決してやむことがないのである。かつての生活の倖せに未来はすべて色褪せ、生者のうちに加えられてはいるものの、私は悲しみにうちひしがれた死者であり、人並みに生活を営んではいるものの、悩みに葬りさられた地下の人にすぎない。とまれいかなる場合にもアッラーに称讃あれかし。アッラー以外に神はなし。

これについて、私は次のように詠んでいる。

真実の愛はひとときに生れるものではない
燧石もひとうちでは火がつかぬように
愛の火はゆるやかに生れて焔をあげ
深く知りあったのちに静かに燃える
そのときにはもはや別れも衰えもなく
愛の炎はゆるぎなく燃えさかるばかり
これを確かめるのはなべて成長するものが
一気に育つと衰えも早いという普遍の真理
ただし私は岩のように固くあらゆる草木の
繁茂をこばむ荒れはてた大地のようなもの
一たびそこにしっかりと根が下されると

もはや慈雨のあるなしは問題ではない

ここで読者は以上述べたことが、私が本書の冒頭で述べたこと、つまり愛とは天上的世界の本性における魂の結合であるという事実と抵触すると考え、想像してはならない。むしろこれまでの指摘は、この事実の妥当性を強調するものなのである。周知のように魂は低俗な現実世界において多くの蔽いに包まれ、さまざまな属性につき従われ、世俗的な性質に取り囲まれている。したがってその良き性質の多くは蔽い隠され、完全に変質してはいないが多くの障害物をまとっているため、魂に十分な準備がない限り真の結合は期待されない。魂はまず他の魂との類似点、一致点を知るとともに、自らの本性を愛人の中に認められる類似の隠れた本性と対比させる必要がある。これがなされたあとで、初めて真の結合が何の障害もなく成就されることになる。

ある種の本質的でない事柄、例えば肉体美の讃嘆、姿、形の愛着を出ないような視覚の陶酔により一瞬のうちに生ずるものは、真の意味での肉体的欲望の領域に属している。だがこの欲望が増大してその領域を超え、本性が魂と協力して行う精神的結合が成就されると、それは真の愛と呼ばれる。ただしここには誤謬の種が宿されており、ある人は同時に異なった二人を愛し、恋することができると主張している。だがこれは、すでに述べたように肉体的欲望に属するものであろう。愛という名で比喩的に呼ばれてこそいるが、これは真の愛ではない。恋人の魂に宿る強い渇望は、宗教的、現世的関心をもないがしろにさせるほどのものであるが、そのような場合いかにして他の愛情をもつなどということが可能であろうか。

これに関する自作の詩は次のようなものである。

二人の女を同時に愛するなどという手合いは大法螺吹き
光と闇の二元論を唱える　マニ(2)が法螺吹きのように
心には二人の恋人への愛を　貯えておく場所などはないし
新しい愛が古い愛と同じだ　などといえようはずがない
これは二つとない知性が　恵みあまねき唯一の神
より他に誰一人　創造者を認めないようなものである
心もまたただ一つで　遠近を問わずただ一人の女を愛す
二人の女を一度に愛することは　愛の定めからすれば
確信からはほど遠い　疑いにみちた愛にほかならない
ちょうど真実の正しい信仰が　唯一無二のものであり
同時に二つの信仰をもつものが　背信者と呼ばれるように

私は家柄、富、教養ともに優れた一人の若者を知っている。彼はある女奴隷を購ったが、彼女は彼を愛するはおろか、嫌悪の情を抱くほどであった。それというのもこの若者にはとりたてて何の魅力もなく、おまけに特に女性と同席している時には、年中しかめ面をしていたからである。だがほどなくして彼がこの女性と床を共にすると、彼女のそれまでの嫌悪の情は激しい愛情、強い執着、人目もはばからぬ耽溺に変り、席を共にするうとましさが別離のうとましさに変じた。そして他の女との関係にも、これと同じことが起っているのである。友人の一人がこれについて次のようにいっている。「私が彼にこのことについて尋ねると、彼は微笑みを浮べながらこういいました。『それでは神かけて、これからその秘密について話しましょう。私は精を洩らすのが誰より遅いのです。女が一度、二度と恍惚境に達しても、私は絶頂に達することがなく、精を洩らすことがありません。また一度達したところで疲れきってしまうことはなく、射精したあとでも使い果してしまうわけではないのです。それに性交のさいにも、女を抱擁する時以外は胸と胸とを合せず、そのため胸の位置が高くなるだけ、腰が低くなることになります。』」

とまれこのようなことが起ると、魂の協調が促進されてすぐに愛が生ずるが、それというのも感覚的な諸器官が魂に通ずる道であり、そこに愛を導く役割を果すものなのだから。(3)

(1) 原文は入るのに困難なものは、簡単に出られないの意。後のアッラーが魂に命じた言葉と照合する。

(2) 古代ペルシャのマニ教の創始者。

(3) ラテン詩人オウィディウスの考えとの類同性を指摘する論者もある。

第七章　特定の性質を愛してそれに固執する者

愛とは——アッラーよ貴方に栄誉を授け給え——魂にたいして力強い権威を及ぼし、決定的な力を駆使するものである。そしてその命令に叛くことは叶わず、その禁ずることに違背し、その支配から逃れ、反抗し、あらがうことは不可能である。愛はいかに強固なものをもつき崩し、しかと結ばれた結び目を解き、堅固なものを溶かし、不動のものの基礎を揺がし、心の奥処に住みついて〔宗教法により〕禁じられたものすら、許されるものとしてしまうのである。

私は分別に欠けるところなく、学識、選択眼、直観力ともに秀でた多くの人々が、一般人士が美しいと認め、佳しとしないような特質の持ち主を愛人としている例をしばしば見聞している。これらの特質は執着の対象となり、彼等はこのような特質をしか愛さず、そこに最高の美を見出す。その後忘却、別離、関係の断絶その他の理由から愛人たちが去っていったあとでも、相変らず同じ特質を好み、他のより優れた性質をないがしろにしてそれを偏愛し、他を一顧だにしようとしない。彼等は死が訪れこの世を去るまで、一般人士がよしとするものを拒み、侮蔑しつづけ、失った愛人を回顧しては胸を痛め、昔の仲を想い起して愛の喜びにひたるのである。私の考えではこれは人為的なものでなく、生れながらの性向で、選択にあたっては意志の介入する余地がなく、特別な性質しか眼に入らぬとしても、それは実のところ内心の傾きに他ならない。

私の知人に頸の短い女を愛し、その後男女を問わず頸のほっそり長い人物を好まなかった男がいる。また他の知人は初めに小柄な女を愛し、それ以後大柄な女性を好むことがなかった。さらに別の知人は大きな形よい口をした女に熱中したが、彼は口の小さい者を卑しんで中傷し、そのような人物にたいして公然と嫌悪の情を示している。ここにあげた人物はみな、学識、教養に欠けるところなく、むしろ大変賢明で知力、分別の鑑といった人々ばかりなのである。

ここで私は自分自身の体験談を述べることにしよう。

私は若年の頃金髪の娘を愛したが、それ以後いかに太陽の輝きのように美しく、美人そのものであっても黒髪の女性を好むことがなかった。それ以来このような好みは私の習性となり、私の魂はそれ以外の性質に惹かれ、魅せられることがなかった。ところでこの点については私の父——アッラーよ彼を嘉し給え——も同様で、父も他界するまで同じ好みをもちつづけていた。

マルワーン一族に属するカリフたち——アッラーよ彼等を嘉し給え——、とりわけアン＝ナースィル(1)の後裔は、例外なく金髪の女性を好んでいる。私自身ばかりではなく、この一族を昔から知っている人々は多いが、アン＝ナースィルの時代から現在に至るまで、この一統は母親の影響を受けてすべて金髪であり、これは彼等の遺伝的特徴となっているのである。ただ一人の例外といえばスライマーン・アッ＝ザーフィル(2)——アッラーよ彼を嘉し給え——であるが、彼のこめかみの毛、顎鬚が黒かったことを私は実際に見て知っている。

アン＝ナースィルとアル＝ハカム＝ル＝ムスタンスィル(3)——アッラーよ彼等を嘉し給え——については、宰相をつとめた亡父——アッラーよ彼を嘉し給え——や他の人々の伝えるところによれば、二人とも金髪碧眼であったということである。ヒシャーム＝ル＝ムアイヤド、ムハンマド＝ル＝マフディー[4]、アブドッ＝ラフマーン・アル＝ムルタダー[5]――アッラーよ彼等を嘉し給え――に関しては、私自身が何度となく彼等と会い、彼等のもとに伺候しているため、疑いなく金髪碧眼であるということができる。彼等の息子、兄弟、親族もすべてこのような特徴の持ち主であるが、私にはこれが彼等すべての中に刻みこまれた愛好によるものか、それとも祖先の好みが代々継承され、子孫がその好みに合せたものか確言することはできない。とまれこの事実は、カリフ、アン＝ナースィルの後裔であるアブー・アブド＝ル＝マリク・マルワーン・ブン・アブドッ＝ラフマーン・ブン・マルワーンの詩に明らかである。彼はアッ＝タリークという名で知られていたが、当時アンダルスにおける一流の詩人で、金髪の女性にたいする恋歌を数多く残しており[6]、私自身も彼と面識があり、席を共にしたことがある。

一度醜い者を愛したが、それ以外の場合にはこの偏向を持ちこさない例はよく見られ、特筆に値いしない。また生来劣った者を選り好みする性質を与えられた者にたいして、驚きの眼をみはるまでのこともない。真に驚異に値いするのは、それまで正しい判断力をもっていた者が、長らく人々との交際も怠りなく果したのちに突然恋に襲われ、その結果この恋情が彼の人間を変えて第二の本性といったものになり、それまで彼が自らよしとしていた第一の本性を追い出すことである。その後われに返ってみたところで、彼は卑しいものにしか関心を示さない自分に気がつくばかりなのである。愛情の、あらがいがたい強制力、強い支配力はまことに驚異に値いするものである。このような人物はまさに忠実な恋人で、関わりのない他人の飾りもので身を飾ったり、自分にない性質で身を装ったりしない。ひとは自分で愛人を選ぶなどと考えているが、愛が彼の判断力を奪いさり、思考力をまどわし、分別を損ねてしまうと、あれこれ考え、詮索する余裕などなくなってしまうのである。

これについて私は次のような詩を書いている。

猪っ首の娘に惚れた若者は　ほかの女に明き盲
うなじしなやかな美女見ても　ろくろっ首を想い出す
惚れた娘に有頂天　あちこちのろけてふれまわる
それが論より証拠には　ことわざにさえ謳われる
「その昔牝の野牛の美しさ　讃えてあますところなし(7)
牝の野牛はどれ見ても　ろくろっ首はありやせぬ
はたまた駱駝の美しさ　ろくろっ首のせいでなし」
ほかの若衆は大口の　娘に惚れていうことに
「美人のたとえ羚羊も　まさに大口あなおかし」
ちっぽけな娘に惚れた若者は　ほかの女に明き盲
「こつぶな女は上玉で　いかつい女は化けものよ」

また次のような詩もある。

あのひとのまばゆいばかりの金色の髪を

君はなんでわけもなくそしるのだろう
あのゆたかに冴えわたるまばゆさこそ
私のこころを深く魅了するものなのに
あのひとのうなじで爽やかに輝く朝の
陽光のようにけがれない黄金いろを
わけもなく咎める君に私は抗議する
友よ　生の稔りに盲いないでくれと
いま咲きでたばかりの水仙の花の無垢な
黄金色した花芯をそしらないでくれ
はるか夜の涯に燦めく星々のまたたきの
冴えわたる鬱金の色に盲いないでくれ
私はあえていおうなべて輝きを欠いた
炭のような鴉のぬれ羽色をこのむ者は
ゆたかな資質を授けられた被造物の中でも
叡知の光からもっとも遠ざけられた者
君も知るように輝きのない黒い闇の色は
希望の光を断たれた地獄の住人のもの

またそれは親しい身内の者に先立たれて
悲しみに泣く人々が喪に服する時のもの
ホラーサーンから黒旗が掲げられると(8)
人々は正義の道が断たれたと思うように

(1) スペイン・ウマイヤ朝カリフ、アブドッ＝ラフマーン・アン＝ナースィルのこと。統治期間は西暦九一二年から九六一年。彼の治世に、スペイン・ウマイヤ朝は黄金期に達している。

(2) アル＝ムスタイーンの名で知られる内戦時代のカリフ。在位期間は西暦一〇〇九年と一〇一三年から一〇一六年まで。

(3) 同じくスペイン・ウマイヤ朝カリフ。統治期間は西暦九六一年から九七六年。

(4) アーミル朝の専横にたいして蹶起したウマイヤ朝カリフ。在位期間は西暦一〇〇八年から一〇〇九年、その後廃位されたがまた勢力を盛り返して同年カリフの地位に返り咲いたが、翌年戦死。

(5) アン＝ナースィルの後裔。スペイン東部を手中にしていたが、ハンムード朝のアル＝カーシムからコルドバを奪回するために軍を率いて出陣したさい、途中でグラナダのジーリー朝ザーウィーに襲われ大敗した。著者イブン・ハズムも彼を助けてこの戦役に加わっている。彼は西暦一〇一八年に暗殺され、失意のうちにこの世を去っている。

(6) これについては G. Gómez, "Cinco poetas musulmanes," Colección Austral de Espasa-Calpe, No. 513, pp. 67–93 参照。

(7) アラブ古詩では、女性の美しさを野生の牝牛に例えている例が多い。

(8) ウマイヤ朝打倒に成功したアッバース朝は、ホラーサーンを拠点として黒旗を掲げて登場した。本国を追われたスペイン・ウマイヤ朝人士にとり、彼等は不倶戴天の敵である。

第八章　言葉による暗示

万事ひとの求めるものには入口があり、それに近づくための方法がある。何の媒介もなしに創造しうる御方といえば、いと高く、賞讃尽きることなき第一者、英知万象に通ずるアッラーのみである。愛の成就を望む恋人が、胸中に抱く感情を相手に伝えるため最初に行うことは、言葉による暗示である。比喩的な詩を誦み、適当な格言を引き、詩行で韜晦し、謎めいたものいいをし、一きわ格調高い言葉づかいをする等と、手段はさまざまである。

人々はそれぞれ自分の感受性に応じ、あるいは相手の中に認められる疎遠さ、親近感、利発さ、愚かさにしたがって手段を変える。私は、相手に自分の愛情を示すため、私の詩を用いた人物を知っている。愛を追求する者が最初にする行為は、これに類することである。そしてもしも相手に親愛、同意のしるしが認められれば、さらに度を強める。上述のように詩を誦んだり、さきに説明したような仕方で胸のうちを明かすさいに、親しみ、同意の何らかのしるしが認められると、いよいよ恋人は言葉、表情、しぐさのいずれにせよ相手の答えを待つことになるが、この瞬間は希望と絶望を分ける怖ろしい一瞬である。だがこの僅かな瞬間に望みが叶うか、叶わぬかが明かされるのである。

言葉による暗示には、別種のものがある。ただしこれは相手が同意し、愛を認めた後の段階に属するもので、不平や約束ごと、不誠実さにたいする非難、変らぬ愛の誓いといった事柄が暗示される。ただしその場合に用いられる言葉は、第三者にとり別の意味に解釈されるため、彼は自分の耳にしたことを勝手な想像を交えて解釈し、真の意図とは異なった返答をする。ただし愛し合う者同士はたがいに相手の真意を知り、自分たちの他には深い洞察力、鋭い知力を備え、経験豊かな具眼の士を除いては、決して理解しえないような仕方で答える。しかしこのような具眼の士が二人の会話の秘密に気づいた場合には、彼の優れた推理力により、二人が合意していることはほとんど逐一明らかにされてしまう。

私は相思相愛の仲であった若者と娘を知っている。だがこの若者は、娘と会った折に何かよからぬ願いごとをしたらしい。すると娘はきっぱりといった。「私は貴方のことを公けに訴え、内輪の醜聞の種にします。」数日後この娘は地位ある王族、国の要職にある人々、宮廷の貴顕の士が集まった集会に出席したが、身持の正しい婦人方、従僕たちも居合せた。これらの出席者の中には、この会合の主宰者と近づきであった件の若者も席を連ねていた。この会合には彼女以外にも多くの歌姫がいたが、次々と歌が終っていよいよ自分の番が来ると、彼女はウードを調律し、古詩を歌い始めた。

うなじも爽やかな羚羊のような貴方
そのかんばせは満月のように麗わしく
雲間に溢れる輝きは太陽のように眩しい
想いやつれた眼差しは私の心をとらえ
しなやかな身ごなしは私を恍惚とさせる
愛ゆえにすべてを貴方に捧げつくし

恋人の忍ぶすべての屈辱を味わった私
さりとて行い正しい恋の生贄を
道ならぬ逢瀬のたねとしてはなりませぬ

これに気づいた私は、次のような詩を詠んだ。

怒りにもえる恋の女は裁き手仇敵となり
不正を種に故もない非難の種をまきちらす
あわれ秘められたことの真意を知る者は
あらがうすべもなくただ耳をかす恋の男ばかり

第九章　眼による暗示

言葉による暗示により恋人の意志が受け入れられ、相手の同意が得られると、次にやってくるものは視線による暗示である。視線はこの段階において称讃に値いする役割を演じ、目覚しい成果をあげる。視線一つによって恋人は拒否され、受け入れられ、期待をもたされるかと思えば、脅やかされ、また遠ざけられ、近づけられる。視線は恋人に命令、禁止のしるしを送るばかりでなく、召使いに一鞭浴びせたり、監視者のいることを警告するかと思えば、笑い、悲しみをもたらし、質問し、返答するはおろか拒むことも与えることも意のままなのである。

ただしこれらにはすべて固有の視線の配り方があり、詳細は実際に眼で見ぬ限り定義しえない。それらを言葉で描写し、表現しようと試みたところでごく一部しか説明しえないのである。したがってここでは、ごく基本的なものに関してのみ述べることにしよう。

片方の眼の隅から視線を送るときは禁止のしるしである。眼を伏せた場合は同意の意志表示で、じっと見詰めるときは心のいたみ、悩みをあらわしており、はすかいの視線は喜びのしるしである。

また眼をぐっと閉じる場合は威嚇を意味しており、瞳を一方に向けそれを急に逆の方向に向けなおすときは他人がいるぞという警告である。

両眼の端からそっと送られる視線は質問を意味し、瞳を真ん中から急いで内側に移す場合は拒否、両の瞳を中央で左右に動かすときは一般的な禁止の意志表示である。これ以外のものについては、実際に眼で見ぬ限り理解されない。

とまれ眼は使者の代理を兼ねるもので、その助けにより意中が読みとられる。その他の四つの感覚も心に至る門であり、魂の入口であるが、視覚は最も雄弁で、信頼に足り、効果的である。それは魂の正しい指導者、誤つことない案内人であるばかりでなく、よろず真理を映し出し、種々の性状を区別し、感覚的なものを理解させる曇りない魂の鏡でもあるといえよう。「百聞は一見にしかず」という表現は人口に膾炙しているが、観相学者フィレモン[1]もつとにこれに留意し、眼を判断の基《もとい》としている。

眼の認識力については、以下のような例をあげるのみで充分であろう。眼から発する光線は、汚れなく磨きのかかった物体、例えばよく研磨された鉄、硝子、水、滑らかな石等曇りない艶をもち、光り、輝き、燦めくものと接触すると、それは粗剛、不透明で滲透しにくい物体のところまで入りこみ、そこから反射する。すると観察者は、自分の姿をまざまざと認めうるのである。これはひとが鏡の中をのぞきこんだ場合と同様で、そのさいひとは他人の眼で自分の姿を見るような経験をするのである。これを視覚的に証明するためには、次のようにすればよい。二つの大きな鏡を用意して、一方を右手でもち頭の後に置き、他方を左手で支えて顔の前方に置く。そして角度を調節し二つの鏡が向い合うようにすると、自分の後姿を完全に認めることができる。これは眼の光が後にある鏡の光に反射して生ずる現象である。眼の光は前にある鏡の中に出口を見出すことができず、また後の鏡にも出口を認めえないとそれに向い合った物体のところに戻っていく。アブー・イスハーク・アン・ナッザーム[2]の弟子サーリフは、〔眼の〕認識に関して異論を唱えているが、その説には欠陥があり、誰一人承認していない。

まさに視覚の価値は、その本質が最も高貴で洗練されていることにあるといえよう。なぜなら視覚は光に属しており、それなしでひとは色彩を認めえず、いかなる感覚も範囲、拡がりにおいてそれに勝りはしないのだから。視覚は蒼穹の彼方にある天体を捉え、遙か高みの空をも認める。これは眼が本来的に鏡と同じ性質をもつことによっており、眼が事物を捉え、視線がそこに及ぶさいには、距離を段階的に進んだり、途中で止まったりして徐々に対象に達するわけではない。ただし味覚、触覚のような感覚は対象と隣接せずには知覚しえず、聴覚、嗅覚のようなものは対象の近くになければ知覚が成立しない。次のような事実は、視覚の上述のような性質を証明するものである。音を発するものを認めるさいに、いかに二つの感覚を同時に行おうと努めても、視覚が聴覚に先行する。もしもこの両者の性質が等しいとすれば、眼が耳より先に知覚することはあるまい(3)。

(1) 西暦二世紀ごろ声名をはせたギリシャの観相学の大家。
(2) 第一章註(17)と同一の人物。
(3) イブン・ハズムは独自の視覚論を自著の中で開陳しているが、ここでは詳述しない。

第十章　恋　　文

恋人同士の仲が深まると、恋文を書き送る段階がやってくるが、恋文の中には種々の秘め事が隠されている。私は恋文を送られた知人が慌ててそれを破き、水に流し、証拠を消す姿を何度も目撃したことがある。とまれ恋文は多くの醜聞の原因となっているが、これについて私は次のような詩を書いた。

心こもる文さく胸は痛むけれど
私の愛を毀つものはありません
文の跡が消えても愛がつづけば
末は断たれても本はのこります
ひたむきに文書く指の知らぬまに
命絶つ人も数知れないのですから

恋文の体裁は最も上品で、及ぶ限りの美しさがこめられることになる。誓っていうが、恋文は多くの場合、人間の舌が縺れたり、恥かしさ、気おくれから充分に意を伝ええぬことがあるため、恋人の舌そのものだともいえよう。たしかに愛人の許に恋文が届けられ、それが相手の手許にあって読まれていると認めることは、恋人にとり無上の喜びであり、実際に愛人と顔を合せている時の喜びに匹敵する。また返信を受け取り、有頂天でそれを読む喜びは、愛人との逢瀬に勝るとも劣らない。恋人が便りを両眼や心臓に押しあて、かき抱く理由はここにある。私の知己である恋人は、およそ話題の選択、修辞に欠くところなく、心の裡を巧みに表現し、洞察力に富み、真理を事細かにわきまえた人物であったが、愛人のすぐ近くに住み、相手を訪問して簡単に会うことのできる立場にありながら、依然として恋文を書きつづけ、恋文をしたためることにはさまざまな喜びがあると告白している。他方私は、愛人の便りを隠しどころに押しあてるといった下賤な輩の話を耳にしたことがあるが、これは卑猥な愛欲、いまわしい淫乱に属するものである。

また私は流れる涙で恋文を書き、その愛人が返書を唾でしたためた例を知っている。

これについて私は次のような詩を詠んだ。

待ち侘びた貴女の返書に　一度は
静まった心がまた波だつのです
偽りのない愛に身をささげ
とめどない涙で便りしたためる私
今も頬伝うものは恋の繰り言を濡らし
心こめた言葉を消しさります

はっきりと涙で書き始めたこの便りも
終りの言葉はしとどににじんで

逸　話

私はかつて、恋人が自分の手をナイフで傷つけ、流れ出る血をインクの代りにして書き綴った一通の恋文を見たことがある。私が見た時には血は乾ききっていたが、その色は封蠟の紅と見紛うばかりであった。(1)

(1)　イブン・クズマーンの詩集中に、これと同じ発想の詩がある。

第十一章　愛の使者

恋人同士がたがいに信頼をもち、確かな付き合いが始まると、愛の使者が登場する。そのさい恋人は、使者となる人物を吟味して選択を誤ることなく、よくこの任にたえ、機敏な人間を任命しなくてはならない。使者は恋人の知性のほどを示す証しであるが、いと高きアッラーの配慮のうちにあって彼こそ恋人の生死、名誉、醜聞の分れめを司る者なのだから。

したがって使者となる人物は充分な素質をそなえ、些細な指示を読みとり、隠された意味を理解するような鋭敏さを併せもった上に、手際よく状況を利用し、恋人が指示し忘れた事柄に自分で対処しうる能力をもち、同時に愛人の表情のうちに認められたものを洩らすことなく恋人に伝えなければならない。彼は秘密を守り、約束を違えず、しかも信頼に足りる助言者で要求がましいことのない人物でなければならないのである。使者にこのような性質が欠けている場合には、その分だけ恋人が災厄を蒙ることになる。

この点について詠んだ詩を次に引くことにしよう。

恋の使者は右手の剣　刀抜く時は
研ぎすまされた利剣をえらべ

不用意に錆びついた鈍刀で戦えば
身をほろぼしても　自業自得

恋人は愛人に使者をさし向けるさい、多くの場合年が若いか、特に風采もあがらず身なりもあたりまえなため、他人の眼に止まらず注意を引かない人物か、反対に、見るからに敬虔であったり、老齢のため他人が疑いをかけぬような貴顕の士を選ぶ。また女性もよく使者に立たされるが、とりわけ杖にすがり、数珠をもち、赤い上着を重ね着した女性などは格好である。私は、コルドバでこのような女が姿を現わすと、年頃の女性に特別な警戒がなされたことを想い出す。

もしくは人々と接触しやすい職業をもつ女性が使者に用いられるが、例えば女性の医者、瀉血師(1)、行商人、骨董仲買人、髪結師、泣き女、歌い女、占い師、教師、御用聞き、糸紡ぎ女、機織女等があげられる。

あるいは愛人と親しい関係にあり、簡単に接触しうる人物が選ばれる。ともあれこのような使者を介して、近づきがたい深窓の女といとも簡単に接触することができるのである。あらゆる困難は手もなく克服され、いかに近寄りがたい女性とも容易に連絡をとることが可能であり、付き合いにくい女性もすぐに飼いならされることになる。これまでこのような使者によって固く守られた蔽い、厚いカーテン、警戒怠りない寝室、頑丈な扉を越えていかに多くの不運が送り届けられたことであろうか。もしもこうした事柄にたいして注意を喚起するという意図がなければ、私はこれらについて一切述べなかったであろう(2)。私は人々がみだりに彼等を信頼、信用することのないよう、警告を与えるためにここに書きしるしたのである。他人の経験から、よしそれが好ましい経験でなくとも教訓を読み取る人物こそ、幸福な人間である。アッラーよ、われらとすべてのムスリムに庇護の蔽いをかけられ、われらすべてから救いの影を取り除かぬよう祈りあげます。

逸　話

私は飼いならした鳩を使者とし、その羽に恋文を結びつけて文通していた恋人たちを知っている。これに関しては次のような詩を詠んだ。

その昔預言者ヌーフ（ノア）の使いの鳩は
期待にたがわず　吉報をもって帰りました
ですから貴女にも　鳩をさしむけましょう
翼にむすんだ　恋の文をお読み下さい

（1） 特別の道具で血をとり病いを癒す伝統的医療法を行う者。
（2） 本章で述べられたことは、後の恋愛慣習に大きな影響を与え、恋の使い女の話を主題とした文学の一ジャンルの成立に貢献したといわれている。

第十二章　愛の秘匿

愛の徴の一つには愛の秘匿があげられる。恋人は愛人について尋ねられたことを否定し、頑として知らぬ振りをするばかりか、女嫌いで、一切妥協は受けつけないといった態度をとる。とはいうものの彼の胸の中に燃える情熱の火は、その態度や眼つきにおのずと現われてくるのである。ちょうど徐々に炭に火が燃えつき、ゆっくりと乾いた土に水が滲みこむように。ごく初期には鋭敏な感覚を持ち合せぬ者の眼をいつわることも可能だが、一たん愛がしっかりと座を占めるともはやかなわぬ業である。

秘匿の原因としては、恋人が人々の間で恋する者という烙印を押されぬよう警戒することがあげられる。このような恋人にとり、恋に耽るのは軽薄な人士のしるしであり、それゆえに愛などから一切遠のくのだが、この考えは正しくない。ムスリムたる者にとって、至大至高のアッラーが禁じられたこと、あえてそれをすれば審判の日に秤にかけられるような悪行を避けさえすればよいのである。美しいものを賞で、愛の虜となるのは自然のことで、アッラーの命令、禁止の項目には該当しない。なぜなら心はすべてアッラーの御手のうちにあり、それに必要なのは正邪のけじめを明らかに知り、正しいことを確かに信ずることのみである。愛とは生れながらの性質であり、人間は自らの意志により五体の運動を司ることができるばかりなのである。

これについて私は次のように詠った。

逸話

愛の何たるかを知りもせず　人々は私を非難する
無論他人が非難しようがすまいが　問題ではないのだが
彼等は言う　君の慎みのなさは何たることか
人前では法の教えを　きちんと守るような顔をして
そこで私は抗弁する　君たちの非難こそ偽善そのもの
私が一番憎むのは　見た目には美しい偽善者の装い
一体われらの預言者ムハンマドは　いつ愛を禁じたか
もしくは啓典コーランが　愛を確かに禁じたか
神の目にはばかることを　私は何一つ犯してはいない
審判の日に呼び出されて　苦りきった顔をするような
とまれ私は他人の非難など気にかけない　ひそひそと
物かげで言おうが　公然と人前で大声で言おうが
人はこれからしようとすることで　審かれるものだろうか
物言わぬ者が　口にされぬ言葉で審かれるだろうか

私の知人に、先に述べたような仕方で試された男がいる。しかし愛が彼の胸のうちにしっかりと居を構えると、彼がいかに否定しようと努めても事は余りにも明らかになり、以前から察しのついていた者もいなかった者も、彼の挙動のうちに愛の徴候を認めるようになった。だが誰かがそれを仄めかすと、彼は口汚く言葉を返し、相手を罵倒した。したがって友人が彼とうまを合せるためには、彼が打ち消すことをもっともらしく聞かねばならず、他人の臆測などは間違っているといってやると、彼は大喜びするのだった。とまれ私はある日のことを想い出す。その時彼は他の男と同席していた。この相手は彼の内心の秘密をあれこれと仄めかしたが、彼はきっぱりと否定しつづけていた。だがちょうどその時意中の人と思われる女が通りかかったのである。彼は愛人の姿を見かけるやまったく狼狽し、それまでの落着きは消え失せて顔面蒼白となり、まとまりのあった物言いも支離滅裂となったので、相手の男は話を打ち切った。なおも話を続けようとする彼に向って男は言った。「以前と今では何たる変りようだ。[1]」すると彼は答えた。「人はそう思いこんでいるがね。まあ弁護したがる者は私を弁護してくれるし、中傷したがるやつは私を中傷するだけの話さ。」

これに関して私はこう詠んだ。

恋人は生きながらえる　死神すらも
燃えさかる　恋のいたみを憐れんで

また次のようにも詠んだ。

さめざめと流れる涙は頰をぬらし
ひと恋う者の名誉はきりさかれる
愛しい人のあで姿に胸はなみうち
鳥網で羽ばたく哀れな鶺鴒のよう
親しい友よ忠告してくれ　君たちの
忠言こそ聞くに値いするものだから
私はいつまで隠さねばならないか
あきらめることも叶わぬこの恋を

ただしこのような事態は、恋人の秘匿を願う性向、自らを守ろうとする性向が、恋人としての本性に対抗し、それにうち勝った場合にのみ起るものである。その場合恋人は、燃えさかる二つの火の間にあって大いに苦しまざるをえない。時に恋人の秘匿の原因は、愛人の苦境を救う場合があるが、そのさい秘匿は彼の忠誠心、高貴さの証しに他ならない。

これについて私は詠んでいる。

悲しみにうちひしがれた私が　恋のやっこであることは

誰の眼にも明らか　ただし相手の名は杳として知れない
私の浮かぬ表情を見ては　たしかに恋の生贄と思うが
よく考えると　恋患いが原因ではないなと思いだす
それはさながら墨のあとも明らかな　手書きの古い書物のよう
じっと腰を据えて読むと　意味は少しも明らかではない
それはまた茂みで語り合う　お喋りな鳩の啼き声のよう
わざもたくみにさまざまな音調で　楽しげに語り合い
耳にする者は　思わず変幻たくみなその旋律を賞でるが
その意味は　聞き知らぬ外つ国の言葉のように測り知れない
人々は私にせまる　何としても君の想う人の名を言ってくれと
安らかな君の夜の眠りを　にべもなく奪いとったその人の名を
だが人々がその人の名を知る前に　私の理性は奪われ
私は暗い悲しみの大海に　身を投げることになるだろう
それまで人々は確かな証しもなく　いつまでも疑いつづけ
真実と臆測の谷間を　ただあてもなくさまようばかり

恋の秘匿について私は、また次のように詠んだ。

私の心の堅く守られた秘密の砦は　そこに生命ある
男がかくまわれれば　いかなる死の怖れも近寄れない
私は秘密を殺す　秘密の生はその死にこそあるのだから
さながら恋に悩む男が　恋のいたみを喜びとするように

また恋人の秘匿の原因には、彼が愛人の高い地位をおもんぱかって秘密の漏洩を防ぐことがあげられる。

逸　話

かつてコルドバのある詩人が、アル＝ムアイヤド――アッラーよ彼を嘉し給え――の母スブフを讃える恋歌を詠んだ。そしてアル＝マンスール・ブン・アブー・アーミルの許に品定めのために招じられた奴隷女が、この歌を選んで歌ったが、アル＝マンスールはすぐに彼女を処刑するよう命じている。(2)

逸　話

アフマド・ブン・ムギース(3)の死も、それと似た原因によるものである。ムギースの場合一族すべてに災いが及び、命令により一族の誰もが官職につけぬよう登録され、その結果一族の者がほとんど死に絶えて、生き残った何人かは定めも知らぬ流浪の身にあえいでいる。この原因といえば、彼がカリフの娘の一人を讃えた恋歌を詠んだためなのである。このような例は数えきれぬほどである。

アル＝ハサン・ブン・ハーニー[4]に関して、次のような話が伝えられている。彼は一般にはイブン・ズバイダという名で知られているムハンマド・ブン・ハールーン[5]に、ぞっこん夢中になってしまった。ムハンマドは種々の事柄からこれに気づき、自分のことをしげしげと見詰めないよう頼んだ。これについてはアル＝ハサンが述べたという言葉が伝えられている。「私が彼をしげしげと見詰めたのは、奴さんが飲みすぎですっかり酔っ払っていたからさ。」

秘匿の原因としてはまた、愛人が怖れ、遠ざかるのを警戒するという理由があげられる。私の知人の場合、その愛人は彼と親しく付き合い、はばかることなく席を共にしたが、彼が少しでも愛情を仄めかすと、天高く輝く昴《すばる》のように身を遠ざけた。これは一種の政策で、恋人は愛人と同席することにより限り知れぬ最高の喜びを満喫するが、一たん胸のうちを打ち明けると、ほんの少しのものも手に入れることができず、彼の心を支配する者の信頼を失い、冷たく、よそよそしい仕打ちを受ける。そしてかつての喜びは消え失せ、わざとらしさ、故のない非難がとって代る。それまで友人として遇せられていた恋人は、奴隷同然の身分に格下げされ、対等の立場から囚人の地位に立たされることになる。このさい恋人がさらに意中を明らかにし、愛人の取り巻き連中にそれが知れると、彼は夢の中でしか自分の慕う人に会えない破目になる。かくして二人の関係は完全に絶たれ、結局恋人が手痛い傷を負うのである。

秘匿の原因としてはまた、恋人の羞恥心もあげられる。さらに愛人の逃げ腰、愛を拒否する態度を見せつけられ、誇り高い恋人が敵に後指を指され、揶揄されぬよう警戒する場合もある。このようなことは、恋人の自負心にとって耐えがたいことなのである。

（1）　原文では言動の豹変を指す格言的表現になっている。

(2) ウマイヤ朝カリフ、ヒシャーム・アル＝ムアイヤドの母スブフと、アル＝マンスールの間には特殊な関係があり、彼女の引き立てで後者が権勢の座についたことが種々臆測されている。これを指摘されてアル＝マンスールが激怒したのであろう。
(3) ムギース家はコルドバの名門で、祖先はスペインを初めて征服したターリク・ブン・ジャードと共にこの地を踏んでいる。この難にあうまで一族は代々国璽尚書、宰相等要職についていた。
(4) アッバース朝最大の詩人の一人、アブー・ヌワースのこと。
(5) アッバース朝カリフ、ハールーヌッ＝ラシードとズバイダとの間の子。父の死後西暦八〇九年にカリフの地位についたが、八一三年に兄弟のアル＝マアムーンに殺害された。

第十三章　愛の漏洩

愛はしばしば漏洩される。愛の秘密の漏洩にはさまざまな原因があるが、次にそれをあげることにする。ある場合には、自分も伴って恋人であるかのごとく振舞い、恋人のうちに加えられようと思う人物が、このような行為を敢えてする。ただしこれは卑しむべき瞞着、憎むべき厚顔さ、実のない愛の見せかけである。

時に秘密の漏洩は、愛が昂まり、切ない思いが羞恥心を上まわって生ずることがある。その場合恋人は自分自身の行動を統御、抑制しえないが、これは情熱的な愛が辿る終点であり、愛はそれほどまで理性を捉えてしまうのである。その結果恋人は醜い姿にも美を認め、美しいものを見ても醜いと思うようになる。それゆえ善いことも悪く、悪いものも善いものと見紛うのは当然である。これまで隙のない装い、丈夫なヴェイル、厚い蔽いで身を守ってきた人々が、愛ゆえに身をあらわにし、心の奥底まで犯され、聖なるものを汚された例はいかに多いであろうか。そのためにこのような人物の潔白さは醜聞の種と変じ、物静かさは嘲笑の的となるのである。ただしこうなると彼にとり最も好ましいのは、醜聞の種となることである。それ以前であったなら、話を聞いただけでも身震いし、そのような所業から遠ざかるため長い祈禱を行なったであろうことを、彼は平然と行うようになる。かつては容易になしえなかったことも、彼は平気で行い、昔気にしていたことにも頓着せず、どんなにひどいことでも簡単にやってのけるようになるのである。

私はかつて血筋も良く、位も高い家柄の若者を見知っていたが、彼はとある深窓の女に愛情を寄せた。彼はこの女に夢中になり、あまりの恋の激しさにそれまでのすぐれた美徳の多くをかなぐり捨て、具眼の士には彼のわれを忘れた惑溺はあまりにも明らかになった。その結果相手の女は、彼が恋ゆえに行う愚行に非難の言葉を浴びせているのである。

逸話

ムーサー・ブン・アースィム・ブン・アムル(1)は、私に次のような話をしてくれた。私はある時父――アッラーよ彼を嘉し給え――のアブ＝ル＝ファトフに呼び出され、一通の手紙を書くよう命ぜられた。しかしちょうどその時愛していた女を見かけたので私は手紙を放り出し、彼女の方に立って行った。父は唖然とし、私の身に重大事が起ったのではないかと案じた。やや暫くして理性を取り戻すと、私は顔をふきふき父のところに引き返し、鼻血が出たものでといって弁解した。

留意しなければならないのは、この種の言動が愛人を怖れ遠のかせる原因となり、適当な対処法とはいえず、あまりにも策を欠いているということである。ものごとはすべて事に処するにあたり適当な方法、手段があり、一たん処理を誤ったり仕損ずると結果はすべて自分に返ってくる。それまでの努力は水泡に帰し、骨折は無駄となり、折角の試みが却って害になるのである。ひとが正道を外れて誤った道を歩みつづけ、本から離れれば離れるほど、彼は自分の求めるものから遠ざけられることになる。

これについて詠んだ詩は以下のごとくである。

大事に処するには軽率さをもってするな
また下らぬ事柄に精力を費してはならぬ
よろず成り行きに任せて対処することだ
運命は手をかえ品をかえておそいかかる
だから適切な努力をはらうことをまなべ
些事大事の別をしっかりと見極めながら
そもそも蠟燭の火は燃えはじめの時には
たった一吹きで消すことができるただし
一たん燃え出したあとは息吹きかけると
その勢いでますます火勢は強まるばかり

逸　話

私はかつてコルドバの人で、宮廷においては貴顕の士に数えられる書記の息子、アフマド・ブン・ファトフという人物と面識があった。私の知るところでは清廉さにおいては彼の右に出る者はなく、常に学芸を愛好し、慎重さ、穏やかな物腰では断然他を抜いていた。彼は有徳の士の集まる場所にのみ姿をあらわし、尊敬に値いする人物とだけ交わっていた。要するに彼の出所進退は紳士の誉れというべきで、その言動は非難の余地がなく、固くおのれを持し、自己の信条に従って行動するような人物であった。その後運命のしからしめるところにより私は居を移したが、ハティバに住むようになってから初めて耳にしたしらせによると、彼が歌手の息子(2)、イブラーヒーム・ブン・アフマドという若者に夢中になってしまったということであった。私もこの若者を知っていたが、この男の資質は、家柄も良く、地位も高く、代々の資産家である人物の愛情にはおよそ相応しい代物ではなかった。私には、このような立派な人物が頭のかぶりものを脱ぎ、顔を人目にさらし、慎みを忘れ、表情をあらわにし、両袖の裾をたくしあげて肉体の欲望を満たすため、我を忘れて暴走したことは明らかであった。そしてこれは夜の長談義の話題となり、人々の口の端にのぼって国々のあちこちに伝わり、いたる所で聞く者を驚かせた。これにより彼の私的な感情の蔽いは取り除かれ、秘密が公けにされて恥さらしの的となり、名声は地に落ちて醜聞の種となるばかりか(3)、愛人も彼から遠ざかり、二度と会うことを許さなくなったのである。彼はこのような事態から免れ、醜聞を回避して平穏に事を処すこともできたはずである。彼は心の秘密を隠し、胸の想いを打ち明けさえしなければ、相変らず安逸の衣をまといつづけ、尊敬の装いも引き裂かれはしなかったのである。そうすれば彼はいまだに希望を託し、愛人と会い、同席して話を交しながら充分に心を紛らわすことができたであろう。だが弁解の綱は断たれ、充分な反証があげられてしまい、彼のためになされうる唯一の弁護は、あまりに強度な経験のため彼が判断力を失い、気が狂ってしまったと述べる以外になくなってしまった。たしかにこれは弁解としては有効であろう。ただしもしも彼の理性の一部が健全であり、正常に機能しているとすれば、愛人を侮蔑し、傷つけるのを知りながら、敢えてそのような行動に出た点で彼は大変な誤ちを犯しているのである。

これは真の恋人の行うべきことではないが、これに関しては神の御心のもとに、「従順」の章で充分に検討しよう。

愛の漏洩の第三の原因には、次のようなものがある。

これは健全な理性の持ち主が忌むべき動機、卑しい行為として非難しているものである。恋人は愛人が自分を裏切ったり、自分に倦き、嫌悪感をもつようになったと認め、しかもこれに報復する手段が相手に害を与えることしかないと、何もかも秘密を公けにして、醜聞の種にしようとする。これは最大の不名誉であり、最も醜い恥辱に他ならないが、そのような挙を敢えてする者の理性の欠如、精神の卑しさを示す何よりの証しである。

時に愛の漏洩は、恋人の不注意から人々の口の端にのぼり、噂の種になるといった形で生ずる。その場合恋人は、自分の秘密が公けにされることに満足しているが、この理由としては恋人のうぬぼれ、もしくはこのような方法で意中を明かそうという彼の策略があげられる。私は将軍の息子である友人がこの手を用いたのを、実際に見聞している。

私はまたベドウィンに関する次のような話を読んだことがある。それによるとベドウィンの女性は、相手の愛情が公けにされ、衆目の認めるところとならないと恋人に満足し、その愛が真実であると認めない。したがって恋人は自分の愛情を公然と人々に打ち明け、愛人の讃め歌を彼等に聞かせなければならないのである。実際のところ私にはこの真意が解せない。ベドウィンの女性の貞潔さは人も知るところなのだから。彼女たちの最大の希望、喜びがこのようにして公然と他人に知れてしまったあとで、女性たるものはいかなる貞潔さをもちうるであろうか。

（1）　この人物については未詳、本章中に現われる他の人物に関しても同様。

（2）　レヴィ＝プロヴァンサル説をとり、al-fattānīn を al-ghannā'in と訂正。

（3）　T・A・マッキー説をとり、fatḥ-l-'uḥdūthah を qubḥ-l-'uḥdūthah と訂正。

第十四章　従　順

愛に生ずる驚嘆すべき事柄は、恋人の愛人にたいする従順である。恋人は自分の性質を矯めて愛人のそれに適合させるように努める。ひとは実にしばしば、性来強情で御しがたく、あらゆる軛を嫌い、確固たる意志の持ち主でどちらかというと傲慢であり、不正にたいしては義憤から決起するといった人物が、一たび愛の芳香をかぎ、愛の洪水に身を投じてその大海を泳ぎ始めると、途端に頑固さが柔軟さへと変り、御しがたさがもの柔かさに、不動の意志がさばけた態度に、また傲慢さが従順さにと変化するさまを見かける。

これについては次のような詩がある。

私はまた貴女と親しく交わることができるのでしょうか恋人よ
それとも運命のうつろいには限りがあるものなのでしょうか
愛の不思議にするどい利剣もただの棒切れの下僕となりはて
飼いならされた従順な羚羊が力も猛き獅子へと変身するのですが

また別の詩では次のように詠った。

貴女の叱言は死刑宣告のようなもの
手練れた両替人がまがいの金貨をはねつけるように
しかし貴女への恋ゆえに生命滅ぼす
怖ろしい死刑の判決は恋に悩む者にとり無上の快楽

また次のような詩も披露しよう。

太陽をうやまうペルシャの民も　美しい貴女の表情の輝きを見れば
威厳あふれるマギ(1)の皇帝僧侶など　すっかり忘れ果てることだろう

時として愛人は、恋人が悩みごとを打ち明け、胸の思いを訴えることを好まないが、すると恋人は自分の悲しみを固く胸に秘め、絶望、切ない思いをおし隠す。愛人はえてして暴君であり、そのような場合には、恋人は非難された誤ちにたいして充分な弁解の材料をもっていても、覚えのない罪を自分が犯したと告白する。これはただ愛人の言うなりになり、あえて異を唱えないという配慮のなせる業なのである。私はちょうどこのような事態に悩んでいた友人を知っているが、彼は何一つ誤ちを犯していないのに、絶えず愛人から非難されつづけていた。愛人はこの哀れな恋人を叱責し、彼に怒りをぶちまけたが、彼には正真正銘何の落度もなかったのである。

私は、これと完全に同じとはいえないまでも、類似の事柄を経験していた友人の一人に次のような詩を呈したことがある。

貴女はかつて私に輝かしい笑みをたたえて近づき
少しでも私が遠ざかると非難の表情を浮べた
ひとはとかく僅かな白髪までもあげつらうものだが
私は生来ちょっとした非難の言葉を耳にするのも嫌い
ひとは自分の心のうちを顧みては自らを咎める
ただし美人の顔のほくろを見てはしきりと賞めそやす
それは数が少ないと確かに美点だが　限度を越すと
醜くなる　よろず限度を越えれば非難されるもの

また次のような詩もある。

恋のいたみに涙ほとばしらせる友に救いの手をさしのべてくれ
その頬伝う涙は能書家が墨痕淋漓と自在の筆をはしらせるよう

愛人が恋人を卑しめたさいに恋人が示す忍耐心を、心の賤しさのあらわれだなどといったら大変な誤りである。恋人が愛人と同じ立場、地位になく、彼が愛人から受けた損害と同じ報復を行うことがありえないのは周知の事実なのである。愛人の与える侮辱、軽蔑は、それで恋人が評価されるようなものではなく、そのような記憶は代々語りつがれるといった性質のものではない。侮辱にたいする忍耐が卑賤さを意味し、服従が軽蔑の基となるような宮廷や、貴顕の士の会合においても、このような例はないのである。時に主人が自分の法的な所有にかかる奴隷女に恋を寄せる例がままあるが、この場合には彼女に働きかける何の障害もない。この種の例において女性にたいする報復に、何の意味があるであろうか。侮辱にたいする怒りの原因は、これとはまったく異なるものである。この種の怒りが正当化されるのは、息づかいの一つ一つが吟味され、あらゆる言葉遣いが細かに検討され、その真意のほどが注意深く読み取られるような貴顕の士の間で、侮辱が交される場合のことである。元来貴顕の士は気紛れにものを言わず、うっかりとものごとを口にしたりしないものだが、愛人となると話は別で、時に頑丈な槍であるかと思えば、時にしなやかな細枝のようであり、その時の気分で、確たる理由もないままに冷淡になったり、愛想よくなったりするものなのだから。

これについては次のように詠った。

恋ゆえに　よろずうべなう　ものみても　さげすむ道理　さらになし
誇りある　ますらおすらも　へりくだる　愛のちからを　知らずして
いわれなき　そしりに耐える　姿みて　われをあわれむ　よしもなし

位たかく　力ならびなき　カリフすら[2]　身をかがむるは　恋のさが
ぜひもなき　恋のとりこの　する業に　常のことわり　なきままに
恋ゆえに　いやしめしのぶ　者みても　いやしき性と　ひといわず
果樹園に　憩える君の　よしかりに　木の実のおちて　傷つかば
もしも君　怒りてそれを　砕きても　それを勝利と　いわぬごと

逸　話

文具商のアブー・ドゥラフは、アル＝マジュリーティーという名で有名な哲学者、マスラマ・ブン・アフマド[3]から聞いた話を私に教えてくれた。コルドバのクライシュ族の墓地の東にあたり、大臣アブー・アムル・アフマド・ブン・フダイル[4]——アッラーよ彼を嘉し給え——の家に面してモスクがあったが、このモスクでムカッダム・ブヌ＝ル＝アスファルが若年の頃、上述の大臣アブー・アムルの小姓であったアジーブという青年にとりつかれてしまった。彼は自分の家の近くにあるマスルール・モスクで礼拝することをやめ、このアジーブが理由で夜も昼もこのモスクに入り浸りになった。そのため二度目の夜の礼拝を終えて帰宅するさい、彼は一方ならず夜警に捕えられているのである。彼のすることはといえばただ床に坐り、じっと若者を見詰めるばかりであったが、ついに若者の方は機嫌を損ね、腹を立てて彼の許に赴き、彼を殴りとばし、横面や眼の上に張り手をくわせた。しかし彼はむしろこれに悦びを覚え、「神に誓って、これこそ私が願ってきたこと。これで私は倖せです」といい、暫くの間若者のあとについていった。アブー・ドゥラフの言によれば、彼はムカッダム・ブヌ＝ル＝アスファルが高位につき、権勢を享受するようになったあとで、哲学者のマスラマが、他ならぬ当時の愛人アジーブのいるところで何度となくこの話を聞いたとのことである。事実このムカッダム・ブヌ＝ル＝アスファルはのちに大変な勢力家となり、特にアル＝ムザッファル・ブン・アーミル(5)の知遇を得て、その母や一族にとり入り、自らの手で多くのモスクや公共の水飲み場を建てるばかりか、かなりの慈善事業を行なっている。またその他にも、為政者が公共の利益のために行う種々の事業に采配を振っている。

逸　話

さらに恥ずべき話は次のようなものである。サイード・ブン・ムンズィル・ブン・サイード(6)は、アル＝ハカム・アル＝ムスタンスィル・ビッ＝ラーヒ——アッラーよ彼を嘉し給え——の治世に、コルドバの大モスクで礼拝の導師《イマーム》をつとめていたが、彼は自分の奴隷女に激しい愛情を寄せていた。そこで彼は、彼女を解放して自由の身にし、それから結婚しようと提案した。これにたいして奴隷女は腹立たしげに次のように答えている。「貴方の顎鬚はあまり長すぎますわ。」ちなみにサイードは長い豊かな顎鬚をたくわえていた。「もし鬚を短くされたら、お望みにこたえましょう。」そこで彼は顎鬚に鋏をあてて短く苅り調え、所定の数だけの証人を呼び、彼等の見守る中でこの女を自由の身にした。それから彼はこの女に結婚の申入れをしたが、彼女はそれを受け入れようとはしなかったのである。するとその場に居合せた彼の兄弟のハカム・ブン・ムンズィルが、一座の人々に向って言った。「それでは私が彼女に結婚の申入れをします。」そして彼が結婚を申し入れると、彼女はそれに同意し、二人はその場で結婚してしまった。他方禁欲、敬虔さ、宗教的熱情で名高い人物であったサイードは、このような手ひどい屈辱を甘受しているのである。

私自身もこのサイードに面識があるが、彼はベルベル族がコルドバを襲い、攻略したさいに[7]、彼等の手により非業の死を遂げている。上述の彼の兄弟ハカムは、アンダルスのムアタジラ派の長であり、その指導者、教授で教義面での第一人者であったが、敬虔さにおいても群を抜いており、同時に一流の詩人、法学者でもあった。また別の兄弟アブド＝ル＝マリク・ブン・ムンズィルもムアタジラ派の容疑を受け、アル＝ハカム――アッラーよ彼を嘉し給え――の治世には控訴院を預かる要職にあったが、カリフ・アン＝ナースィルの孫にあたるアブドッ＝ラフマーン・ブン・ウバイドッ＝ラーフ――アッラーよ彼等を嘉し給え――に、秘かに臣従を誓ったという嫌疑をかけられたコルドバの一群の法学者、裁判官とともに、アル＝マンスール・ブン・アブー・アーミルの手により十字架にかけられている[8]。結局アブドッ＝ラフマーンは殺害され、上述のようにアブド＝ル＝マリク・ブン・ムンズィルは十字架にかけられるばかりでなく、容疑者は完全に一掃されているのである。ちなみにこれら三兄弟の父で、裁判所長官の地位にあったムンズィル・ブン・サイードもムアタジラ派という嫌疑を受けたが、彼は最も雄弁な説教者で、諸学に関する蘊蓄においては断然他を抜き、誰よりも敬虔であったばかりでなく、機智、諧謔にかけても並びない人物であった。

上述した彼の息子ハカムは、私が貴方にこの論攷を書き綴っている現在も生き続けているが、すでに完全に視力をなくし、かなりな老齢である。

逸　話

恋人の愛人にたいする従順さの一例として、ある知人の話を書き止めることにしよう。彼は幾夜となく一睡もせず、おびただしい苦しみに耐え、心は激しい恋の痛みに切り裂かれるほどであったが、ついに愛人の拒否にうち勝ち、以降彼は何一つ拒まれることなく、自由に近づくことができるようになった。しかし彼は、愛人が自分の意図に不快の念を示すと自ら交わりを断ち、愛人の許から立ち去るが、その原因は貞潔さ、怖れといったものではなく、ただ愛人の意に叶うためである。彼は愛人が強い興味を示さぬと認めたことを、極力敢えてしないように努めるのである。私の他の知人は、まさにこれと同じ態度をとったが、のちに愛人に立ち去られて後悔の念に責めさいなまれている。
　これについては私は次のように詠んだ。

好機をのがしてはならぬ　それは
素ばやい稲妻の一閃のようなもの
これまで幾度機会を逃したことか
一度過ぎ去ればそれは後悔のもと
見つけた宝はいますぐに摑みとれ
好機と見たら隼のごと襲いかかれ

　またこれとまさしく同じことが私の親友、アブ＝ル＝ムザッファル・アブドッ＝ラフマーン・ブン・アフマド・ブン・マフムード[9]の身に起ったが、私が自作の詩の数行を彼に献ずると、彼はとびかからんばかりにして私の手からこの詩を奪いとり、以後彼の座右の言葉としている。

私がアルメリア(10)に滞在していた折に、ある時カイラワーン出身のアブー・アブドッ＝ラーフ・ムハンマド・ブン・クライブ(11)が私に尋ねた。ちなみに彼は大変な饒舌家で、ありとあらゆる話題に関して鋭い質問を浴びせることのできる教養人であった。その時はちょうど愛とその種々相が話題となっていたが、彼は次のような質問をした。「もしも愛人が私に会うのを嫌い、私が近づこうとするたびに遠ざかるとしたら、どうしたらよいでしょう。」そこで私は答えた。「たとい嫌われていても、何とかして会うことに努め心の満足を得るようにするのですね。」これにたいして彼は反論した。「私は反対ですね。私だったら自分の好みより愛人の好みを尊重し、自分の意志より相手の意志を重んじます。私はたといそれが死を意味するとしても、ただ耐え忍びます。」私も続けて反駁した。「私が愛するとしたら、私は自分自身のために、愛人の姿を見て美的な喜びを見出すために愛します。だから私は自分の考えに従い、自分の原則にもとづいて、心の喜びを見出すために我が道を行くでしょう。」すると彼はいった。「それはまたおかしな議論ですね。貴方がそのためになら死んでもよいと願う心は、死そのものよりはるかに強烈ですし、貴方がそのために生命を投げ出すものは、貴方の生命よりも貴重です。」私はそれに逆らっていった。「しかし貴方が生命を投げ出したとしても、その場合貴方はそう強制されているのであって、自らの選択によりそうしているわけではないでしょう。もし自分の生命を投げ出さずにすめば、貴方はそうはしないでしょうから。自ら努めて愛人と会わないということは、非難されてしかるべきです。なぜなら貴方はそれにより自分自身に危害を及ぼし、そのために死を招くのですから。」「そうすると彼は答えた。「貴方は根っからの弁証家ですね。しかし愛に通用する弁証の術などありはしませんよ。」「そうだとすると恋人などというのは不幸な存在ですね。」私が答えると、彼はこうつけ加えた。「愛にまさる不運なぞどこにあるでしょうかね。」

(1) ゾロアスター教徒の風習を指している。
(2) 原文では前出のスブフを愛したアル＝ハカム二世の別名、アル＝ムスタンスィルの名が明らかに指摘されている。
(3) スペインの天文学者、数学者。数多くの専門領域に関する著作を残して、西暦一〇〇七年に他界した。
(4) フダイル家は、スペインにおけるアラブの名門の一つ。歴代要職についているが、アブー・アムルの兄弟も、首相格の国璽尚書をつとめている。彼自身は司法関係の要職にあり、西暦九三九年歿。逸話中の他の人物については不詳。
(5) 第四章註(2)参照。アーミル朝二代目の主。在位期間は西暦一〇〇二年から一〇〇八年。
(6) サイードの父親ムンズィルは、廉直、厳正をもって知られた大法官。彼自身並びにその三人の息子については、この逸話中に説明あり、特にここでは述べない。
(7) 四〇三年シャッワール月、つまり西暦一〇一三年五月の事件である。
(8) アル＝マンスールによるこの処刑は、西暦九七九年のことである。
(9) この人物については不詳。
(10) 原文 al-madinah を al-marriyah と訂正。イブン・ハズムがコルドバの町自体に住んだことがないという事実にもとづき、レヴィ＝プロヴァンサルの意見に従った。
(11) この人物不詳。

第十五章　無理強い

時に恋人は自分の欲望の赴くままに事にあたり、脇目もふらず望む道を歩んで、愛人の手によって病いを癒され、相手が腹を立てようが同意しようが一切かまわず、断固として愛人のもたらす喜びを享受しようとする。時機が適切であり、また恋人が決意をひるがえすことなく、好運に恵まれると、彼は心おきなく快楽の盃を飲み尽すことができる。すると彼の悲しみは消え失せ、気苦労の種もなくなり、望みは達成されて、欲望がすべて叶えられるのである。

これまでにも私は、このような恋人の例を実際にまのあたりにしている。

以下の詩行は、これについて詠ったものである。

羚羊のように美しい意中の人をかちえても
恋の焔は相も変らずわが身を灼きつくす
だが私は彼女が嫌々ながら服従しようが
腹立たしげに満足しようが一向に構わない
水場が見つかればどこででも　火勢も
激しい　タマリンドの炎をしずめるばかり

第十六章　非　難　者

愛には種々の災厄があるが、その第一にあげられるのが非難者である。一言で非難をよくする者といってもさまざまな種類があるが、基本的なものは腹蔵なく語り合うことのできる友人である。そして種々の命令、禁止からなる彼の欠点の指摘は、さまざまな援助に勝るものといえよう。この種の欠点の指摘は、時に恋人に喜ばしい掣肘を与え、時に彼を微妙に鼓吹する。この種の非難には固有の目的、利益があり、かえって欲望をつのらせる薬効がある。とりわけ友人が言葉遣いも温和で、その口にすることは常に的を射ており、適当な頃合いにそうすべきでないと助言し、必要な時にこうすべきだと指示を与え、禁止、命令に相応しい時機を心得ており、しかも恋人の御しやすさ、強情さ、従順さ、反抗心の度合いに応じて欠点を指摘しうる人物であればなおさらである。

いまひとつは絶えず難詰をやめない執拗な誹謗者である。この種の人物と対処するのは大儀千万、容易なことではない。私自身も、必ずしも厳密にこの場合に妥当するわけではないが、これと類似の経験をしたことがある。友人のアブッ＝サリーユ・アンマール・ブン・ジャード(1)は、私のすることなすことをさんざんに誹謗するばかりか、私を非難する人々に力を貸した。一方私は、友情の絆が固く、強い兄弟愛で結ばれていたため、私が誤っていても正しくとも、彼がいつも私の側に立ってくれると信じこんでいたのである。

私はまた、激情の虜となり、恋人を想うあまりに、誹謗を何よりも好むようになった男を知っている。彼は誹謗者に反抗心を示し、抵抗そのものに喜びを見出し、非難を寄せる者にたいする対抗心を心のうちにかきたてては、敵にうちかつ悦びを味わっていた。彼が誹謗者から受け取る快感はちょうど敵軍を敗走させた国王、論敵を斥けた手だれの論争者のそれに似たものであろう。彼はこのような事柄に喜びを見出すあまり、しばしば自ら誹謗者に誹謗の種を提供し、相手が仕掛けてくるのを待ち望んでいるのである。

　これについては次のような自作の詩がある。

誹謗中傷の快さ　それにかこつけ耳にする
かのひとの名はひたすらに　とげぬ想いをつのらせる
難詰の盃でくむうま酒に(2)　酔いしれてのちは陶然と
うつつを去りてひた溺る　かのひとの名の大海に

（1）第三章に登場、ただしこの人物については不詳。
（2）原文では飲物［酒］を飲んだあとで、食欲を増進させるものを食べるとなっているが、こう意訳した。

第十七章　親しい助力者

愛において最も望ましいのは、至大至高のアッラーが忠実な友人を授け給うことである。この友人は言葉遣いも優雅で秀でた能力をもち、事態の把握は的確で、その対処にもぬかりはない。また弁舌の才に恵まれて舌鋒鋭く、雅量に富み、学問の造詣深く、いたずらな悶着を好まず、素早く援助の手をさしのべ、堅忍不抜、非礼にたいしても動ずることなく、協調性に富み、敵にたいしても礼を尽し、人を遇するに別け隔てがない。またその性善良で一切悪事を好まず、救いの手をさしのべるさいには決然として意をひるがえさない。立居振舞いは高貴であり、忌むべきことを断じて避け、深慮遠謀、他人の願い事を察するに敏で、性格に非のうちどころなく、血筋も正しく、秘密を固く守り、寛大この上なく、友誼にあつく友を裏切ることなど思いもよらない。精神の寛容さ、感受性の豊かさ、直観力の鋭敏さは並びもなく、救いを求める者には最良の助力者であり、難攻不落の砦である。また信義にあつく、利を逐うことをせず、変節などは思いもよらず、惜しまずに助言を与え、友誼は途絶えることなく、事にさいしては逡巡を見せず、誤りのない信条をもち、嘘言をよしとしない。しかも気質は晴れやかで、その高潔さには一点の汚れもなく、寛仁大度、艱難によく耐え、忠誠無比、志を曲げることを嫌い、災厄にさいしては無二の避難所であり、ただ一人貧窮にあえぐ友を進んで訪れ、友人の秘かな私事を親身に語り合うことを怠らない。恋人はこのような友人のうちに最大の安息を見出すが、果してこのような友をどこに求めることができるであろうか。もしもこの種の友人を見出すことがあれば、大の吝嗇漢が一文の金も手放さぬようにしっかりと摑んで放さず、親譲りの財産、自ら稼いだ富を傾けても彼を守りぬかなければならない。この種の友人をかちうることにより、喜びは極まり、悲しみは失せ、時の過ぎるのを覚えることもなく、万事が好転するのだから。この友からは尽きせぬ援助、有益な助言がいつも期待されるのである。

王君が大臣、宮廷人士を召し抱えるのは、彼等の助力を借りて困難な任務を分担し、重荷を軽減し、彼等の忠言を求め、援助を仰ぐために他ならない。さもなければ人間の性として、この種の人々の助けを得ずに、山積する難事に対処することは不可能であろう。友人のうちに上にあげたような性質を認め得ず、人間の性についていたましい経験を積んでしまったため、他人を全く信用し得ない人もいるが、それは彼が自分の秘密を打ち明けたさいに、相手が彼の意見を蔑視したり、その秘密を口外したりすることが原因である。したがってこのような人物は、他人と交際する代りに孤独を好み、人里離れた場所に隠棲して一人静かに恋情に耽り、大地を友とすることになる。彼は病人が苦しみの声を洩らし、非嘆にくれる人が溜息をつく折に覚えるような安息を、この境地に見出すのである。矢継ぎ早に想念が心に襲いかかると、心は痛むばかりである。悩みごとを口に出さず、叶わぬ想いを打ち明けて気休めもできぬとなると、彼は悲嘆に身を滅ぼしかねないのである。

この点で誰よりも頼りになるのは女性である。この種の事柄に関しては、秘密を知ったのちでも彼女たちは口をつぐんで他に語らず、秘密を固く守って恋人に助力を惜しまない。これは男性の間では見られぬことであるが、私は他人に嫌われ、疎まれて仲間外れにされるような女の場合を除き、女性が恋人たちの秘密を公けにした例を知らない。この点については老女の方が若い娘よりもはるかにましであろう。きわめて稀であるにせよ娘たちは、嫉妬のあまり秘密を明かしてしまうこともありうるのである。これに反してすでに望みもない老女たちは、ただ他人のためによかれと配慮してくれるものである。

逸　話

私は数多くの男女の召使いを抱えた、裕福な家庭の女性を知っている。彼女の女召使いの一人が一族の若者に想いを寄せ、若者もその女を恋していたが、二人の間に淫らな関係があるという噂が口の端にのぼった。そして知己の一人が彼女に告げ口した。「貴方の家の女召使いの何それさんがこの話をすっかり知っていますよ。」女主人はこの召使いを呼び寄せて厳しく罰し、噂の真偽を告白させるために、男でも我慢のできぬほど打ったり叩いたりした。しかしこの女召使いは、固く口を閉ざして一言も語ろうとしなかった。

逸　話

私はまた、聖典コーランをすっかり諳んじているある高貴な女性を知っている。彼女はもっぱら善行にいそしむ信心深い女性であったが、たまたまある若者が愛人に送った恋文を手に入れた。相手の女は自分の召使いではなかったが、若者にこれを知らせると、彼は恋文を書いたことを否定しようとしたが、ついに隠しおおせることができなかった。するとこの女性は若者にいった。「何をくよくよしているのです。恋せずにいられる男など、どこにいるものですか。心配することはありません。二人の秘密は決して誰にも知らせませんよ。それにお金でその娘さんが手に入るようならば、いくらかかっても費用はどうにかしてあげましょう。誰も知らぬうちに、その娘を貴方の自由になるようにしてあげますよ。」

世の中には、男のことなどすっかり諦めてしまったような、行い正しい年配の女性がいるものである。彼女等が好んですることは、自分でもそれにすっかり満足を見出しているのだが、身寄りのない娘のために親身になって嫁入口を探し、貧しい花嫁に自分の衣裳や装飾品を貸してやることである。

女性のうちにこのような本能がある原因については、以下の説明以外に思いあたる節がない。彼女たちは性の交わりとその動機、恋の戯れとその原因、愛から生ずる親密さとその種々相といったこと以外に関心を示さない。彼女たちの仕事といってはこれより他になく、また彼女たちはこれらのために創られているのである。これにひきかえ男性は、金を稼ぎ、王侯と交わり、知識を求め、家庭の面倒を見、旅行や狩猟に出かけ、さまざまな職業につき、戦争に従軍し、内戦を収め、種々の危険に耐え、土地を開拓するなどと多忙である。これらのおかげで彼等は充分な余暇をもちえず、こうした些事からすっかり遠ざけられているのである。私はスーダーンの王侯に関する伝記の中で、次のような話を読んだ記憶がある。それによると彼等は、自分の女たちを信用のできる男の手に委ねているが、この男は女たちに羊毛を紡ぐ仕事を絶えず割り当てている。その理由は、「仕事がなくなると女は男を恋し、婚姻の床に憧れる」からだということである。

私はこれまで女性を充分に観察し、彼女らの秘密については誰よりもよく知っている。それというのも私は、女性の膝元で育ち、彼女たちの手によって成長しており、女性以外のことは何も知らないほどなのだから。男性と席を共にしたのは、青年期に入り、鬚が生えそろってからのことなのである。私にコーランを教え、多くの詩を諳んじさせ、習字の手ほどきをしてくれたのはすべて女性であり、幼い頃に物心ついて以来私がもっぱら意を払い、関心の的としてきたのは、女性にまつわる種々の事柄を理解し、彼女らの話に思いをめぐらせ、さまざまな逸話を聞き集めることであった。私は彼女らについて目撃した事柄を決して忘れたためしがないが、その理由は私自身のうちにひそむ女性にたいする嫉妬心と、彼女たちの挙動に関する本能的な懐疑心に根ざすものであろう。女性にまつわる事柄に関する私の知識のほどは人後に落ちるものではないが、これは至高のアッラーの御心のままに、本書の諸章中で充分に示されるであろう。

第十八章　監視者

愛の災厄にはまた、監視者があげられる。彼はまさに秘かな熱病、慢性の肋膜炎、強迫観念である。監視者にはさまざまな種類がある。

第一の種類は、同席しても気詰りな人物で、彼が特にそうするわけではないが、男が愛人と密会し、恋する二人が意中を明かして愛情を吐露し合い、秘かに睦言を交す場にしばしば居合せる。この種の人物は、恋する者にとり詮索好きな監視者以上に悩みの種であり、彼はすぐに立ち去るものの、欲望の達成にとっては大きな障害となり、豊かな希望の根を断ち切ってしまう。

逸話

ある日私は一組の恋人を見かけたが、彼等はその場にいるのが自分たちだけだと思いこみ、優しい叱責の言葉を交し、人気ない二人だけの場所で、恋の甘美さを充分に味わおうとしていた。しかしそこは安全な場所とはいえず、間もなく疎ましい闖入者が姿を現わしたのである。恋人は私の姿を見かけると、傍らにやってきて、長い間私と一緒に時を過した。とまれ恋する男に出くわし、彼の表情のうちに明らかな悲しみと怒りを認めるのは、素晴しい経験である。

これについて私は次のような詩を詠んだ。

何かれと蘊蓄のほど示しても　所詮気詰りな長談義
楽しい話題もさらになく　ただに気分は滅入りこむ
シャンマーム、ラドワー、ヤズブルやアッ＝サンマーン、レバノンの町々や
アル＝ハズン、アッ＝ルカームの山々の　はるか彼方のこの男

他の監視者は、二人の仲に何かあると感じとると、事の委細を詮索せずにはいられない。一たん真実をつきとめようと思いたつと、ことさらにあちこちで恋人たちと長居して、その動作、表情をこっそりと観察し、はては息の仕方まで吟味する。このような人物は戦争よりも悪質な敵であるが、事実私はこの種の監視者に手ひどく報復しようと心に決めた若者を知っている。

これについては次のように詠んだ。

何かとことにかこつけて　心なやます来訪者
頭痛の種と知りながら　訪ないきたる疎ましさ
その長尻もきわまって　合性のよさうわさする
他人によれば我々は　げにお似合の無二の友

またある種の監視者は、もっぱら愛人に注意を向けるが、このような連中に対処するには機嫌をとる以外に術はない。彼等を手なずけることができれば、それは恋人にとって最高の喜びなのである。詩人たちがよく詩にうたうのはこのような監視者である。

私は監視者を丸めこむのに巧みで、逆にこの種の人間を自分のための監視人としてしまうような男を知っている。そうなると監視人は、いないでいてほしい時には適当に座を外し、なにくれとなく保護、助力に努めてくれるのである。

次の詩はこれについて詠んだものである。

かのひとの仲さくために送られた
監視者の数のいくばくか
とまれふんだんなつけとどけ
気掛りを信頼に変える有難さ
かつては抜身の名刀も
いまはゆたかな恵み雨

また次のような詩もある。

その昔するどい毒矢の一箭で　胸を貫く仇敵も
今は薬効きわみなき　テリヤカのごとき偵察者

また私の知人の一人が信頼するに足る男に自分の愛人の監視をさせたが、結局この男が彼の生命とりとなり、災厄の源となった例がある。

ところで監視者にたいして施す術もなく、彼を懐柔しえない場合には、恋人に残された道はただ目や眉で時折ひそかに合図を送り、婉曲な表現で胸中の意を仄めかすばかりである。ただしこれも一種の悦びで、恋する者を慰めるには充分なのである。

これについては次のような詩を引くことにしよう。

わが恋う人を警護する　名うての者にぬかりなく
あるじに仕える忠誠の　たぐいのなさは人ぞ知る

また次の詩も同じ主題を扱っている。

かたき守りに術もなき　恋路をたどるわがなみだ

想いつのれど道たえて　悲嘆にくれるわがこころ
さながら手だれの監視者は　猜疑の念の固まりか
切っ先するどい一瞥は　秘密をすべてあばきだす

次の詩も同様である。

ぬかりなく善悪しるす両天使(1)　されど
玉座の神はまた　恋の監視をつけ給う

最も忌むべき監視者は、かつて恋の試練に鍛えられ、その苦しみを充分に味わい、この道に精通したのち病いから癒えたような人物である。そこで彼は何としても、自分の監視を委された者を守り抜こうとする。アッラーよ讃えあれ、彼の監視は完璧無比であり、彼のおかげで恋人たちは手ひどい災難に出くわすことになる。
以下の詩はこのような人物について詠んだものである。

灼熱の恋に身をやいて　愛のすべてを知りつくし
眠られぬ夜のかずかずの　憂さをきわめた偵察者
恋の痛みに耐えかねて　生きる望みもたえはてて

悲嘆にくれしその末に　いくどか死をも夢見たる
恋のひとやの若ものの　愛のてだてを知りつくし
言の葉身ぶりに秘められた　想い読みとる解読者
病いも癒えてそののちは　つもれる恨み胸に秘め
恋のやからを見かけては　下賤の民と極めつける
あだなる恋をうらみとし　仲さく業をなりわいに
愛にかつえた若者を　あたるをさいわいなぎ倒す
愛の武芸の達人は　げに恋人の好敵手

特に興味深い監視者としては、次のような例があげられる。私の知人である二人の若者は同じ恋人に想いを寄せ、その愛の流儀もすっかり同じであった。そして私の認めた限りでは、彼等はそれぞれ他方の監視者の役割を演じていたのである。

これについては次の詩を読んでほしい。

あわれ同じ想いにとり憑かれ
ともに叶わぬおろかしさ
猛々し草はまぬ牧場の番犬に

追わるる羊さながらに(2)

(1) イスラームの教えによれば、アッラーは人間一人一人の両肩に善行、悪行を書き留める天使をとまらせて、最後の審判の日に備えている。コーラン五〇章一五―一七節参照。

(2) このアラブの格言的表現は、のちにスペイン語の諺にとり入れられている。《Como el perro del hortelano, que ni come ni deja comer a su amo.》

第十九章　中　傷　者

愛の災厄にはまた中傷者があげられるが、これには二種類ある。

第一は愛し合う二人の仲をさくことだけが目的の中傷者である。これは第二の種類に比べると害が軽い。とはいえこのような人物が致命的な猛毒、強烈な苦味、速やかに人を殺すもの、胸ふさぐ災厄であることに変りはない。ただし彼の猫かぶりが徒労に帰すこともしばしばである。

中傷者が狙いをつけるのはもっぱら愛人の方であり、恋人には近づかない。格言にもあるように、「死にそうで詩をよむどころではなく」、「怒りに狂って悦びを忘れた」ていたらくの恋人は、つのる愛のあまりに彼の中傷などに耳を貸そうとしないのだから。中傷者はこれをよく知っているため、とりわけ忙しい仕事もなく、権威ある者のごとく他人に嚙みつき、ちょっとしたことを咎めだてするような人物に働きかける。

中傷者が他人に話しかける術はさまざまである。

例えば彼は愛人に、恋人が秘密を守らないと讒言する。これに対処するのは至難の業で、たまたま愛人が恋人の愛に応えている場合を除いては、傷は容易に治らない。いずれにせよこの種の讒言は不仲のもととなりやすい。また愛人の側からすれば、運命の加護のもとに恋人に関する事実を知りうる機会がなければ、疑惑から逃れる術はない。それも愛人が賢明で、分別に富み、しかも長い間恋人を置きざりにしてからのちに可能なことなのである。そして適当な疎遠さ、慎重さを保ったのちにそれが中傷者の讒言であり、自分の秘密が守られていることが明らかになると、はじめて彼女はそれが作り話であることを知り、疑惑が解消する。

私は相思相愛の恋人たちに、ちょうどこのような事態が生じたのを実見している。この場合愛人はきわめて警戒心が強く、慎重この上なかったが、二人の間に多くの中傷者がわけ入り、そのために愛人の表情にも不快のしるしが読み取れるほどになった。愛人は時に不実な愛について口走り、時に憐憫の情の虜となり、疑惑に心をくもらせ、あれこれと悩みぬいたあげくに忍耐の緒も切れて、ついに恋人に自分の耳にしたことを打ち明けた。ひとは恋人が愛人に弁解する場に居合せたならば、恋とは絶対的な服従を要求する暴君であり、頑丈な柱に支えられた不壊の館、切っ先鋭い長身の槍であることをすぐに納得するであろう。とまれ恋人の弁解は、卑下、告白、否定、懺悔、無条件降伏の入り混じったものであったが、その後まもなく二人の仲はめでたく元のさやに収まった。

中傷者はしばしば、恋人の愛が真実のものではなく、本当の目的は気晴し、欲望の達成にしかすぎないと讒言する。この種の中傷は他人に言いふらされた場合には被害が大きいが、先に述べたものよりは対処するのが簡単である。真の恋人の状態はたんなる快楽の追求者のそれとは異なり、したがって愛情のあらわれもおのずと異なる。この問題については、「従順」の章で充分言及したはずである。

また中傷者は、恋人の愛情が特定の愛人にたいするだけのものではなく、それは肉体の中で燃えさかる火、激しい疼きにすぎないと中傷することがある。そしてこの種の話題の対象が、容貌も美しく、身ごなしも優雅で人々の人気の的であり、しかも現世的な快楽を追い求める性の若者で、その愛人が位も高い貴顕の士の家柄に属している場合には、彼女はえてして恋人を殺し、死の下手人となることを望みがちである。これが原因で生命を落し、毒を盛られて非業の死をとげた者は数多いのである。人々にルブナーの息子たちと呼ばれて有名な禁欲家アフマドやムーサー、アブドッ＝ラフマーンの父親にあたるマルワーン・ブン・フダイル[1]が、自分の奴隷女カトル＝ン＝ナダーの手によって命を落としたのも、まさにこれが原因であった。

以下は友人たちに警告するつもりで書いた詩の一節である。

ぜひもなく女のことばに従って
身をほろぼすはうつけ者
純白のうまき現し身に誘われて
死の暗い淵にはまりこむ

第二の中傷者は、愛人を自分で独り占めにするために二人の仲をさく。この種の中傷者は、彼自身の個人的利益がからんでいるだけに熱の入れ方も尋常でなく、したがって最も厄介千万であり、致命的、決定的なものである。

実のところ中傷者には第三の種類があるが、彼は恋人、愛人の双方に働きかけ、二人の秘密をあばき出す。ただし恋人が首尾よくやっている場合には、このような男は見向きもされない。

これについては次の詩を参照されたい。

なんの因果か中傷者　二人のあとをつけまわし

秘密の始終を告げまわる　暇にまかせて存分に
恋人の心の悩み苦しみの　甘さも知らぬかの男
酸っぱい果汁に口しかめ　我らは甘き柘榴食む(2)

ここで私は、多少相違する点もあるが、現在の話題と酷似する事柄について述べる必要があろう。これは特に告げ口、讒言に関する説明として論究すべきものである。とまれひとの話は一度ある話題を取り扱うと、それに類似の他の話題に及びがちなものであることは、すでに本書の冒頭で述べた。ところで人間の中で中傷者ほど悪質な者はいない。彼等はもっぱら讒言を事とするが、讒言は本来卑しい性根、そこから育った悪しき枝、腐った性質、賤しい育ちを示すものであり、それをよくする人間は嘘をつかずにいられない。

讒言とは嘘言の一分枝、同族に他ならず、すべて讒言の徒は嘘つきであり、私の彼等にたいする嫌悪は終始一貫している。私は他人にいかなる欠陥があろうとも友誼を結ぶにやぶさかではなく、その欠点は至大至高のアッラーの御心に委ね、良い性格から取り得るものだけを摂取しようと心がけているが、嘘つきだけはこの限りではない。自分の考えでは、嘘言は他のあらゆる美徳を帳消しにし、すべての美点を無に帰せしめ、価値を散佚させる。したがってその種の人間のうちに、いかなる長所も求めないのである。なぜならば罪を犯した者は誰でも悔悛できるし、悪行を犯した者はその非が明らかにされ、後悔する可能性もあるが、嘘言だけは別ものである。嘘言には引き返す道がなく、どこにあってもそれを隠しおおす術がないのだから。嘘つきが嘘をつくのをやめ、正道に戻ったという例を私は実際に一度も見かけたことがなく、またそのような話を聞いたこともない。私はこれまで自分から知己の者との縁を絶ったためしがないが、嘘つきだけは例外である。このような人物にたいしては、私は自ら交際を絶ち、故意にその許を立ち去るのを常としている。ある人物に嘘言癖がある場合には、必ず彼の心のうちに醜い裂け目が認められ、その本性に宿る悪しき病いのために他人から横目で見られるのである。アッラーよわれらをこのような欠点から守り給え。

ある賢人は次のような言葉を残している。「誰を友としてもよいが、次のような三種類の人間だけは遠ざけた方がよい。君を助けるつもりで傷つけるだけの愚か者。長く確かな交友のため君の方は信用しきっているが、いざという時に助力をおこたる怠け者。安心しているうちに、知らぬ間に君をおとしめるような嘘言の徒。」

アッラーの使者――アッラーよ彼に祝福と平安を与え給え――にまで遡る伝承は伝えている。「盟約の絆を守るのは信仰の一部である。」

また次のような伝承もある。「冗談にも嘘をつく者は完全な信者とはいえぬ。」

上述の二つの伝承のうち前者は、アブー・ウマル・アフマド・ブン・ムハンマドからムハンマド・ブン・アリー・ブン・リファーア、アリー・ブン・アブド＝ル＝アジーズ、アブー・ウバイド＝ル＝カーシム・ブン・サッラームと彼の師たちに遡る伝承の鎖をもっている。また後者の伝承は、ウマル・ブヌ＝ル＝ハッターブ(3)とその息子アブドッ＝ラーフ――アッラーよ両名を嘉し給え――にまで鎖が遡っている。

至大至高のアッラーは述べておられる。「お前たち信者よ、なにゆえに行いもせぬことを口にするのか。行いもせぬことを口にする者には、アッラーの手ひどい怒りがふりかかるぞ。」(コーラン六一章二―三節)

かつてアッラーの使者は次のような質問を受けた。「信者は吝嗇であってよいものでしょうか。」すると預言者は答えた。「よろしい。」また次のように尋ねられた。「信者は臆病であってもよいでしょうか。」彼は答えた。「よろしい。」質問がさらに一つ付け加えられた。「信者は嘘つきであってよいでしょうか。」すると彼は答えた。「それはいかん。」

この伝承はアフマド・ブン・ムハンマド・ブン・アフマドからアフマド・ブン・サイード、ウバイドッ=ラーフ・ブン・ヤフヤー、その父マーリク・ブン・アナス(4)、サフワーン・ブン・スライムに至る伝承の鎖をもっている。

これと同じ鎖をもつ伝承に次のようなものがある。預言者は質問を受けて答えた。「嘘言にはなんの美点もない。」

これと同じ鎖だが、マーリクからイブン・マスウード(5)に遡る伝承は伝えている。預言者は次のようにいった。「信者よ、嘘をつく度に心に汚点が残され、結局心が真っ黒になり、その名はアッラーの書の中の嘘言者の項に書き止められる。」

同様の鎖でイブン・マスウード——アッラーよ彼を嘉し給え——に遡る伝承によれば、預言者はまた次のようにいっている。「常に真実を語れ。真実を語ることは敬虔さに導き、敬虔さは楽園に導くものだから。嘘言を慎め。嘘言は罪悪に導き、罪悪は地獄に導くものだから。」

ある伝承によれば、一人の男がアッラーの使者の許にやってきていった。「アッラーの使者よ、私には三つの隠れた罪があります。飲酒、姦通、嘘言の三つですが、そのうちどれをやめたらよいか命じて下さい。」すると使者はいった。「嘘言をやめよ。」男は使者の許を立ち去ったが、暫くたって姦通を行おうとした。しかしやや考えてから自分自身にいった。「私がアッラーの使者の許に行くと、尋ねられることだろう。『お前は姦通をしたか。』そこで私がそれを肯定すると、私は罰を受けることになる。またそれを否定すれば、私は約束を破ることになる。」こう考えて彼は姦通をやめ、また飲酒もやめた。そして彼は使者の許に戻っていった。「アッラーの使者よ、私はすべての罪を断ちました。」

このように嘘言は、あらゆる忌むべきことの根元であり、あらゆる悪事を統べ、至大至高のアッラーの怒りを誘うものである。アブー・バクル＝アッ＝シッディーク(6)――アッラーよ彼を嘉し給え――の伝えた伝承として次のようなものがある。それによればアッラーの使者はいっている。「信頼のおけぬ人物に信仰はない。」またイブン・マスウードの伝えた伝承によれば、預言者はこうもいっている。「信者たるものはいかなる欠点があってもよいが、裏切りと嘘言は別である。」さらに預言者はこうもいっている。「次の三つの性質を持つ者はえせ信者である。約束を履行しない者。口に嘘言をなす者。信頼に応えず裏切る者。」

至大至高のアッラーに偽りを述べることが不信仰でないとしたら、不信仰とは何であろうか。神は真実そのものであり、同時に真実を愛され、諸天と大地は真実から成り立っているのである。実に私は、嘘言の徒以上に恥ずべき人間を知らない。帝国が滅亡し、王国が崩壊し、不正な流血の惨事が起り、名誉が傷つけられるのも、ひとえに讒言、嘘言のなせる業に他ならないのである。憎悪、致命的な怨恨をつのらせるのはまさに讒言であり、讒言の徒を待ちかまえるのは憎悪、不名誉、屈辱ばかりなのである。彼は、他の人々はさしおいて、讒言を蒙った者に犬畜生同然と見られても当然である。至大至高のアッラーは述べておられる。「中傷し、名誉を毀損する者よ呪われろ」(コーラン一〇四章一節)。また次のようにもいっておられる。「信者の者共よ、罪人がしらせをもたらした時には、必ず仔細を吟味しろ」(コーラン四九章六節)。そして告げ口する者を罪人と呼ばれた。アッラーは次のようにも述べられた。「讒言をまきちらし、もっぱら中傷を事とする卑しい偽証者のいうことを聞いてはならぬ。このような連中は善を妨げる罪深き不正の輩、不遜きわまる下賤の徒」(コーラン六八章一〇―一三節)。また預言者はこうもいっている。「中傷の輩には楽園の扉が閉ざされているぞ。」次のような言葉もある。「お前たち、三種類のお喋りどもには注意しろ。」ここでいわれる三種類とは、讒言をふりまく者、それに耳を貸す者、それを言いだした者のことである。またアル＝アフナフはいっている。「信頼に足る男はあちこち話を告げてまわらぬもの。表裏のある人間はアッラーのみ許では信頼をかちえることがない。このような男の本性は最も不純で卑しいのだから。」

ある時友人の一人が、冗談で私自身に関する嘘の話を詩人のアブー・イスハーク・イブラーヒーム・ブン・イーサー・アッ＝サカフィー(7)——アッラーよ彼を嘉し給え——に告げた。だがこの詩人は想像力が豊かであったため、それを本当の話と思いこんで腹を立ててしまった。とはいえ彼等は二人とも私の親しい友人であり、そのような罪作りな話をした男も、決して根っからの中傷の徒ではなかった。むしろ彼は陽気で大の冗談好きだったのである。そこで私は、この話にむきになっている彼に詩を書き送った。次はその一節である。

君が聞いたという話を本当だとおもわないでほしい
君の耳にしたことだけでは真実は知れないのだから
軽率に信ずれば陽炎の立つのを見てすぐに水をすて
はてもない不毛の砂漠で死にめぐりあうようなもの

また人騒がせな話をしてくれた友人には、次のような詩を書き送った。

真面目なことに馬鹿な冗談はいわんでくれ
健全な人の心を傷つけるへぼ医者のように
出まかせのうそが一番の武器といった男は
糞で身をまもる野がものようなけちなやつ

かつて私はある友人と親交があったが、われわれについて多くの嘘言が捏造され、ついにそれが効果をもたらして、友人の表情にまで不快の念が明らかにうかがわれるようになった。そのような場合、私は性格としてじっと忍耐し、好機の至るのを待ち、可能な限り相手と折合いを合せるのを常としている。そして穏便に事に対処することに友情を回復する道を求め、その後彼に次のような詩を書き送った。

私は知りたいと望むことはきちんと知る
弓術の名手ワフリズ(8)以上に的確に

ウバイドッ＝ラーフ・ブン・ヤフヤー・アル＝ジャジーリー(9)は、人も知る素晴しい書簡集の著者の甥であったが、彼は生来の嘘つきであり、この嘘言癖は彼をすっかりとらえ、彼の理性まで完全に虜にしていたため、ついには希望が人間の常の伴侶であるようにこの癖が終始彼についてまわるようになった。彼は自分のつく嘘が正真正銘の真実であると大声で誓うが、実は砂漠でひとを欺く蜃気楼より悪質な嘘つきであり、嘘言を憑かれたように好み、自分の言葉をすでに信用しなくなっている人物に向ってまで法螺話をしてまわり、他人が自分の嘘言癖を知っているなどという事実は、彼をいささかもひるませるものではなかった。

お前が偽ってきたことはすでに明らか　私の
認めた事実がお前の性悪な嘘言を証す
多くの事実は他の事実で証されるもの
秘かな姦通の罪が女の妊娠で知られるように

私は次のような詩も詠んでいる。

何もかもさらけだす鏡よりあけすけに陰口をきき
インド渡りの名刀より鋭く他人の仲をさく嫌な奴
おもうに運命と死神はふたりながらにしめし合せ
卑しいお前に愛の絆を断つ術を教えこんだものか

同じ主題に関して次のような長詩もある。

き奴のお喋りはその嘘で　好意を無残に打ち砕き
心をせめぐ借財や　貧困よりも一層不愉快なもの
玉座の神の忠言の一つも耳に入らばこそ　他人の戒めなど
どけちに物乞いするよりも　さらに効きめは上らない
き奴はあらゆる卑しさと　不名誉ためるどぶためか
讒言誹謗はかぎりなく　したたかな中傷者も口つぐむ
その悪口は耳にするだにおぞましい　讒言よりもおぞましく
その冷淡な心根は　北国のサーリムの町(10)よりもなお寒い
とまれいうにいわれぬいやらしさは　恋に悩み心乱す者に
監視者や恋人との不仲　旅立ちがやってきたよりまだ悪い

ただしうっかり者に注意を喚起し、友人に忠告を与え、ムスリムの兄弟を守り、性悪な男について警告し、敵の情勢を教えてやり、しかもそのさいに嘘をついたことも、嘘をつくこともなく、故意に怨恨をかきたてるようなことをしない者は中傷者の範疇に入らない。これまで忠言を与える者と讒言者を区別しえない場合を除いて弱者が身を滅ぼし、愚か者が破滅したためしがあったであろうか。これら両者は外見は似通っているが、実際はまったく似て非なる者なのである。一方は災厄で他方は良薬であり、賢明な男はこれを見紛うことはない。ところで本ものの中傷者とは、宗教の掟に反する事柄を口外し、それによって親しい者の仲をさき、友人の間に諍いを惹き起し、不和、動揺、虚偽の種を播く者である。

もしも他人の中傷の的とならぬためには、忠告だけでは充分でないと思い、当面対処しなければならぬ世間的な事柄、人々との交渉において、自分の分別、判断力の確かさのみでは不安な場合には、宗教を導きとし、その灯を道案内とするにしくはない。ただそれが歩む場を歩み、それが止まるところに立ち止まればよいのである。天啓の法の下し手、預言者——彼に平安あれ——を遣わされたお方、よろずなすべきこと、なすべからざることを定められたアッラーは、おのが心のみをあてもなく頼り、不確かな推量に身を委ねる人間よりはるかに正しく真理の道を知り、平安に至る術、救済の手段をわきまえ給うのである。

(1) フダイル家については第十四章註(4)参照。この事件に関しては不詳。
(2) イスラームのみならず、他の宗教についても該博な知識をもっていた著者の博識を示すもの。旧約聖書「エレミア記」三一章二九節参照。
(3) 第二代正統カリフ。
(4) 著名な伝承学者、医師であり同時にマーリキー法学派の創始者。
(5) 預言者の教友。第一章註(10)参照。
(6) 預言者ムハンマドの後を継いだ初代正統カリフ。
(7) この人物不詳。
(8) イスラーム以前の有名なペルシャの弓の名手。
(9) この人物不詳。ただし彼の伯父アブー・マルワーン・アブド＝ル＝マリク・ブン・イドリース・アル＝ジャジーリーはよく知られている。アーミル朝のアル＝マンスール、アル＝ムザッファルの書記官をつとめ、美しい詩文で知られていたが、後に陰謀のかどで投獄され、西暦一〇〇四年獄死している。

(10)　マディーナ・サーリムは現在のメディナセリ。マドリードとサラゴサの中間に位置している。ベルベルのマスムーダ族がここに入植し、その長がサーリムという名であったため、サーリムの町と名づけられた。一時は対キリスト教徒の軍事的拠点として重要であった。またカスティーリャと戦い続けたアル＝マンスール・ブン・アビー・アーミルの遺体もここに葬られている。人々の間には彼の記憶がまつわりついていたのであろう。

第二十章　愛の成就

愛の様相の一つとしてはまた、愛の成就もしくは和合があげられる。これはまたとない好運、最高の位、この上ない段階、至福のきわみである。いやそれはむしろ新たな生、(1)最も悦ばしき生活、永続する喜び、アッラーより授けられた最大の恩恵である。もしも現世が試練と苦渋に満ちた仮りの宿りでなく、来世が楽園が忌むべきもの一切から浄められた善行の酬いの場でないとするならば、私は次のようにいうであろう。愛する人との和合は汚れを知らぬ純粋な幸福、いささかの悩みも悲しみもない喜びのきわみ、完全な希望の成就、欠けるもののない願望の達成であると。

私はこれまでさまざまな快楽を体験し、種々の好運に恵まれてきた。しかし王君との親しい交際、獲ちえた財産、失ったものを取り戻した喜び、長い別れののちの邂逅、恐怖ののちに手にした安全、財産の完全な保護といったもののどれをとっても、愛の成就がもたらす喜びには及ばない。とりわけその愛が永らく禁じられ、二人の間に断絶が生じて恋人のうちに激しい愛情が燃えさかり、その炎が燃え上って、つのる思いが極限に達したあとで成就した場合にはなおさらのことである。

久々の雨に恵まれてあたりを一せいに緑に萌やす草々の芽生えも、春の日にしとど雨降らす雨雲の去ったあとで見られる花々の輝きも、豊かに花々の咲き匂う花壇の間を静かに流れる小川のせせらぎも、あるいはまた緑の庭園に囲まれた白堊の館の瀟洒な美しさも、優れた天性に恵まれ、良き資質を備え、諸々の性質が見事に均整のとれた美しさを示しているような愛人との和合には、遠くはるかに及ばない。いかに弁舌爽やかな男の雄弁も、稀代の名文家の並外れた表現力も、これを充分に言い表わすことはできず、これを前にしては知性もただ放心し、分別力も尻込みするばかりなのである。

これについては次のような詩がある。

ひとは私に尋ねる　貴方は一体おいくつでしょうか
ところで私のこめかみも顎鬚も　すでに雪のように白い
そこで私は答える　よくよく考えてみると私が
生きてきたのは　たったひとときのことでしょうか
するとひとは　驚きあきれてぜひにと説明を求める
貴方のおっしゃることは　まったく理解に苦しみます
私は話してやる　私は心から愛するひとの唇を
ある日不意うちして　一度だけ盗みとりました
これからどれほど長生きしても　私はあの短い
幸福な一瞬をしか　自分の年にかぞえないでしょう

愛の成就におけるきわめて悦ばしい様相としては、会合の約束があげられる。長らく待ち望んだすえに叶えられた約束は、心の琴線を優雅にかき鳴らさずにはおかないが、これには次にあげるような二種類がある。まず第一は、恋人が愛人を訪れる約束である。
以下はこれに関する詩である。

いとしいひとが姿見せるまで　私は満月と囁きかわす
夜空を満たす月の光は　そのままあの人のあでやかさ
愛の誓いに忠実な私は　ながい別離が顔しかめる前で
つのる思いを胸に秘め　愛の和合が微笑むさまを見る

約束の第二は、恋人が愛人を訪れる約束の許可を待っている場合である。愛の成就に至る過程、その準備段階は、他のいかなる事柄にもまして深く心を揺さぶるものである。私は自分の家の近くに住む女性に心奪われた男を知っているが、彼は何の不自由もなく、自分の望む時に彼女と会うことができた。ただし初めは彼女と会って長話をすることしかできなかったが、とにかく昼でも夜でもこれだけは自由だったのである。しかしその後運命の加護のもとにこの女性から愛される身分となり、長らく絶望をかみしめたのちに、ついに幸運をかちとることができた。私は誓っていうが、この男はあまりの喜びに気も狂わんばかりとなり、うれしさが昂じて話の辻褄も合わぬほどであった。これについては次のような詩を詠んでいる。

あの女に寄せる想いほどに神に祈れば
私が犯したどんな罪も許されることだろう
もしも砂漠の獅子に人を襲うなと頼めば
人々は皆その危害から免れることができる
あの女は長い拒絶のあとで自由に接吻を許し
じっと耐えていた愛の焔が一気に燃えさかる
渇えに喘ぐ男がしたたかに水を飲み干し
喉つまらせて屍衣に包まれ墓に入るように

また次のような詩も披瀝しよう。

愛は吐息のように小やみなく身うちから溢れ
心の手綱は酔いしれた両の眼に委ねられる
私の恋人は相も変らず私を遠ざけるが
時おりわけもなく寛大に人目を避けて
憩いを求める私にふんだんな接吻を許す
しかし乾いた心のいたみはいやますばかり

私の心は乾ききった枯れ草のように
火を投ずればたちまちに燃えあがる

また次のような一節も紹介しよう。

わが手のうちの麗わしきアンダルスのルビーよ
類い稀な中国渡りの宝石もこれに比べようもない

逸　話

私の知っていたある奴隷女が、高貴な血筋の若者に激しい恋情を抱いたが、若者は少しもそれに気づかずにいた。娘はいやます恋の痛みと、いつまでも叶わぬ想いにすっかり憔悴しきってしまったが、男の方は若者の無頓着さから一向にそれに気づく気配がなかった。紛れもなく処女であったこの娘は、乙女の恥じらいから男に打ち明けることもできず、また若者を深く尊敬していたので、初めから遂げられぬと知れた想いを告白して相手を傷つけてはならぬと、固く心に決めていた。しかし時がたつにつれて、幼少の頃から共に育った若者にたいする彼女の愛情はますます確固としたものになり、ついに自分の育ての親である賢明な女性にこれを打ち明けた。するとこの女性は、彼女に忠告を与えてくれた。「詩を送って貴女の気持を伝えてごらんなさい。」そこで彼女は忠告にしたがい、何度となく詩を書き送ったが、若者は少しも特別な注意を払おうとしなかった。ただしこの若者が機智に欠けていたというわけではなく、彼が彼女の愛に気づかなかったため、想像力をもって言外の意味を読み取ることをしなかっただけの話なのである。そのうちに娘の忍耐の緒は切れ、胸の想いはつのってそれ以上耐えがたいほどになってしまった。ある晩彼女はこの若者と二人きりになる機会をもったが、神のみぞ知るこの若者は貞潔そのもので、守りも固く、礼儀に外れることなど少しもしそうになかった。そこで娘は別れぎわに立ち上ると、若者のところに歩みより、彼の口に接吻するや一言もいわずに背を向け、歩みもあでやかにその場を立ち去った。

以下の詩は、これについて詠んだものである。

あでやかにかのひとの立ちさるさまは麗わしい
庭園に咲く水仙がかぼそい茎を揺らすよう
その耳飾りは恋人の心の中にあるかのように
一足ごとに妙なる鈴の音で恋の心をつきとおす
ゆるやかなその足どりはいとも優雅な鳩の歩みのように
速すぎもせずまた遅くもなく婉としてあでやか

若者は呆然自失し、すっかり心をうたれて身うちから力が失せ、一言ものいうことさえできなかった。そして彼女の姿が見えなくなるとすぐに、致命的な恋の罠にかかってしまった。恋の焔は燃えさかり、息づかいもひとしお速まるばかりか心臓の鼓動も昂まり、絶えず不安がつきまとって夜も眠られぬ仕儀となってしまったのである。その夜彼は一睡もできず、かくして二人の長い恋の歴史が始まったが、結局酷薄な離別の手により和合の絆は絶たれている。とまれこれは悪魔の罠のようなもので、至大至高のアッラーの加護に恵まれぬ者は、誰一人このような愛の誘惑にうちかつことができない。

ある種の人々によれば、俗にいう長すぎた春は愛を台なしにするということである。しかしこれは飽きっぽい人々の唱える誤った意見であろう。和合が永続すればするほど、愛情は強まるものなのである。

私自身の経験についていえば、親しい和合の水を飲めば飲むほど渇きがいやますのである。これが自分の病いそのものを薬とする者の法則であろうが、とまれそのような人物はじきにそこに慰めを見出すようになる。私は自分の恋人から、それ以上は誰も望みえないほどのものをかちえてきたが、なおもそれ以上を期待するのを常としている。私はこうした果報を長らく享受しているが、だからといって飽きがきたり、渇望をなくしてしまうなどということはないのである。

ある日私は愛人と席を共にしながら、愛の和合の種々相について想いを巡らせたが、そのいずれもが私の欲望を満たしたことがない事実に思い至った。それにより愛情が完全に癒され、願望が充分に叶えられたことはなかったのである。私は目的に近づけば近づくほど、自分の渇望がひとまわり大きくなるのを覚える。渇望の燧石は、心のうちに一層強い愛情の炎を燃えたたせずにはおかないのである。このような愛人との同席について、私は次のように詠んだ。

私はひと思いに鋭い刃で心を切りひらきそこに
貴女を押し込めて傷口を縫い合せてしまいたい

すると貴女は私の心の裡でだけ生きることになる
死後のよみがえりの日まで私に捕えられたまま
私の生ある限り貴女は私の心のうちに生き続け
私が死んでも暗い墓に横たわる心の中に住み続ける

この世で愛し合う恋人たちが見出す最も素晴しい状態といえば、次のようなものであろう。二人をつけまわす監視者もなく、中傷者に狙われるおそれ、別離の懸念から遠く、たがいに遠ざけたり、愛情に飽いてしまう気配すらなく、まわりに一人の非難者もいないような状態で、二人の性格が完全に合致し、たがいに等しい愛情を分ち合い、アッラーから存分な恵みを受けて安定した生活、平穏な時を過すことができ、しかも二人の関係はアッラーの御心に叶ったもので、その交わりが永続し、誰一人遠ざけ、拒むことのできぬ死が訪れるまで保たれれば、これに勝るものはない。ただし誰一人としてこのような状態を完全に亨受しえず、いかに求めてもそれを完全に手中にすることはできない。もしもこのような状態に、至大至高のアッラーが定められた突然の不幸な出来事、例えば予期しない別離、人生の花盛りに襲いかかる死といったことへの懸念がないとすれば、私は敢えてこのような和合が、あらゆる不幸から遠く、すべての突然の災厄から守られている状態であると断言するのにやぶさかではない。

私は上述のような事柄を、一点を除いてすべて亨受していた男を知っている。残念なことに彼は愛人のうちに粗野な性向を認め、愛されていると意識している女に特有な傲りを感じていた。したがって彼等の生活は完全に幸福ではありえず、二人の間にいさかいなしに一日が始まることはなかった。ただし二人はたがいに相手の愛情を信じ合っていたので、このような性格的欠点は女にのみ限られていたわけではない。とまれ二人は離別が近づき、この世の定めである死によって引き裂かれるまで、このような調子で生活を続けたのであった。

これに関しては次のような詩を詠んだ。

なんで別離をとがめ非難することができようか
愛する女が心のうちでひたすらそれを望むなら
だが私にとっては胸しめつける愛情だけで充分
離別と愛情の二つながらに責められては身がもたぬ

ジャード・ブン・アビー・スフヤーン(2)——アッラーよ彼を嘉し給え——は、ある時一座の者に尋ねたと伝えられている。「一番幸せな生活を送っているのは誰だろう。」すると同席者たちは、「信者たちの長、カリフ様でしょう」と答えた。そこでジャードは付け加えた。「しかしカリフ様も、クライシュ族の連中に悩まされているからな。(3)」すると誰かがいった。「それでは貴方でしょう。」ジャードはこれに答えていった。「だが私はハワーリジュ派(4)の鎮圧に、わざわざこんな辺境にやってきているのだからな。」「では一体誰でしょうか太守様。」同席の者が問いただすと、ジャードは次のようにいったということである。「同じ宗教の異性と結婚した善良な回教徒で、生活に困らず、たがいに相手に満足しあっている平凡な人々が一番幸せであろう。」

ところで恋人が愛人に寄せる配慮、懸念ほどに人々を感動させ、心を奪い、感情を捉え、魂を魅惑し、情熱を支配し、理性を恍惚とさせ、分別をなくさせるものがあるであろうか。私はこれまでしばしばこのような光景を目撃してきたが、これはまさに見る者をして思わずそこはかとない同情を催させずにはおかぬ眺めである。それが秘められた愛である場合にはなおさらのことであろう。もしも愛人が恋人にたいして腹を立てている理由を尋ねられてそれを暗示し、それを耳にした恋人がおずおずと弁解して怒りを解こうとするかたわら、話題を何とかして他に向けようと心がけ、同席の人々にたいして愛人の言葉に辻褄を合せるために涙ぐましい努力を払う姿を見かけると、ひとは感動を禁じえず、比べようもない秘かな悦びを覚えざるをえないのである。私はこれほど感動的で、かくも深く心をつき動かし、その深処に触れるものをこれまで目に止めたことがない。和合のうちにある恋人は、最も鋭敏な知性を誇り、強靭な思考力をもつ者も顔負けさせる弁解の術を心得ているのである。

私はこのような光景を何度となく見かけたが、これについて詠んだのが以下の詩である。

まことも嘘も　露知らず
だましおおさる　うつけ者
聡き者みな　こころ得て
二つを分つ　術を知る
黄金白銀　混ぜ合せ
うつけをとくと　騙しても
手練れの者の　聡き眼に

真贋かくす　術もなし

私は、心から愛し合っていた若者と娘を知っている。彼等は突然の闖入者が現われると、貴顕の士が訪れたさいに背をもたせかける大きなクッションを中にはさんで、横になってしまうのであった。そして二人の頭はこのクッション越しに近づくことができ、他人の気づかぬうちに自由に相手と接吻できる仕かけになっていた。ちょっと見には、二人が疲れたのでこんな調子で横になっていると思えたのである。しかし相思相愛の二人の仲はかなりなところまで発展し、その結果若者の態度がいささか尊大になった。

以下はこれについて詠んだ詩である。

この世にはあまりの事の意外さに人の噂に伝え聞き
口で他人に伝えるにもおどろきあきれる不思議あり
たとえば柔順な馬や驢馬が勝手に騎り手を選び分け
英知ならびなき博学の師が無智な学生の議論に敗れ
身動きもならぬ虜われ人が捕えた者を意のままにし
殺されて息もない者が力も猛き殺人者に襲いかかる
とまれひく手数多な艶人が賤しい男に卑下するなど
これまで人の話にも聞いたことがないが　これでは

世の中は何もかも逆しま　あえて理屈をつけるなら
太陽が西から昇り東に沈み始めたとでも言うべきか(5)

私の信頼していたある女性が次のような話を伝えてくれた。ある日彼女はたがいに激しく愛し合っていた若者と娘が、悦ばしげにある場所にやってくる姿を認めた。若者はナイフで果物を切り始めたが、切り損って親指に少しばかりの傷をし、そこから血が滲み出てきた。娘は高価な紅の薄絹の長衣をまとっていたが、すぐにその端を摑みとるや着物の一部を切り裂き、それで若者の親指に繃帯をしてやった。愛する者にとりこのような行為は、恋人としてなすべきこととしてはほんの些細なものであり、必然的な義務、当然なすべき行為に属している。自らの生命を愛人に投げ出し、魂を献げ尽した者が、それ以上何かを物惜しみするようなことがあるであろうか。

逸　話

私はイブン・バルタールという名で有名なヤフヤー・アッ＝タミーミー(6)の息子ザカリヤーの娘を知っていたが、彼女はコルドバの裁判長ムハンマド・ブン・ヤフヤーの姪にあたり、彼女の兄弟には(7)ガーリブと闘って他の二人の将軍、マルワーン・ブン・アフマド・ブン・シャヒード、ユースフ・ブン・サイード＝ル＝アッキーと共に有名な辺境の役(8)で戦死した宰相にして将軍を兼ねた人物がいる。ところでこの女性は、宰相ヤフヤー・ブン・イスハーク(9)の息子ヤフヤー・ブン・ムハンマドに嫁した。しかし彼女の夫は、二人がまだ若々しい悦びのさなかにあり、最も幸せな日々を過している間に、突然他界してしまった。彼女の歎きはあまりにも激しかったため、彼女は夫との最後の別れ、和合のしるしとして夫の遺体と共に同じ床で一夜を過したのであった。その後彼女の悲しみは一向に和らぐことなく、他界の日まで続いたのである。

秘かに成就された和合は、意味深長な微笑、咳払い、ある種の手つき、相手の脇にそっと触れたり、手足を軽くつねったりといった動作によって監視者の眼をごまかし、闖入者から身を守るが、これらはすべて心を微妙にそそるものである。

これに関する詩は以下のごとくである。

秘かな和合のもたらすよろこびは
公然とした仲にいっそう勝るもの
何一つない砂丘の上を行くように恋の
楽しみは見張られる怖れと入りまじり

逸　話

私は最も高貴な家柄の、信頼するに足る親しい友人から次のような身上話を聞いたことがある。彼は若年の頃、自分の一族の者に属する奴隷女に激しい愛情を抱いた。彼は彼女に夢中であったが、彼女に少しも近づくことができなかった。彼はいっている。「ある日私は伯父たちと一緒に、コルドバの西にあたる平原にある農園に散策に出かけました。われわれがいくつも果樹園を横切り、あちこちの小川を渡り、人気ない場所を気ままに散策していると、突然一天にわかにかき曇り、雨が降り始めました。あいにく私たちは皆に充分な雨除けを持ち合せていなかったのです。私の伯父は雨除けをかぶるように命じ、一枚を私の上にかけると、件の娘にも私と一緒に雨を避けるように命令しました。その時の私の姿を想像して下さい。大勢の人々の眼の前で、誰も気づかぬうちに彼女を自分のものにしていた私を。人々がいるにもかかわらず、私たちはたった二人きりでいるようなもので、彼等はいないも同然だったのです。神かけていいますが、私はあの日のことを決して忘れないでしょう。」私は、それがすでに遠く過ぎ去った日の出来事なのに、この話をしながら友人が全身に微笑みに似た情感を漂わせ、悦びにうち震えているさまを実際にこの眼で見たのである。これに関して私は次のような詩を詠んだ。

麗わしい花園は微笑み突然の黒雲は恵みの俄か雨を降らす
さながら恋に身を灼く若者が愛しき人にめぐりあう時のように

逸　話

和合の素晴しい一例としては、友人の一人が私に伝えてくれた話があげられるであろう。彼は隣家の娘を愛していたが、二人の家の間には、たがいに相手の姿を認めることのできる回廊のような格好の場所があった。相手の娘は、友人の家からすぐ間近のこの場所に立ちどまって、彼に挨拶を送るのを常としていたが、その時必ず彼女は手を上着で包んでいた。ある日友人がなぜそんなことをするのかと尋ねると、娘は次のように答えた。「いつかきっと私たちの間柄に気がつく人が出てくるでしょう。そして私の代りにその人がやってきて貴方に挨拶し、貴方が挨拶し返せばその人の考えが正しかったことになります。ですからこの挨拶のしかたが私のものだということにしておきましょう。素手で貴方に挨拶する人があっても、それに応えてはいけません。」

時に和合があまりにも素晴しく、愛する人々の心を完全に一致させるため、彼等はもっぱらそれに浸りきって中傷者など一切気にかけず、監視者から身を隠したり、誹謗者にたいして策を講ずることをしない場合がある。この場合には非難は、むしろ二人の仲を一層強める役割を果すのである。

和合に関しては、私は多くの詩をものしているが、以下にそのいくつかを引用することにしよう。

幾度私は愛の炎のまわりをさ迷ったことか
灯に慕いよる夜の蛾が身を焦がすように

次のような一句もある。

恋に盲いた者の欲望はただひたすらに和合へと誘われる
闇を行く夜の旅人たちが遠くの灯の輝きに導かれるように

次のような趣向のものもある。

私は愛しい人との和合にわれを忘れる
息もたえだえに渇いた男が水飲むように

別に次のような一句もある。

いつまでもあでやかな姿に見惚れていてはならぬ
かのひとの美しさはたえずいやまし尽きせないのだから

また長詩から、次の一節を引くことにしよう。

恋の病いで生命を落した者に　はたして血の報酬を払う者があるだろうか
恋のひとやに繋がれた囚人を　身代金で請け出す者がいるであろうか
そして運命は私を憐んであの女のもとに　再びつれもどすことができようか
ひとけない谷あいを二人手をとりあって　めぐり歩いたあの時のように
私はひねもす清流で水浴を楽しんだが　相変らず喉は渇ききったまま
だが全身を水に浸しながら　渇きが一向にとまらぬとはまことに奇妙なこと
恋人よ　あてもなくただ貴女を恋い慕う私の現身は見るかげもなく痩せほそり

病床をとぶらう友人たちも　肉のそげおちた私の姿が眼に止まらぬよう
姿も見えぬ哀れな男の許に　愛が一体どうして辿り着くことができようか
この世の片隅で恋に身を灼く私を　誰一人見分けることすらできないならば
あまりの難病にかかりつけの主治医も　私の治療をすっかり諦めてしまい
私を嫉視羨望していた人々も　病いのいたましさに思わず私を憐れむほど

（1）　ソ連の学者ペトロフが、本書『鳩の頸飾り』の手稿本を一九一三年に公刊して以来、al-ḥayāt-l-mujaddadah という表現に注意が払われてきた。新生を意味するこの表現を、"La Vita Nova"の著者ダンテ(西暦一二六五年生れ、一三二一年歿)が知っていたか否かが問題となっている。
（2）　ウマイヤ朝時代の有名なイラク太守。ハワーリジュ派鎮圧に功績をあげた。
（3）　イスラーム登場以降も、クライシュ族が権勢の座を求めて暗闘している事実を指している。
（4）　イスラーム初期の過激な分派。ウマイヤ朝は終始この派の叛乱に悩まされている。
（5）　アラブ詩では文法用語を頻繁に詩にとり入れる習慣がある。この句では、過去分詞が現在分詞に従うとでもいうべきか、と書かれているが、ここでは意を明らかにするためこのように意訳した。
（6）　アーミル朝創始者アル＝マンスールの祖父にあたる。彼にはアル＝マンスールを産んだ娘ブライハとともにザカリヤー、ムハンマドの息子がいた。ザカリヤーはバダホス、ベハの裁判官をつとめて西暦九六九年に歿している。またムハンマドは長らくコルドバの裁判長を努め、一〇〇四年に他界した。
（7）　原典 'akhūhu をT・A・マッキーに従って史実にもとづき 'akhūhā と訂正。
（8）　アル＝マンスールとガーリブ・ブン・アブドッ＝ラフマーンの間で戦われた戦役。西暦九八一年のことである。他の二人の将軍は不詳。
（9）　アブドッ＝ラフマーン・アン・ナースィルの将軍の一人。

第二十一章　愛の断絶

愛の災厄としてはまた愛の断絶があげられるが、これにはさまざまな種類がある。第一の断絶は監視者を警戒するためになされるうわべだけのものであるが、これはあらゆる和合よりも一層甘美である。もしも言葉の外面的な意味、呼称上の問題からこの章に入れる必要がなかったならば、私はこれをどこかよその章に配置したであろう。とまれこの種の断絶は、この章に入れるのに相応しくないほど崇高なものなのである。この場合愛人は故意に恋人の許を離れて他の者に暗示的に話しかけ、自分の真意を見抜かれず、感情を疑われぬよう万全の策をとることになる。

他方恋人も同様に振舞うが、彼の方はどちらかというと自然に愛人の方に惹かれ、意志とは裏腹に心はおのずと彼女の方に向けられてしまう。したがって彼は愛人から遠ざかっているもののその実彼女の傍におり、黙していながらその実物語っており、他方を向きながら実はその反対の方を見ているのである。

ただし鋭敏な具眼の士は、一たん二人の会話に疑いを寄せて真意を明らかに把えてしまうと、うわべと本音の違い、表面上の意味と裏に隠された意味の相違を正確に見分けることができる。そうなるとこれは興味津々たる光景、心を波立たせ揺り動かす眺めとなり、ひとは深い情感にうたれ、思わず一種の騎士道精神にかられる次第となる。

ここで私は上述の事柄について詠んだ詩を披瀝することにする。中には現在の話題と完全に合致しないものもあるが、その点は了承されたい。

相手の本性も知らずにするアブ＝ル＝アッバースの出まかせの非難は
まるで海に棲む魚が駝鳥が水を飲まないといって非難するようなもの

別の一節は以下の通りである。

好むと好まざるとにかかわらずただ一つの目的
のためこれまで何人の友に恩恵を施してきたか
その寛大さの狙いは恋人の心を射とめることにある
ひとが罠に米つぶを撒いて小鳥を捕えるように

次に種々の箴言、道徳的格言を含む長詩から一節を引くことにする。

私は心から憧れるあの女にこそ喜びを見出し
とりとめない彼女の噂話に無上の快楽を覚える
だが恋の病人となれば治療のために苦い薬ものみ

ときには大好物の甘い蜂蜜も遠ざけねばならぬ
望みのものを獲るために精一杯の努力をするが
その気苦労たるや本当に並大抵のことではない
だが水底に身を隠す粒よりの純白な真珠の玉も
それを取るには深い大海にもぐらなければならぬ
望みのものを手にするために他に術もなければ
気の進まぬ事でもあえてしなければならぬように
それは神様がわれらの父祖のため法を改められ(1)
現世の幸福を人々の身近に置かれたようなもの
そこで私は自分の性格を他人のそれに妥協させる
私の本来の性質は真っ直ぐで洗練されているものの
ちょうど水の本来の色合いは澄みきった純白であるが
さまざまな容器に入れられると器の色をとるように

また次のような一句もある。

私は恋人の性格を自分のものとして生きることに努める

ただよき性格が二つながら滅びさることを怖れるあまり

以下は長詩からの引用である。

私は愛想よい微笑に態度を変えることもなく
冷たいよそよそしさに考えを改める男でもない
冷淡な人間にたいしても心の中では遠ざけるが
うわべだけはあくまでも親しさを捨てたりしない
これまで私はしばしば戦火が燃えさかるのを見たが
もとはといえばほんのちょっとした火遊びが原因
美しい刺繍のように色綾な小さな蛇をとってみても
その鮮かな色彩のかげには恐ろしい猛毒がある
名剣の切っ先は見るからに涼やかで爽やかであるが
一たん暴れまわるとあちこちに屍体をまきちらす
思うに心にやどる謙譲さは明日の栄光のいしずえ
もしひとが身を低くして栄誉をかちうるものならば
とまれ地に這いつくばり土に顔をうずめたあとで

揺ぎない高位につく例は枚挙にいとまのないこと
謙譲により栄誉がかちえられるならば若者にとり
権勢ののちに辱しめを受けるよりははるかにまし
たらふく美食してものちに飢えなやむ者もあり
明日の生計も知れぬ身が栄達をうけることもあり
心を卑しめた経験のない者は栄誉の味を知らず
額に汗しない者は休息の真価を知ることがない
激しい渇きを癒すため清流のせせらぎで飲む水は
閑居していつでも飲める汲み水よりははるかにうまい

また次のような一節もある。

あらゆるものはよく見れば　美しい性を内に秘めている
だから最上のものが望めねば　ただ良いもので満足すること
そして必要のないときには　濁り澱んだ水場に近づくな
他のどこででも水が涸れ　仕方のない場合をのぞいては
喉をやく塩水などは　まかり間違っても飲んではならぬ

天の下何一つ束縛のない男子たる者　断じて渇えに耐えること

他の一節。

無理がなく恋人から簡単にえられるもので満ち足りよ
何もかも力ずくで奪い取ろうと考えてはならぬ
お前は何一つ彼女に要求できる権利もないしまた
彼女にしてもお前の両親のように寛大である必要もない

他の一節。

厄介な策が必要だからといって　絶望にうちひしがれてはならぬ
君は道遠しと歎くが　大事は遠く必ず困難がつきまとうもの
いつまでも夜の暗闇をあてにするな　すぐに暁の時が来るのだから
明るい昼の光をあてにするな　いずれ太陽は地の涯に姿を隠すのだから

また次のような一節もある。

努め励めよ　点滴岩をも穿つというではないか
小止みなく水が流れれば　それだけ成果は早い
倦まず弛まず　労苦を厭い音をあげてはならぬ
沛然と降る大雨も　いずれは干上ってしまうもの
猛毒も少しずつ摂り続ければ　またとない養分となり
お前のひ弱な肉体を　筋骨隆々と逞しく育て上げる

次にあげられる断絶は、愛の媚態によってもたらされるものであるが、これは多くの和合以上に甘美である。したがってこれは恋人同士が完全に相手を信頼し、相手の忠実さに絶対の確信を寄せている場合にのみ生ずる。この場合愛人は、恋人を遠ざけるように見せかけて恋人の忍耐心を試し、いつも平穏な日々しかないわけではないことを思い知らせるのである。そのさい恋人は、つのる想いに身を灼いている場合、すでに起ってしまったことについてよりも、現在の事態がさらに悪化し、ちょっとした断絶が他の由々しい結果をもたらし、もしくは愛人が自分の愛に飽いてしまうような災厄がやってくるのを怖れて悶々と日を過すことになる。

私自身も若年の頃、自分の愛した者との間にこのような断絶を体験している。二人のよりが戻ると、また関係が絶たれるといった具合にこの種の断絶が繰り返されたあとで、私は冗談半分に次のような即興詩を詠んだ。そこで私は自作の詩一行[2]に、『懸けられた詩集《ムアッラカート》』に収められているタラファ・ブヌ＝ル＝アブドの長詩の、冒頭の部分を一行ずつそのまま付け加えて一篇の詩としている。当時私はコルドバの大モスクでアブー・ジャアファル＝ン＝ナッハースからアブー・バクル＝ル＝ムクリウ[3]といった師たちによって伝えられたこの詩を、アブー・サイード＝ル＝ファタ＝ル＝ジャアファリー[4]――アッラーよこれらの師を嘉し給え――の注釈によって学んでいた。以下がその一節である。

私はかつて恋い憧れたかのひとへの昔の愛を想い起すちょうど
サフマドの石まじりの砂漠に恋人ハルワの家跡を訪ねた詩人のように
二人の愛はゆるぎない信頼で強く結ばれその絶ちがたい絆は
屈強な男の二の腕にほどこされた刺青のように紛れもなく明らか
私はかのひとがいつ戻るかも知らぬまま呆然とその場に立ちつくし
思いやむこともなく暁が訪れるまで長い一夜をただひたすらに泣き明かす
人々は恋に盲いた私を揶揄しさんざん中傷しては忠告をあたえる
恋の悲しみなどに身を滅ぼすのは愚の骨頂しっかりするのだと
そのあとでなにかと私の恋人に怒りがぶちまけられるさまはさながら
吹きすさぶ嵐に木の葉のようにもて遊ばれる荒海の小さなはしけのよう
とまれかのひとに遠ざけられては近づけられる私は大海のはしけか
水夫たちはやっと正しい航路を見つけたかと思うとまたすぐに迷う
激しい怒りのすぐあとに穏やかな満足がつきしたがうさまは

浜辺で宝探しをして遊ぶ子供らが砂の山を次々とつき崩すかのよう(5)
彼女は心で激しく怒りながらうわべでは私に優しく微笑みかける
そのさまは白い真珠と黄石の首飾りを二重に頸に巻きつけたかのよう

次にあげる断絶は、恋人が犯した誤ちにたいする非難として生ずるものである。この場合にはかなりの難渋が予想されるが、新たによりがもどされた時の喜び、愛人がふたたび示す満足は、優にそれまでの苦労を帳消しにしてくれる。愛人が腹を立てたのちに示す満足は、いかなる喜びにも勝るものであり、この世の何ものももたらしえない恍惚感を与えてくれるのだから。果してこれ以上に甘美で感動的な光景を、これまでに観察者が認め、人間の眼が捉え、頭脳が想像しえたことがあるであろうか。あらゆる監視者は姿を消し、すべて忌わしいものは遠ざかり、中傷の徒も席を共にしえぬまま、恋人同士が二人だけで会うことになる。恋人が犯した誤ちのために二人は疎遠になり、この状態が続いて断絶が始まるが、その後二人の長話を禁ずるものもなくなって、恋人は弁解にこれ努め、済まなかった、申訳ないといいながら明らかな証拠をあげて申し開きをし、おどおどしながら前非を悔いる。彼は時に自己主張もしないわけではないが、もっぱら詫びを入れ、許しを乞い、無実の罪を背負いこむ。この間愛人はじっとうつむいたままで、時折恋人をちらと盗み見するが、彼をじっと見詰めることは稀である。それから恋人の顔に微笑みが浮ぶのを見て、彼女も秘かな笑みを洩らすが、これこそ恋人が彼女の心を取り戻したしるしである。かくして恋人の弁解が入れられ、彼の言葉が聞き容れられると、誤解の雲が晴れて話がなごやかにはずむことになる。誹謗者によって伝えられた話は反古にされ、愛人の表情からは怒りの痕跡が跡形もなく消え、彼女の答えはすべて肯定でなされ、その口許から「貴方を宥しますわ、もし貴方が本当にそうなさったとしても。もし貴方に罪がなければなおさらのことでしょう」、といった言葉が聞かれる。このような出来事のあとで二人は一層強い和合の絆で結ばれ、非難は帳消しにされて深い幸福感にひたりきり、なごやかに別れ去る。

このような光景は、まさに筆舌に尽しがたい。私は何度もカリフたちの宮廷を訪れ、王侯と同席した経験があるが、恋人が愛人に示す畏敬の念に上まわるものを見たためしがない。私は戦いに勝った支配者が敗北した王侯にたいして勢威のほどを示し、宰相が権勢をほしいままにし、政治家が力を誇示するさまを見てきたが、愛人の心が自らの手中にあり、彼女が自分になびいて誠心誠意自分を愛しているという確信を抱いた時の、恋人の幸福感、喜悦に勝るものに出会ったことがない。

私は人々が首長の面前で弁解に努めたり、傲慢な暴君の前で罪の嫌疑を晴らすという光景をしばしば目のあたりにしている。しかし立腹し、怒りに我を忘れ、荒々しい態度をとる愛人を前にした恋人ほど惨めな例を知らない。私自身もこの二つ、つまり主君の前で嫌疑を晴らすこと、愛人に弁解することを実際に体験している。最初の場合、私は毅然とした鉄のような態度を固守し、剣より鋭利に身構えて、断じて卑屈な態度をとらず、自らを貶しめるようなことは決してしなかった。ただし第二の場合には私も身体にまとう衣裳よりも柔順になり、木綿の布より腰がなく、そこに利点を見出せばたちまちのうちに最後の最後まで身を卑しめ、その必要があれば身を屈めるあらゆる機会を求め、可能な限り言葉を美しく飾り、説明にさいしては微に入り細にわたって注意を払い、雄弁のきわみを尽すといった具合に、愛人の寵をふたたびかちとるためにあらゆる策を講じているのである。

不当な非難も、断絶にまつわる諸特徴の一つだが、これは愛の初めと終りに起る。愛の初めにおいてはこれは真の愛情のしるしであるが、愛の終りにこれが起れば愛が冷却し、じきに忘却へと移行するしるしに他ならない。

逸話

この点について私は次のような出来事を想い出す。私はある日学生や伝承学の研究者の一団とともに、コルドバにあるバーブ・アーミル墓地を通りかかった。われわれはルサーファに居を構えていた師シェイフ・アブ＝ル＝カーシム・アブドッ＝ラフマーン・ブン・アビー・ヤジード＝ル＝ミスリー[6]——アッラーよ彼を嘉し給え——の許に赴くところであったが、一同の中にはセウタ出身のアブー・バクル・アブドッ＝ラフマーン・ブン・スライマーン・アル＝バラウィー[7]がいた。彼は優れた詩人であったが、不当な非難をよくするので有名な人物について詠んだ自作の詩を、歩きながら口ずさんだ。以下がその詩である。

彼は向うみずに女を愛すかと思うと
すぐにその結び目をたち切ってしまう
愛のつぎあてには時間がかかるもの
つぎする間に破れるようではなおのこと

アブー・バクルがちょうどここまで口ずさんだ時に、アブー・アリー・アル＝フサイン・ブン・アリー・アル＝ファーシー[8]——アッラーよ彼を嘉し給え——がやってきた。彼もまた、イブン・アビー・ヤジードの講義に出席するところだったのである。彼はアブー・バクルの詩を耳にするや、われわれの方に微笑みかけ、ともに道を歩みながら次のような意見を述べた。「そうだな、第二行目は〝愛の結び目を結んでしまう〟とした方が良くはないかな。その方がずっと引き立つと思うがね。」温厚篤実、聖者の風格を備え、清廉潔白、敬虔にして学識蘊奥をきわめる、この人にしてこの言ありというところであろう。

そこで私は次のように詠んだ。

私の愛を断ち切ろうなどとせずに
われらの愛の絆を結べ　無礼者よ
好むと好まざるとにかかわらず
学識豊かな賢者の言に従うがよい

時には断絶と非難がともにやってくる。誓っていうが、これが度を越さぬ場合にはかなり甘美なものである。ただしこの度合が進むと、あまり芳しくない前兆であり、不吉な徴候、良くない事態が生ずるしるしである。要するにそれは離別に導く乗り物、訣別の先がけ、不当な非難の由々しき結果、倦怠の始まり、離散の使者、憎しみの原因、隔絶の尖兵といえるであろう。それがよしとされるのは、あくまでも深刻なものではなく、優しい思いやりが原因である場合に限られる。

次にこれに関する詩を引用する。

さんざん非難したあとで貴女はそれと同じほど
いやそれ以上に優しく私をいたわってくれる
雲一つなく晴れ渡ったある春の日に突然
恐ろしい雷鳴を聞くことがままあるが
すぐに雲は晴れて明るい日射しが戻る
だから貴方にもぜひ機嫌を直して貰いたい

私は自分自身が非難の対象となっていた折にこの詩を詠んだが、時あたかも詩が描写しているような春の好日であり、この詩はその時の産物である。ところである時私は兄弟である二人の友人をもっていた。彼等は旅行をして戻ってきたが、ちょうどその時私は眼炎を患っていた。そして彼等がなかなか私を見舞ってくれないので、兄の方に宛てて次のような詩を書き送った。

僕は何度となく君の弟に訴えた
聞く者を傷つけるような繰り言で
だが雲が真昼の太陽を隠すなら
出かけの月はどうなるものか(9)

だがその後われわれの仲は、非難者の仕業によって絶たれてしまった。非難者とその蛇蝎のような仕業についてはすでに述べたが、彼等の手によって関係が最終的に絶たれるのは実にしばしばのことである。

次にあげるべきものは倦怠による断絶である。倦怠は人間に内在する本性のもたらすものに他ならない。倦怠の虜となるような人物は、混じり気のない友情、衷心からの兄弟愛などにまったく相応しくない。彼は約束にたいしては不誠実で、交友も長く続かず、自分に慕いよる者にも永続的な援助を与えず、その愛も憎しみもごく気紛れなものである。そのような人間にたいしては、あえて交際を求めず、友情、関係を絶ってしまうのが最上の手段である。この種の人間からはいかなる利益も期待しえないのだから。私が彼等を恋人の範疇に入れず、愛人の特性の一つとして論ずるゆえんはここにある。なぜならば愛人はえてして不当な非難を浴びせかけ、根も葉もない嫌疑を理由に関係を絶つといった態度をとりがちなのだから。自ら愛の僕であるなどといって身を飾りながらすぐに倦いてしまうような人間は、断じて真の恋人ではない。このような人間との交際を賞味する必要などさらさらなく、その名は恋人の名簿から抹殺され、恋人の集団から除外されて当然なのである。

私は、アブー・アーミル・ムハンマド・ブン・アーミル(10)——アッラーよ彼を嘉し給え——以上に強く、このような性質の虜となっていた人物を知らない。もしも誰かが後に私の知りえた事実のほんの一部を私に告げたとしても、私は彼の言葉を信用しなかったであろう。

この種の性質の人間は惚れっぽく、同時に飽きっぽいが、この飽きっぽさは愛憎いずれの対象にも共通するものである。彼等は惚れこんだと同じ素早さで倦きてしまうため、決してこんな人間を信用してはならぬし、そんな連中のために心を煩わせてはいけない。彼等が忠実だなどと、間違っても思いこんではいけないのである。仕方なくこんな人物を愛してしまった場合には、相手が飽きっぽいという事実を銘記し、時々に態度を変える彼の真似をし、相手に相応しい態度をとるべきであろう。ところで上述のアブー・アーミルは、若い女を見るとすぐに我慢ができなくなり、たとい自分と女の間に棘だらけのトラガカントの茂みが横たわっていても、相手を手に入れるまでは息も絶えなんほどの不安と焦躁の虜となってしまう。しかし彼女が自分になびいたことが明らかになるとすぐに、愛は冷淡さに変り、親しさはよそよそしさに、彼女と席を共にしたいという渇望は彼女から逃れたいという渇望に変化し、彼女を所有しようという傾向は正反対の傾向に席を譲る。このようにして彼は女を馬鹿げた安価で売り渡しているのである。

これは彼の身についてしまった性癖で、そのために彼は何万ディーナールという大金を浪費している。とはいえ彼は——アッラーよ彼を嘉し給え——知恵ある教養人で、性聡明であると同時に家柄も高貴で、立居振舞いも洗練され、弁舌は機智にあふれ、人々の尊敬を集め、高い地位を亨受し、かなりの勢力家であった。

また彼の美貌、立派な容姿はいかなる言葉を用いても示しえず、いかに逞しい想像力をもってしてもごく一部しか再現しえぬ底のもので、誰一人彼のありのままの美しさを表現しえぬほどの頗るつきのものだった。

要するに彼の人気のほどは、市の大通りから通行人が姿を消し、人々が彼を一目見るために彼の家の門前に集まるほどだったのである。ちなみに彼の家は、とある小川を起点としてコルドバ市の東部にある家の門前を通り、アッ＝ザーヒラ宮に至る道と接続する道路に面しており、そこから私の家まではごくま近であった。とまれ数多くの奴隷女が彼に想いを馳せ、その魅力の虜となり、傷心のあまり自ら命を絶っているのである。彼女らは徒な希望を抱いて裏切られ、恋の生贄となって独り淋しく他界したのだった。

私はこのような女たちの一人であるアフラーウという女性を知っていたが、彼女はどのような場所でもその恋情を隠そうとはせず、彼女の眼から涙が乾いたためしがなかった。しかし彼女はのちに、彼の家から王宮建築長官のアブ＝ル＝バラカート・アル＝ハヤーリー(11)の家に身売りされている。アブー・アーミルは、彼自身に関する事柄を私にいろいろ物語ってくれたが、彼は何よりも自分自身の名前に嫌気がさしているといったことがある。

友人たちに関しては、彼は短い生涯のうちにしばしば相手を取りかえている。カメレオンのように、彼はじっと一つの衣裳で満足したことがなく、ある時は王侯の衣をまとったかと思うと、次には悪漢の衣裳を身につけたがるのである。

どのような係わり合いにせよ、この種の人間と付き合わざるをえない破目に立ち至った場合には、なるべくそのような人物を愛することに精力を浪費せぬよう努めねばならない。そして情愛に流されることなく自らを守るために、節操ある者の絶望を利用するにしくはないのである。つまり相手に倦怠のしるしがあらわれたら、すぐに何日か交際を絶ち、移り気な相手の気持が昂まって倦怠感が消え去るのを待つわけである。それから再び交際を始めるといった具合にすれば、愛の永続も可能であろう。

以下にこの問題に関する詩を引用する。

移り気な者にはかかわるな
すこしも頼りにならぬから
高利貸の借金のような

性悪どもは放っておけ

断絶の一種には、恋人の意志によって始められるものがある。これは愛人が自分に辛くあたり、他に気移りし、絶えず邪魔者がつきまとって離れない場合に恋人が敢えて始めるもので、哀れにも彼はこの時死を垣間見、絶望に喉を詰まらせる。しかし彼にとって忌わしい光景に立ち会うよりは、苦さこの上ないコロシントの種子を噛む方がまだましなのである。そこで彼は千々に心乱れながらも、自ら関わりを絶ってしまう。

次にこの悲劇的な状況を詠んだ詩を引用する。

私は恋人の許を去るが　決して愛がないからではない
恋に身を灼く者の　自ら抱く諦念の何と素晴しいこと
とまれ私は移り気で　ひとを裏切る女の姿をこのうえ
見るにはしのびない　いかに彼女が絶世の美女であっても
愛ゆえに身を滅ぼすことは　愛そのものより遙かに甘美
行き来する誰彼となく　身をさし出す移り気な愛よりは
心になおも激しく燃えさかる　恋の焔をいだきながら
底知れぬ深い絶望を耐えぬく心の　何と素晴しいこと
天啓の法も明らかに　囚われ人に許しているではないか

勝利に酔い痴れる人々の前で　自分の信仰を隠すことを[12]
そして死の怖れのある時には　背教さえもが許される
そのために信者も不信者も　一見おなじに見えるだけ

逸　話

次に最も風変りで忌むべき断絶の例をあげることにしよう。とある私の友人は、彼にたいして少しも気がなく、いつも彼を避けている女を愛してしまった。哀れな男はかなり長い間叶わぬ恋に身をさいなんでいたのである。だがその後思いもかけぬ幸運が訪れて恋の成就の機会を授かり、いま少しのところで思いが遂げられそうになった。しかし希望が叶えられる寸前のところで、愛人はふたたび彼との関係を絶ち、それまでより一層冷淡になってしまった。次にこれを詠った詩を披瀝する。

私は運命に願い求めた
木星のように遠くのあの女を
運命は彼女をすぐ近く
までいざなってくれたがまた
すぐに遠ざけてしまった
まるでいなかった人のように

また別の一節。

手をさしだせばいまにも届きそうな希望の星が
はるか遠く銀河の彼方に逸れていってしまった
はじめ心を占めていた確信はいま跡かたもない
身近の明るい燦きがシリウスの方に去ったあと
ひとに妬まれていた身が今や妬む身となり果て
羨望のまとであった者がしきりとひとを羨やむ
運命とはこのように目まぐるしく移り変るもの
だから賢明な者はそれを信じこんではならない

最後に憎しみにもとづく断絶があげられる。この場合にはあらゆる英知も役に立たず、いかなる術策も功を奏すことがなく、苦しみをいや増し、理性を惑乱させるばかりである。このような災厄に見舞われた者は、とにかく愛人が何を好むかを見きわめ、彼女の気に入るように努め、絶対に気に入らぬことをしてはならない。そうすれば彼女はまた彼の許に帰ってくる可能性もある。ただしそれは彼女が、たがいに同意の価値を認め、それを成就させようと望む場合に限られる。もし彼女がそれを認めなければ、翻意は不可能であり、恋人の良き行いも彼女の眼には罪と映ずるのである。恋人が愛人の心を取り戻しえない場合には、この愛を忘れるよう努めるにしくはない。自分の苦しみ、窮乏を心に吟味、納得させて、他の可能性を追求し、欲望を満たすべく心がけるべきなのである。

私はこのような例を実際に見知っているが、それについて詠んだ詩を以下に披瀝する。

この世には人騒がせな男がいるもの　苦労して死から守ってやると　とんでもない墓の中がましでしたという

また別の一節を引く。

動物をはるばる水場に導いてその帰路に
不運に見舞われたとしてもそれは私の罪だろうか
燦々とあたりを照らす午前の太陽の光を
めくらが見えぬとしてもそれは太陽のせいではない

次のような詩もある。

親しく睦み合ったのちの別れのうら淋しさ

それにひきかえ別離のあとの和合の素晴しいこと
困窮のあとの高貴が栄誉をたのしんだのち
旅路に果てるより遙かに好ましいように

また別の一節。

貴女は二つの性格の持ち主で今日もそれを
まざまざと私に見せつけてくれました
貴女は昔の有名なヌアマーン[13]王のよう
言い伝えによればこの王様は気紛れで
一日寛大に人々を喜ばせたかと思うと
翌る日は憎しみと反感をまき散らしたとか
だが貴女の恵みの日は専ら他人のもので
私にあてられた日は不幸といさかいの日
心から捧げる私の愛は報酬を受けるに
値いしないものでしょうか貴女の優しいいたわりの

別の一節は次のようなものである。

あらゆる美しさがつどいととのって
まばゆい真珠の頸飾りのような貴女
貴女の表情は幸福に光り輝いているのに
私になぜ酷い死をもたらすのでしょう

他の一節。

貴女との別れの日は最後の審判の日なのでしょうか
それとも別れの夜は苛酷な復活の夜なのでしょうか
この懲罰は来世で主と再会する敬虔な信者のものでしょうか
それとも永遠に地獄をさ迷う不信者のものなのでしょうか

次のような一節もある。

神よわれわれの過ぎにし良き日を祝福し給え

咲きたての睡蓮の花のようにみずみずしい愛の日を
昼はその純白の葩《はなびら》のように華やかに麗わしく
その黒い花芯のような夜には時たつのも忘れ果てて
和やかに睦み合い喜びのうちにうち過ぎた日々よ
二人は時の来たり過ぎゆくのも知らずにいたが
そのあとについに酷い別れの時を迎えることになった
信頼のあとに必ず裏切りがつきまとうように

別の一節は以下のとおり。

絶望してはならぬ魂よ　浮き沈みする運命は
いずれまたかつての幸福を　必ず呼び戻してくれる
恵み遍き神がスペインに　ウマイヤ朝を再建
されたように(14)　だから毅然として困難に耐えよ

次の一節はカリフ、アブドッ＝ラフマーン・アル＝ムルタダー(15)――アッラーよ彼を嘉し給え――の兄、アブー・バクル・ヒシャーム・ブン・ムハンマド(16)を讃えた長詩からの引用である。

われわれの魂は　狭い胸のうちにありながら
肉体のすべてを支配する　さながら運命とは
肉体でアブー・バクルはその魂　彼が慈しみをもって
国中を支配するさまは　誰の眼にも明らかなこと

最後の一節も同じ長詩からの引用である。

彼のもとには限りない　朝貢の品贈物が贈られる
彼はそれらを受け取るが　贈った民も感謝する
河の流れにしても同様に　その水かさが多ければ
豊かな恵みは地にあふれ　いずれ大海に注がれる

（1）イスラームでは、アッラーが種々の聖法を下され、ムハンマドが最後の預言者として最も正しい法をもたらしたことになっている。
（2）翻訳では一行だが、原文では半行。半行古歌を引き、後の半行を創作していく詩法である。『懸けられた詩集』は、イスラーム以前、無明時代《ジャーヒリーヤ》の有名な長詩《カシーダ》を集めた詞華集であり、美的価値の高いアラブ文学古典中の白眉である。
（3）両名はともにエジプトの博識な文法学者、特に後者は有名で著作も多いが、ほとんど散佚している。西暦九四九年歿。

(4)　この人物に関しては不詳。ただしその名にある fatā という表現は、宮廷に仕える者を一般的に指している。またアル＝ジャアファリーという表現から、彼が国璽尚書ジャアファル・ブン・アブドッ＝ラフマーンに解放された者である可能性がある。
(5)　原文では fi'āl という子供の宝探し遊びにまつわる mufā'īl という特殊な表現がある。
(6)　エジプトに生れ育ったが、後に商人としてコルドバに住み、同時に教育にも携った。アラビア語、文学、系譜学、詩に通じていた。イブン・ハズムの師でもあるが、のちにスペインの内乱を避けてエジプトに戻り、西暦一〇一九年他界した。
(7)　詩作に長じた文学者。
(8)　著者の友人であったが、メッカ巡礼の途次他界した。彼の言行のいくつかが史書に残されている。
(9)　当然のことながらこの詩において太陽は兄を、月は弟を指している。
(10)　アーミル朝の創始者アル＝マンスールのことと取ると年代的に合わぬため、この人物は、アル＝ムザッファルの息子か、祖父と同名のアル＝マンスールの孫を指すものと思われる。
(11)　レヴィ＝プロヴァンサルの意見に従い、'ila-l-barakāt-l-khayāl ṣāḥib-l-fityān を 'ilā 'abi-l-barakāt-l-khayālī ṣāḥib-l-bunyān と訂正する。アル＝ハヤーリーという表現から、この人物がアル＝ムザッファルの妻、ハヤールによって解放された家臣である可能性も考えられる。ハヤールは、アル＝ムザッファルの死後、ハンムード朝のアル＝カーシムと再婚している。
(12)　イスラームにおいては、身に危険がある場合、ムスリムであることを秘匿することが許される。
(13)　イスラーム以前、四世紀後半にヒーラのアラブ王国を治めていた国王。
(14)　ウマイヤ朝はアラブ本土からアッバース朝により逐い出されたが、スペインに同朝を再建したではないか。だからスペイン・ウマイヤ朝がハンムード朝に倒されても、神は同朝を再建してくれるはずだという期待がこめられている。
(15)　ウマイヤ朝の正統性を主張して蹶起した。イブン・ハズムも彼に助力したが、ジーリー朝のザーウィーと戦い惨敗した。
(16)　前出のアブドッ＝ラフマーンの兄。コルドバにおけるウマイヤ朝最後のカリフである。西暦一〇二七年カリフに推され、一〇二九年コルドバに入城したが、一〇三一年にはカリフの地位を逐われ、スペイン東北部レリダの町で五年後に他界した。

第二十二章　誠　実　さ

愛に限らずその他の事柄において示される誠実さは、称讃に値いする本能、高貴な素質、有徳な性格のあらわれである。それは優れた血筋、高貴な生れを示す最も有力なしるし、明白な証拠であり、その優劣多少は被造物に内在する本性に準じて異なっている。

次にこれに関する詩を二つ引くことにする。

男の行為はすべてその血統を示すもの
事の本質を知れば他を知る必要はない

二番目の詩は以下のごとくである。

夾竹桃の根から一体葡萄が生えるものだろうか
蜜蜂は精出して巣に苦い蘆《ろ》薈《かい》を蓄えるだろうか

誠実さの第一の段階は、自分にたいして誠実である人物にたいする誠実である。これは避けることのできぬ義務であり、この義務は恋人、愛人のいずれにも課せられる。これを怠る人間は生れが卑しく、育ちが悪く、いかなる美徳も持ち合せないといいうるであろう。

本書の目的が人間の一般的な性格、生来の特質、後天的な性格、修練によって天賦の性質がいかに磨きあげられ、またいかに修練を積んでも適性に欠ける場合いかに無用であるかに関して論ずることにあれば、私はこれらの問題について論ずべき事柄をここで充分にとりあげたであろう。ただし本書においては、貴方の望まれるように愛の種々相についてのみ述べるつもりなので、複雑多岐にわたり冗長を免れない上述の主題については論及しないことにする。

逸　話

この種の誠実さの中で、私の知る限り最も素晴しく感動的なものは、私が実際にこの眼で見た次のような例である。私の知人は、自分にとりかけがえのない愛人と関係を絶つことに同意したのだった。一時でも愛人と離れているよりは、彼にとって死を選んだ方がましであるほどだったが、自分に委ねられた秘密を守るために敢えて彼はこのような手段をとったのである。彼の愛人は、彼がその秘密を打ち明けぬ限り、二度と決して言葉を交したり、話もしないと彼に向って卑しい誓いを立てた。だが彼に秘密を委ねた人物はすでに遠くに立ち去っていたにもかかわらず、彼は信頼を裏切ることをよしとせず、秘密を守りつづけた。愛人も関係を絶ちつづけたため、結局二人の愛は稔らずに終っているのである。

誠実さの第二の段階は、自分を裏切った者にたいする誠実である。これは愛人とはかかわりなく、恋人にのみ見られる特質である。愛人はこのような立場になく、またこうする必要もない。とまれこの種の誠実さは、頑健、屈強で、筋骨逞しく、寛大な心をもち、小事にとらわれず、堅忍不抜で、堅固な知性を備え、性質に非のうちどころなく、常に正義を重んじる者のみがなしうることである。

裏切りにたいするに裏切りをもってしたところで、いささかも非難の対象とはならない。しかし上述のような態度は、はるかにこれに勝り、一段と優れているといえよう。この場合誠実さは、眼には眼をといった対抗策をとらず、言動のいずれにおいても悪しき手段を弄さない。相変らず関係が続き、関係が取り戻される望みがあり、いささかなりともよりが戻るきざしが存在し、その徴候が認められ、それが可能であると判断される限り、友愛の絆を絶つことは最後まで遅延されるのである。

最終的に望みを絶たれ、怒りにとらえられた時にすら、この種の誠実さは裏切った相手に怒りが及ばず、敵意、災厄の的とならぬよう心がける。過ぎ去った良き日の想い出が、現に生じた事態にたいする報復の念を鎮める働きをするのである。なぜならばかつての誓約にたいする忠実さは、知性ある者にとって欠かすことのできぬものであり、過ぎさった過去にたいする執着、かつての事柄をいつまでも忘れ去らぬ態度は、真の誠実さの最も確かな証拠なのだから。これはたしかに素晴しい特質であり、いついかなる場合にも人々は種々の人間関係においてこれを実行すべきであろう。

逸話

私は、ある奴隷女に夢中になった親友のことを想い出す。二人の愛情は一時高まったが、その後女が彼を裏切り、結局愛の絆が絶たれてしまった。この話は人々の口の端にのぼり、友人はこのため激しく悩まざるをえなかった。

逸　話

私にはかつて一人の友人があったが、われわれがまたとない確かな友情を築きあげたのちに、彼は私にたいして卑しい振舞いをした。われわれはたがいに腹蔵なく、秘密を何もかも打ち明けたが、心変りがすると彼は、私が彼の何倍も弱点を知っていたにもかかわらず、私の秘密を何もかもぶちまけてしまったのである。その後彼は、自分が秘密を明かしたことを私が聞き知ったのに気づき、大いに困惑し、私が彼のように卑しい手段で報復することを怖れた。それを知った私は彼に詩を献げて彼を慰め、そのような報復的手段をとるつもりはない旨を告げてやった。

逸　話

正確にいえばこれとやや話題が異なり、本書の章分けからいって本章の中に入れられるべきものとは思えないが、これまで私が述べてきたことと条件の似通った話を想い出す。書記のムハンマド・ブン・ワリード・ブン・マクシール(1)は私と親交があり、事実私の亡父が宰相を務めていた間は無二の親友の間柄であった。しかしコルドバに政治的変化が生じ(2)、情勢が移り変ると彼は他の地に赴き、その地の主君に仕えて権勢を得、高い地位と名誉を享受した。私はたまたま機会を得てその地に旅行したが、このかつての友人は私を友として遇するどころか、どうやら私が顔を出すのも不愉快だったらしく、剣もほろろのあしらい様であった。ちょうどその時私は彼に願い事があったのだが、彼は少しも手助けしてくれるふうはなく、ちょっとした仕事にかこつけて多忙を装っていた。そこで私は彼に非難の詩を書き送り、彼は私を宥める返事をよこしたが、それからというもの私は一切この男に頼み事をしなかった。
厳密にいえばこの章に相応しいものではないが、とにかく多少の関係があるこの問題について詠んだ詩を次に引く。

固く守られた秘密を口にしないのはむしろ簡単なこと
お喋りどもが告げてまわる話を隠す方が価値高い
珍奇なものを分け与え名うての吝嗇漢が心変え
惜しげなく与えたときに気前のよさが光るように

誠実さの第三の段階は、死が仲を裂き、この突然の不幸のために望みが完全に絶たれた場合に示されるものである。このような誠実さは、愛人が生き永らえ、いまだに相まみえる可能性が残されている場合の誠実さより一層高貴で、美しい。

逸　話

ある信頼するに足る女性が、私に次のような話を聞かせてくれた。彼女は、イマーム、アブドッ＝ラフマーン・ブン・ムアーウィヤ(3)――アッラーよ彼を嘉し給え――と共にアンダルスの地にやってきたバドルの後裔で、イブヌッ＝ラキーザという名で一般に知られているムハンマド・ブン・アフマド・ブン・ワフブの家で、眼を奪われるほど美しい奴隷女を見かけた。彼女のかつての主人は突然の死に見舞われ、彼女は彼の家屋敷とともにムハンマドに売り渡されたが、この女性はそれ以後すべての男性を拒みつづけ、一切男との関わりを絶って至大至高のアッラーの許に赴いている。彼女は素晴しい歌い女であったが、その後は持前の技能を投げ捨てて普通の下女のつとめに満足し、新しい主人の妻となり、快楽と安逸を享受することを一切断念しているのである。彼女はすでに地下に埋められ、墓石の下に横たわっている死者にたいする誠実さから、このような態度をとり続けたのであった。先に名をあげた新しい主人は彼女を妾の一人とし、卑しい仕事をさせまいとしたが、彼女はその申し出を断っている。彼は彼女を一度ならず打擲し、折檻したが、彼女は従容としてそれに耐え、申し出を拒絶しつづけたのだった。これほどの誠実さは、きわめて稀である。

誠実さは、愛人にとってより恋人にとって一層必要なものであり、恋人の側に不可欠な条件として課せられる。なぜならば恋人こそ親交を求め、種々の責務についての協約を申し出、愛情の絆を固め、真の交わりを確立することを願い出た者に他ならないのだから。彼こそまず愛の願いを汚れないものとし、親しい交わりを求めることによって快楽の追求に先んずるのであり、愛の手綱で自らを縛り、身動きのとれぬような枷の中に自らをつなぎ、出口のないひとやに好んで身を挺して入りこんだのは、彼自身に他ならないのである。彼自らがこのような愛の成就を望まなかったとすれば、一体誰がこの種のことを強要しえたであろうか。もしも彼が自分の愛する者にたいする誠実さによって望みを叶えようとしないならば、誰がこのような不正に耐え忍ぶことを強制しうるであろうか。他方愛人は、恋人に愛情を寄せられ、その愛の対象となっただけで、愛を受け入れるのも拒絶するのも自由なのである。もしも愛人が受け入れれば、恋人の望みは叶えられるが、それを拒んだところで非難されるわけではない。恋の成就を求め、それに執着し、愛人の同意を得るためにたゆまず努力し、相手のいるところいないところの別なく愛情を清らかに保つといったことはすべて、誠実さとは何の関わりもない。恋人とは自らの幸福を追求する者で、自らの喜びを得るために努力し、自分自身のために労苦をいとわぬ者なのである。彼が望もうが望むまいが、愛は彼を誘い、このように駆りたてずにはおかないのである。ところで誠実さが称讃に値いするものとして取り扱われるのは、誠実でないことも可能である場合に限られる。

誠実さは、恋人にある種の条件を課すものである。

その第一は恋人が愛人との誓約を守り、その秘密を洩らさず、公私にわたって相手を尊重し、その欠点を隠して美点を公けにし、短所を他人にさらさず長所をほめあげ、ちょっとした誤ちを大目に見、愛人の難詰は甘受し、相手の嫌がることはなるべくしないように努め、退屈な友、やりきれぬ相手とならぬよう心がけるといったことである。

他方愛人の方も、愛情の点で恋人と等しい場合には、これと同じ条件が適用される。ただしそうでなければ、恋人は相手が自分と同じだけ愛情をもつよう強制もできぬし、腹を立ててそうし向けることもできない。そのさい恋人は自分たちの関係を秘密にし、相手に不愉快なこと、脅しで報復しないよう努めるばかりなのである。

第三の場合、つまり愛人が恋人の愛に少しも応えない場合には、恋人は現状に満足し、手に入る限りのものを手中にし、それ以上条件について云々したり、権利を要求したりしてはならない。彼は運命がもたらしてくれるもの、時によっては自分の努力の結果に期待する以外にないのである。醜い行為は、それを行う者に醜いと思われぬ場合がある。したがってその醜さは、関係のないものには一層醜く映ずるのである。私が次のようにいうのは自尊心からではなく、至大至高のアッラーの教訓に従っているだけの話なのである。アッラーは次のように述べられている。「汝の主の恵みは、はばかることなく話題にせよ。」(コーラン九三章一一節)

かくて至大至高のアッラーは、私が一度でも見知ったことのある人々にたいして誠実であると公言する許可を与え給うているのである。アッラーは私に、ほんの一時でも会話を交した知己をも、庇護を求められた場合断じて守り抜く天性を授けられたのであった。この恩恵のゆえに私は彼を讃えて感謝を捧げ、さらに庇護と援助をいやまされるよう祈ってやまないのである。

とまれ私にとって、裏切り以上に忌わしいものはない。誓っていうが私は、相手がいかに大きな誤ちを犯し、私に数々の罪を重ねても、少しでも関わりのあった者を貶しめようと考えたことは一度もない。事実私は何度となくこのような打撃を蒙っているが、常に悪にたいしては善で酬いるよう心がけているのである。この点については、アッラーも讃えられてしかるべきであろう。

私は自分の誠実さを自慢して長詩をものし、そこで自ら経験した種々の災厄、変転きわまりなくあちこちを流浪した苦しみを詠ったが、その冒頭の部分は以下のごとくである。

遠ざかるかのひとを恋人の美しい忍耐(4)が追い求める
ほほを伝う涙に心ならずも胸のうちを明かしながら
痩せこけた肉体のうちで恋の焔は赤々と燃えさかり
非情な運命がもたらす別れの時に心は悲しみに狂う
そののちかれにはもはや安息する家もなく国もない
臥床の暖まる暇もないほどに遠近をさまよい歩いて

彼はさながら空に浮ぶ一片の軽やかな雲のよう
気まぐれな風に運ばれてはるか異境の国々を行く
彼は不信者たちの心に訪れる正しい宗教のように
人々の心のうちに住みつこうとすると追い出される
それとも彼は限りない夜空を旅しつづける惑星か
西の涯に赴いたかと思うと東の地平線から姿を現わす(5)

…………

かりにかのひとがふさわしい報酬を彼に授けるなら
彼がどこにいようと彼女はさめざめと泣きつづけるはず

私は本書の主題とおおむね関係がないにもかかわらず、ここに自分の誠実さを自ら讃えた長詩を引用した。私がこの詩を詠んだ原因は、私の論敵たちが議論で言い負かされたあげく私にあらぬ非難を浴びせ、私が誤った考えをもっていると難詰したためである。誤ちのない真理とその味方を擁護する私を論駁することができず、私にたいする嫉妬心からそのような挙に出た人々にたいし、私はこの詩をものし知力すぐれた友人たちに捧げたのである。以下さらにこの長詩からいくつかの節を引用する。

私はムーサー(モーゼ)の杖のようなもの　だから悪者どもを呼び集めよ

彼等が猛毒をもつ蛇であっても　すっかり平げてしまうぞ(6)

次に別の一節を引く。

彼等は私の眼の前で素晴しい嘘八百をならべたて
獅子を捕えようとするが獲物を狙う獅子は恐ろしいぞ

また別の一節。

彼等はあられもない高望みをする　ちょうどシーア派の異端
ラワーフィド派(7)が　イマームにとんだ高望みをするように

別の一節。

あらゆる心や魂が私の堅忍さを備えていれば
羨望の呪いの眼も何の影響も与ええぬであろう
私の心は悪に属するものを断固として拒絶する

ちょうど前置詞が絶対に動詞を受けつけぬように
最後の一節。

私の意見には隠れたるものみなに通ずる道がある
ちょうど眼に見えぬ血管が肉体のすみずみに走るように
私には小さな蟻の這う道筋までも明々白々だが
迂闊な連中は大きな図体をした象の棲処も分らない

(1) この人物については不詳。
(2) 西暦一〇一三年にベルベル族がコルドバに攻め入り、占領した事件を指す。
(3) スペイン・ウマイヤ朝の創始者。バドルは彼の東方からの逃亡、スペインでの王朝創設に寄与した功臣。後出のムハンマドについては不詳。
(4) 第二章註(3)参照。
(5) G・ゴメスは、この行と次の行の意味に脈絡がないため、この間の詩行が脱落したと考えている。
(6) コーラン二〇章七二節参照。エジプトのファラオの前で、妖術使いたちにたいしムーサーがアッラーから授かった奇蹟を示す場面。
(7) シーア派の極端な異端派で、イマームを神格化している一派。

第二十三章　裏切り

誠実さは最も優れた資質、高貴な特質であるが、裏切りはこれに反して最も卑しく、忌わしいものである。裏切りという言葉はこれを初めに行なった者に用いられ、裏切りにたいする裏切りは行為そのものをとってみた場合等しいが、これは真の裏切りではなく、このような行為を行なったとしても非難の対象とはならない。至大至高のアッラーも述べておられる。「悪しき行為の報酬は、それに相応しい悪である」(コーラン四二章三八節)。これで後者が悪でないことは明らかであろう。ただしこれが裏切りそのものと類似しているため、たまたま悪しき行為と呼ばれているにすぎない。この問題については、アッラーが許し給えば、「忘却」の章で詳細に論及されるであろう。

裏切りは愛人の側にあまりにもしばしば見受けられるため、愛人の誠実さはむしろ人を驚かすものといえよう。したがって愛人に認められる稀有な誠実さは、恋人の側の数多い誠実さに匹敵すると見なされている。この点については次のような詩がある。

愛人のわずかな誠実さは高く評価されても
恋人の限りない誠実さはその限りではない
臆病者がたまに手柄を立てる方が名うての

勇者の武勲よりも一層賞めそやされるもの

裏切りの中でも特に卑しいのは、恋人がその秘密をすべて託して愛人に使者をさし向けたさい、この使者が愛人の心を自分になびくよう仕向け、恋人はそっちのけで自分を愛させてしまう例である。これについては次のように詠んだ。

私は恋人に意中を打ち明けるため使者をおくった
軽率にも彼を信用したばかりにいまは仲違いして
厚かましい使者は私を除け者にして愛の絆を結び
そのため昔の愛の絆はもはや取り返すすべもない
かつて彼は私の証人だったがいまは私が彼の証人
彼はわれらの客人だったがいまは私が彼らの客人

逸　話

ある時裁判官のユーヌス・ブン・アブドッ＝ラーフ(1)が、私に次のような話を聞かせてくれた。「私は若い頃ある大邸宅で知ったある奴隷女のことを想い出します。彼女は、教養もあり、王族に属する若者に恋情を寄せられていましたが、彼女の方もこの愛に応え、彼女と自由に連絡のとれる若者と同年輩の男を使者として、恋文のやりとりをしていたのです。ところで彼女はある時売りに出されることになり、恋人である若者は彼女を身請けしようと躍起になったのですが、結局彼等の使者が代って手に入れてしまいました。ある日この男が彼女の許を訪れると、ちょうど彼女は小箱をあけて何かを探しているところでした。そこで男も近寄って箱の中を探す手伝いをしたのですが、その時麝香の薫りがし、注意深く、丁寧に保存されていたかつての恋人からの恋文が下に落ちました。それを見かけた男が腹を立てて叫びました。『売女め、どこのどいつからの手紙だ。』すると彼女は答えました。『これは貴方が自分で運んで下さった手紙ではありませんか。』男は続けていいました。『あのあとで、また新しい恋文などよこしたのではないか。』これに答えて彼女はいいました。『いいえ、これは貴方が何もかも御存知の昔の手紙です。』」この裁判官は結論として次のようにいっている。「この言葉に男は口に石をかまされたようになり、すっかり立往生してしまって二の句もつげぬほどでした。」

（1）　西暦一〇三八年に他界したコルドバの裁判長。金曜日の礼拝の導師、説教師をつとめている。

第二十四章　別離

われわれは誰しも、すべての巡り合いには別離がつきものであり、近くにいた者がいずれは遠ざかる運命にあることを知っている。すべて人々に限らず、国々にしてもアッラーはこのように定められ、その後で結局アッラーがこの大地と、そこに宿るものみなを治め給うのである。とまれアッラーは最良の相続者におわします。

この地上で別離に勝る不幸はない。別離ゆえに人々は魂さかる思いをするのであり、ましてさめざめと涙が溢れ出ることは多くを語るまでもない。「別離は死の兄弟である」、と人のいうのを耳にしたある哲学者はいっている。「いや死こそ別離の兄弟である」と。

別離にはさまざまな種類がある。

第一の別離は一定期間のもので、それがやがては終り、じきにふたたび巡り合うことが確実なものである。この種の別離は心をせめぐ重荷、喉詰まらせる塊りのようなもので、ふたたび愛人と巡り合わぬ限り治らない。私はある男を知っているが、彼は一日でも愛人の姿を見かけぬと不安、焦立ち、悲嘆、打ち続く心痛に見舞われ、生きることすらおぼつかぬ有様であった。

別離にはまた、面会の禁止、つまり愛人が恋人と会うことを強く禁じられる場合があげられる。この場合は、愛人が恋人と一つ屋根の下に住んでいても、二人が切り離されているため別離である点には変りない。これは少なからず悲嘆、苦悩をもたらすものであり、私自身もこれを実際に経験して苦渋にひたったことがある。
これについては次のように詠んだ。

彼女の家はいつでも間ぢかに見えるのに
夢に見るあの女の姿は杳として知れない
厳しい監視に一目見ることもできぬなら
隣りに住んでなんの益があるであろうか
彼女の佇まい衣ずれの音を聞きながら
その実彼女の遠いこと中国よりはるか
これでは渇えた男が泉を眼にしながら
水を汲みとるすべを知らぬようなもの
隔てているのは僅か一枚の墓石なのに
墓の中の死者が眼に見えぬようなもの

次はある長詩からの一節である。

恋に悩む心はいつ癒されるのだろうか

遠く隔てられた隣人が近くにやってきて
確かに恋人ヒンド(1)は私の隣人だが
インドを訪れる方がヒンドより近い
それでも近くに住むのは何かの足し
水場が近ければ渇えも紛れよう

別離には、恋人が中傷者の非難を避け、愛人と会い続けてあとで会えぬような事態を招き、噂が拡がるのを怖れて、自ら努めて遠ざかる場合がある。

また他の例としては、恋人がある不運に見舞われて愛人から遠ざかる場合がある。このさい彼の弁解は認められることもあり、認められぬ場合もあるが、それは別離の理由の如何によっている。

逸　話

私はアルメリアに住んでいた一人の友人のことを想い出す。彼はハティバに所用ができてやってきたが、滞在中はずっと私の家に寝泊りしていた。だが当時彼はアルメリアに恋人がいて、それが心を悩ます最大の関心事であり、早く用事をすませて自由になり、急いでそこに帰るつもりでいた。(2)ところが彼が私の家に暫く逗留する間に、バレアル朝の君主アル＝ムワッファク・アブ＝ル＝ジャイシュ・ムジャーヒド(3)が兵を募って攻めよせ、アルメリアの主ハイラーンと一戦を交えてこれを降そうとした。この戦いのために交通は断たれ、陸路は厳密に警戒がしかれ、海路も艦隊によって遮断されてしまった。愛人の許に帰るにも帰れなくなった友人の心痛はこれによっていやまし、絶望に息も絶えなんばかりとなり、もっぱら部屋に閉じこもって溜息をもらし、悲嘆に暮れるばかりであった。誓っていうが、私は彼がこれほど激しい恋の虜になろうとは考えてみたことがなく、彼のように愛想の悪い男が愛情の誘いに応ずるなどとは夢想だにしなかったのである。

私は旅先からコルドバに戻り、また慌しくそこを出発した時[4]のことを想い出す。道中で私はある書記と一緒になった。彼はさし迫った用事で旅に出たのだが、コルドバに残してきた愛人のためにひどく心を乱していた。私は激しい恋に陥り、ひどく惨めな生活を送った男を知っている。彼はこの世で成功をかちうるに充分な手段をもち、莫大な資産、さまざまな可能性をもっていたにもかかわらず、それらすべてを投げ捨て、ただ愛人と共に暮すことのみを願っていたのである。

次はこれについて詠んだ詩である。

　　たしかに君の許には　明らかな栄達の道が何本も通っている
　　だがいかなる名剣も　鞘から放たれぬ限り何の役にも立たぬもの

また別離には旅立ちなどにより住居が遠く隔てられたあとで、いつふたたび戻るかも知れず、愛し合う者たちが二度と会う可能性がない場合に生ずるものがある。これはいたましい破局、激しい心労、最も怖るべき打撃、悪性の疾患である。特に旅立っていくのが愛人である場合、それが惹き起す心の動揺は甚大であるといってよい。この主題に関しては多くの詩人が詩をものしている。
次に自作の長詩から一節を引いてみよう。

私は医者も見放すような恋の重病人
この病いに身を滅ぼすのは疑いもない運命
だが真実の愛の犠牲となることを悔むまい
それは毒入りの美酒を飲み干すようなもの
それにしても長い夜よお前は何と恥知らず
罪もない魂を激しい愛で燃やし尽して
シーア派に味方しウスマーンを殺害した
アブシャミー(5)のように私の生命はつけ狙われる

長詩からの他の一節。

貴女のあで姿は麗わしい天国の生き写しでしょうか
敬虔な聖人のたゆまぬ努力に酬いて神が授けたまう

長詩からの別の一節。

私はただ貴女を一目見て恋の炎をしずめようと願う
火勢も強いタマリスクのように燃えさかる恋の炎を

次のような詩もある。

貴女と二度と会うこともないのに恋の想いだけは紛れもなく明らか
恋人の姿もないのに恋のしるしだけ残るとは何と皮肉な巡り合せ
夜空をめぐる惑星は指をおおう指輪の環のようなものでしょうか
しかしとりわけ貴重な台座の宝石である貴女の姿はありません

次はある長詩からの引用。

輝き溢れるような貴女の美しさを何にたとえたらよいのでしょう
それは燦々と照る太陽の輝きを他の何かと比べるようなもの
別れのあとで訝りました私はなぜこのように生き永らえているのかと

貴女との別れは私のおくつき　貴女の死は私の死のしらせなのに
やわらかで弱々しい私の肉体が酷い運命の手で溶かされぬとは
何としても私には解しかねること(6)……………………

ただし長い別離に心も悩み果て、ふたたび巡り合うこともないと絶望しきったすえの愛人との再会は、無限の喜びをもたらす不意打ちであり、時として恋人を死に至らしめる。
次にこれに関する詩を引く。

長い別れのあとの再会の喜びは
死の淵から逃れた男の喜びか
それは浮かぬ心を陽気に振い立たせ
悲しい別れに死にかけた者を蘇生させる
だが時に突然の出会いは致命的な災厄
恋人は予期せぬ喜びに胸詰まらせて死ぬ
激しい渇きに水飲みすぎて命落した者の
いかに多いこと　水は生命の泉なのに

私の知人は恋をしたが、暫くの間愛人から遠く離れた場所に住むことになった。その後愛人の許に戻る機会があったが、一通りの挨拶を済ますほどの僅かな時間顔を合せただけで、また彼女のもとを辞さなければならなかった。そのため彼は、生命を落さんばかりの有様だったのである。
次はこれを詠んだものである。

長い別れののちやっと巡り合えたというのに
すぐにまた別れねばならぬとは何たる苦しみ
ほんの僅かの逢瀬ののちにまた愛しい人から遠ざかり
それが繰り返される間に愛も鎮まっては燃える
あたかも道を失って行く方も知れぬ夜の旅行者が
あやめも知れぬ暗闇に一閃の稲妻の光を見るように
男は心のうちでこの稲妻が永続するよう期待する
しかし徒な望みは叶えられず少しも益がない

別離ののちの巡り合いについては、次のような詩がある。

貴女とふたたび巡り合えて私の両の眼は涼やかになごみます

遠く離れていたあいだつもる涙に赤く熱していましたが
悲しい別れにたいしては忍耐と諦念をかたむけましたが
それに続く巡り合いのゆえに神に心から感謝を捧げましょう

逸　話

ある時遠国から私の許に、愛しい人の訃報が届けられた。席を立った私は逃げるように墓地に赴き、そこをさ迷い歩きながら次の詩を詠んだ。

いまはあてもなく生き永らえる私がいっそ墓に埋められ
地下にねむる貴女がふたたび蘇って下さればよいものを
これほどに私のうつし身を熱い火で焼く悲しいしらせを
耳にする前に私はみまかっていればよかったのでしょう
私は自分の赤い血で貴女のなきがらを洗い浄めたいのです(7)
せめて私の胸を囲む助骨を愛しい貴女の墓地としたいのです

だが暫くしてこの報らせが虚報であることを知り、次のような詩を詠んだ。

深い絶望の想いが私をとらえ　心が七層の地下に
鬱々と住まうとき　思いもかけぬ朗報がもたらされた
いまや濃いうれいの色をまとっていた　私の沈んだ心は
希望を一杯にはらんだ　緑の衣裳にころもがえする
そして悲しみの黒い闇は　たちまちに私から遠ざかる
燦々と照る太陽の光が　闇を一瞬のうちに追い払うように
ただし私は古い愛の絆にたいする　忠誠さを守る以外に
いかなる愛の和合をも　決して求めようとはしない
人々が豊かな雲を望むのは　恵みの雨のためばかりではなく
それが大地一杯に　涼しい影をひろげるためなのだから

これら二種類の別離には最後の別れ、つまり恋人の旅立ち、愛人の旅立ちが伴う。ただしこれは最もおそるべき光景、耐えがたい状況であり、断固として譲らぬ人々の意志もくじけ、具眼の士の洞察力も失せ、非情な心の持ち主の眼も涙に濡れ、胸の奥底に秘められた恋の秘密が白日の下に曝される。これは「断絶」の章で非難について論じたように、この「別離」の章において当然論及すべき様相の一つである。

誓っていうが、感受性豊かな者が最後の別れの折に命を落したとしても、その後すべての望みが断たれ、怖れが心をとらえ、喜びがすっかり悲しみに代ってしまうことに想いをいたすならば、充分弁護される余地があろう。訣別の時はかたくなな心を柔軟にし、いかに非情な心をも溶かしてしまう。別れを惜しんで振り返りみる頭の動き、じっと注がれる視線、最後の別れのあとの深い溜息は心の帳を切り裂き、そこに激しい不安を送りこむがその力強さは反対の場合に、愛し合う二人が顔を見合せ、眼ばたきや微笑、その他くさぐさのしるしによって心を通わせる折の喜びに匹敵するのである。

最後の別れには二つの種類があげられる。第一の場合には、感情を吐露する方法としては単なる視線、仕種しかないが、第二の場合たがいに抱き合い、抱擁することも可能である。ただしこの場合近くに住み、容易に会うことができても、それまでは抱擁などは思いもかけぬといった例も多く、詩人たちがむしろ別離を望み、別れの日を讃えているのもここに理由があるのである。ただしこのような考えは正しく健全なものとはいえず、確かな根拠をもっていない。一時の喜びは長い苦しみに匹敵するものではありえないのだから。別れが数日のみでなく、数カ月、数年も続いて、どうしてこのような理屈が正当化されうるであろうか。これは明らかに誤った考え、歪められた論理である。私は自作の詩において別離を讃えているが、これもその日を懐しむという心の余裕を前提としており、それにより日々再会と別れが繰り返されることになる。別れという忌わしい名によって惹き起される苦痛は、数日たがいに会えぬ日が続くといった場合に耐え忍ぶことも可能であろう。このような場合にのみ恋人は別離の日を望み、できることなら毎日のように素晴しい別れがあったらと願うのである。

とまれ第一の別れについては次のような詩がある。

別れゆくあのひとの美しさはまばゆい陽光のよう

私の洩らす悲しみの吐息は火のように熱いのに

第二の別れについては次のような詩を詠んだ。

あのひとの輝くばかりの容貌に光という光はひれふし
その顔はそれ以上満ちもせず欠けもせぬ満月さながら
抱き寄せれば太陽がさそり座にある冬の日の温もりと
獅子座の夏の清々しい涼しさを二つながらに併せもつ

次のような一節もある。

誓っていうが別れの日はむしろ好ましいもの
よし自分の魂が肉体から離れ去るとしたところで
その日私は愛しい女を怖れもなく胸にかき抱いた
それまでいかに望んでも許されたためしがなかったが
さめざめと涙する私にあの女がふと涙見せるのは
和合の日が別離の日を羨むほどの喜ばしいできごと

愛し合う恋人たちが非難を交して争い、和解が成り立ち、疎遠な関係を断ち切る前に突然遠く別れねばならぬ破目になるとしたら、これ以上怖ろしく、心傷む出来事は考えられまい。二人が最後の訣別を行うと、かつての非難は忘れ去られ、あらゆる力は打ち砕かれて、ついには眠りもいずこにか飛び去ってしまうことになる。

これを詠んだ詩は以下のごとくである。

別離の軍団が足ばやに襲いかかると
かつての非難はたちまち一掃される
別離は非難を威嚇し制圧してすでに
はや非難にはどこにも逃げ場がない
そのさまは獲物を一人占めする狼を
森から出てきたライオンが脅すよう
別離は非難を駆逐して喜ぶが同時に
恋人を遠ざけたことに心をいためる
たとい死の中にも幾許かの安息あり
だがそれには素早い破滅がつきもの

私の知人の一人は、別れの日に最後のいとま乞いをするために愛人の許を訪れた。しかし彼女はすでに旅立ってしまっていたのである。彼は愛しい女の居所のあたりにとどまり、彼女のいたあたりを一時徘徊して家路についたが、その時傷心の彼は悲しみのあまりすでに生気を失っていた。そして数日を経ぬうちに病いの床に臥し、他界してしまった。アッラーよ彼を嘉し給わんことを。

別離は、深く隠された秘密をものの見事に明かしてしまう。私の知人は自分の愛情をひた隠しにして相手にも洩らさなかった。だが訣別の日にこの秘密が明らかにされ、胸のうちが打ち明けられたのである。以下はこれについて詠んだものである。

貴方はこれまでかたく拒んできた愛を
この期におよんで惜し気なく与えます
でもいまはもう愛の必要もありません
昔ならふかく心にとまったでしょうが
死にのぞんでは医術も役に立ちません
それ以前には病いを癒しえたとしても

また次のような一節もある。

最後の別れの日に貴方は　これまで出し惜しみしてきた
胸に秘めた愛とやらを　私に下さるというのですか
ただでさえ悲しい私を　一層の悲しみにひたらせて
早く知らせて下さればよいものを　今はどうにもなりません

ここで私は自分自身の経験を思い出す。私はかつて幸運にも、当時権勢の座にあったある宰相の友愛をかちえていた。しかしのちに彼は私にたいして控え目になり、私も彼から遠ざかった。その後栄華の日が去り、権勢も失せると彼はまた私に少なからぬ友愛の情を示すようになったが、これについて次のように詠んだ。

貴方は好運に恵まれたおりには冷たくし
一たび運気が去ってから友誼を求めます
与えても役立たぬとき友情を施しますが
実は好運が微笑むおりに与えるべきもの

最後に死によってもたらされる別離、死別があげられるが、この場合ふたたび巡り合う望みは完全に断たれている。これは償いえぬ不運、決定的な衝撃、運命のもたらす怖ろしい災厄、忌わしい禍いで、黒々と夜の闇をも蔽いつくし、あらゆる希望を断ち、野心を拭いさり、再会の望みを打ち砕いてしまう。死別にさいしては人々の舌はもつれ、治癒の可能性は完全に断たれて、これに対処するには望むと望まざるとに関わらず、ただ忍耐をもってする他にないのである。死別は真の恋人に襲いかかる最大の災厄で、これに見舞われた者はただ悲歎に泣く以外に術はなく、これが彼自身他界するか、悲しみ極まってこれにも倦いてしまうまで続くのである。これは癒すことのできぬ深傷、やむことのない傷み、常に新たな悲しみで、死者がもたらす不幸の度合に応じて悲しみもいやます。以下はこれについて詠んだものである。

別離に見舞われたとしても
希望が絶たれた訳ではない
あわてて絶望しないことだ
生ある者にはいまだ策あり
勿論相手が死んでしまえば
絶望する以外に術はないが

私はこれまで、多くの人々が愛人との死別を経験するさまを見てきた。ただしここでは自分自身の体験談を述べることにしよう。私もまたこの災厄に見舞われ、この種の不幸に襲われた者の一人なのである。私はかつて自分の所有していたヌアムという奴隷女に夢中になり、他の誰にも劣らぬ心からの愛を捧げていた。彼女は愛に憧れる者の夢想の対象で、容貌も性格も美しく、しかも私に好意を寄せていたのである。

彼女にとって私は初めての男性であり、われわれはたがいに相思相愛の仲であった。だが運命は突然彼女を私から奪い去り、過ぎゆく日々に攫われた彼女は地下の人となってしまった。彼女が他界した折に私はまだ二十歳になっておらず、彼女は私より年下であった。その後七カ月というもの私は喪服をかえず、涙とは縁遠く、悲しみに救いを見出すような性質でない私が、その間涙に泣き暮れたのである。アッラーにかけて私は、今なおこの痛手から立ち直ってはいない。もしも代りの犠牲を捧げて何かの足しになるとしたら、私は自分の所有するものすべて、親譲りの遺産、自ら稼いだ富ばかりでなく、大切な五体をも喜んで、すぐに差し出したことであろう。彼女を失ってのち、人生には何の良いこともなく、私はいつも彼女を想い、他の女と親しく交わってもいないのである。彼女にたいする愛は過去すべてをかき消し、それ以後のすべてを厭わしいものにしてしまったのだった。(8)

彼女については次のように詠んだ。

さし昇る暁の太陽のように汚れなく　抜けるように色白ないとしい貴女
貴女の傍では他の深窓の乙女らも　夜の星々といったところでしょうか
貴女に捧げるひたむきな愛は　私の心を憩いの場から追い出してしまい
私の心は鳥のようにとまり木を飛びたち　あてもなく飛びまわるばかり

彼女を悼んで詠んだ長詩には次のような一節もある。

紐の結び目に息吹きかけて　魔法をつかう妖しい女のように[9]
不思議な力をもつ貴女の言葉に　私は安らぎを見出さなかった
そして最後まで私は望みを叶えずじまいであった　さんざんに
成就した望みを弄んで　結局何も得ることがなかった者のように

同じ詩から他の一節を引く。

彼女らは愛していながら嫌というそぶりを見せ
もうお別れしましょうと誓ってはその誓いを破る

私はまた、従兄弟のアブ＝ル＝ムギーラ・アブド＝ル＝ワッハーブ・アフマド・ブン・アブドッ＝ラフマーン・ブン・ガーリブ[10]に送った、彼を讃える長詩の中で次のように詠った。

友よ歩みをとめ家居のあとを訪ねよう[11]　かのひとの一族は
今どこをさすらうのか　その家跡は時の流れに朽ち果てて
打ち棄てられ人気なく荒れ果てた　この様を眺めていると
まるで私の心のうちでだけ　ここに人々の団欒があったかのよう

別離と断絶という二つの災厄のうちで、いずれがより苛酷なものかという点については、議論が分れている。そのいずれもが昇り詰めるのも困難な急坂で、血なまぐさい死、黒々とおぞましい災厄、旱魃の年のようなものであることに変りなく、ひとは誰しも本能的にこれらを忌み嫌う。感受性に富み、豊かな人間性をもち、道義心にもあつい魂の持ち主にとっては、別離ほどひどい災厄はない。なぜなら別離はあたかも特定の目的があるかのごとく襲いかかり、この不幸は特定の者を狙いうちするのだから。これに見舞われた者には心を慰め、ひたむきな思いを逸らす術は何一つない。むしろあらゆるものが彼の悲しみの原因となり、不安をかき立て、憂愁をそそり、満たされぬ思いを想起させ、彼に愛人をしのんで涙させる種となるのである。これにひきかえ断絶は、忘却への誘いであり、愛の完全な放棄の使者だといえる。

ただし気紛れ、軽薄、移り気で定見がない者にとっては、断絶は死をもたらす危険な病いである。この種の人間にとり、別離は心の慰安をもたらし、忘却の原因となる。

私自身に関していうならば、愛人との別離は自分の死より辛いものである。断絶はただ悲しみの原因であるばかりだが、これも長い間続けば私を逆上させずにはおかぬであろう。

次はこれについて詠んだものである。

人々は忠告する　旅に出れば恋も忘れるよ
いずれ君だって　諦めようという気になるさ

だが私は答える　別れるよりは死んだ方がまし
一体どこの誰が　試しに毒を飲もうとするだろうか

次のような一節もある。

恋は私をひとやにとらえ
別離が私にとどめを刺す
恋はさながら客人で私の心は
宴にさしだされる酒の肴

私は故意に愛人との仲を断った男を知っているが、彼は別離の日の苦しみを怖れ、最後の別れに伴う激しい傷みを避けるためにこうしているのである。私はこのような行動を決してよしとはしないが、これは別離が断絶よりはるかに耐えがたいことを示す充分な証拠であろう。別離を怖れて自ら関係を断つ者がいる以上、これを否定するわけにはいくまい。私はこれまで、断絶を怖れて敢えて愛人と別れ去った例を実見したためしがないのである。人々はいつでも容易な道を選び、簡単な方を採る。また私が、自ら関係を断つことに同意しないと述べた理由は以下のごとくである。つまりこのような行動をとる人々は、実際に災難がふりかかる以前にそれを先取りしてしまい、まだその時が訪れていないのに忍耐の緒を断ち切ってしまう。だが彼等が怖れている事態は実際には起らぬかもしれないのである。

とまれ急ぎとりかかることの始終も知らずに、慌てて厭うべき行為を敢えてする者は、決して賢明であるとはいえまい。この点について次のように詠んだ。

恋人が別離を選んだとしてもそれはあくまで恋のため
自ら愛人を遠ざける手合いはわれらのともがらではない
これでは金持ちが自分から貧しい生活を送るようなもの
貧乏をおそれるあまり実際に貧乏を体験してしまう

私はこの主題、つまり別離は断絶より耐えがたいという問題について、従兄弟のアブ＝ル＝ムギーラがものした長詩を想い出す。この詩を詠んだ時、彼は十七歳そこそこの若者であった。

別れの時が近づくと君はただなげき悲しみ
出立の隊列が整えられると狂おしいばかり
たしかに君をおそう不運は耐えがたいもの
愛する人々の旅立ちは腸を裂くように辛い
喧嘩別れが致命的な災難だなんぞといって
知ったふりする連中はとんでもない嘘つき

彼等は愛人の駱駝が荷を積み旅立つときの
恋人の魂裂けるほどのいらだちを知らない
もしも愛する心にすこしの偽りもなければ
別離とは恋人にとりたしかな死への案内人

これと同じ主題について私は長い詩を詠んでいるが、その冒頭の部分は次のように始まっている。

貴女の美しい姿を間近に見　やさしい声を
聞く日にまさる幸福な日は　どこにもない
ただしその稀なことは　荒地で宝を見つけ
性悪女が人助けし　石女が子を産むほどか
だがその日和合の稲妻は　慈雨をば降らせ
恋の庭に　麗わしい花の咲かぬことはない
その庭の乙女らの乳房は　訪う者を蠱惑し
そのやさ腰は　とりすまして貞淑をよそう
人々は乙女らを招くが　頬にさす恥らいは
それに応えようか否か　という躊躇いの印

とまれ貴女のまなざしは　私の苦しみの泉
私の病いを癒すのも　そのほかにはないが
まるで毒蛇に嚙まれた者のように　深傷を
癒すには　その毒にたよる以外に術もない

別離は詩人たちの心を強く動かして、彼等をかつての媾曳の場で男泣きさせる。彼等は愛人の家跡を訪れては涙し、その廃墟を渇望の滴で濡らしながら、そこで過した夢のような日々を想い起す。彼等は声高に涕泣するが、家跡は埋もれていた情熱を蘇生させ、新たな涙、激しい啜り泣きを誘うのである。

あるコルドバからの客人が、町の事情について尋ねた私の求めに応じて次のような話をしてくれた。彼の説明によれば、町の西部バラート・ムギースのわれわれの館はさびれ果て、その家跡も定かでなく、どこに何があったかも分らぬほどの荒れようだということであった。かつての栄華のしるしは不毛な荒地と化し、人気もなくさびれてしまったのである。美しい家屋敷はみじめな廃墟と変り果て、昔は安全この上なかった場所が今は狼が徘徊し、幽鬼が住みつき、悪霊が戯れるような怖ろしい谷間と化してしまった。限りない安逸を享受した獅子のような偉丈夫や、石像のように美しい乙女たちもあちこちに四散して、彼等の家跡は野獣がうろつきまわるほどさびれていた。優雅な広間、美しく飾られた部屋部屋は、ありし日には太陽のように明るい輝きを示し、それを眺めるだけで心の憂さを忘れさせたが、いまはすっかり荒廃してあんぐりとあけられた野獣の口のような風情で、この世の終りを告げているかのようであった。それはまたここに住んでいた人々の最後に行き着くところ、この世に生を享けた人間の究極の運命を見せつけているようでもあった。長らく世捨人となることを拒んできたあとで、この光景は人々を促し、現世に期待する心を改めさせるものである。こうした話を聞きながら私は、自分の家で過した昔の日々を想い浮べた。そこで体験した多くの喜び、どんなに控え目な若者をも誘惑せずにはおかぬような乙女たちと過した青年時代のひととき。同時に私は、かの乙女等がある者はすでに大地の下に眠り、あるいは流謫の身となり、別離の手に操られて遠くはるかな国々に移り住んでいるさまを思い描いた。また心のうちに、かつてはあれほどに美しく人々で賑わった館、その素晴しい建物の中で自分が成長したかの館が今は廃墟と化している光景を想像した。数多い客人たちで賑わった中庭が、さびれ荒れ果てているさまを。私には、自分の成長を見守ってくれた人々が寄りつどっていた場所で淋しげに梟が鳴き、その声が静かにあたりに谺するのが聞えるような気がする。かつては昼に夜が続き、夜もなお人々は笑いさんざめき、客人たちが足しげく往き来していたが、今は夜のあとに昼がやってきて、すべて森閑と静まり返っているのである。このような追憶は私の眼に涙をたたえさせ、心に激しい痛みをもたらし、私はただ断腸の思いにかられ、狂おしいほどの寂寥感に胸を痛めるばかりである。(12) 以下にこのような主題を詠んだ一節を引用する。

懐しいかつての館よ平安あれ　われわれが旅立ってのちは
とり残されさびれ果てて　野獣の棲処となった館のあとよ
久々に訪れるこの荒地には　近ごろ人の住んだ気配もなく
われわれの父祖もそこに　住みついたことがなかったよう
かつての館よ　われわれは自ら望んで旅立ったのではない

できうるならば　この地こそわれわれの墓地にふさわしい
廃園と化した　この庭のかつての栄光を知らぬ者にいおう
ここはさらに広い庭園に囲まれて　閑雅の粋を極めたもの
運命よかつての館の住人たちに　私の挨拶を伝えてほしい
彼等がいま遠くメルヴ　トランス・オクサニアに住もうが
運命は豊かに雨をめぐんだあとで　われわれを渇えさせる
われわれはいま不幸の淵に沈むが　その昔は倖せそのもの
だが愛しい館よ　豊かに慈雨をもたらす黒々とした密雲は
決してこの地を忘れ　おとないやめることがないであろう
不幸にもお前は　絶世の美女や輝く星々さながらの貴紳が
住みついたこともないように　寂れ黙しこんでいるものの

別離は強い郷愁、深い感動、悲しい追憶を喚び起すものだが、これについて次のように詠んだ。

あの不吉な報せをもたらした黒鴉よ[13]　幸多きかつての日を返してくれ
そうすれば長く続いたあの女との別離にも　終りが来るであろうから
夜の眠りを奪われた私はいう　夜は黒々としたとばりを閉ざしたまま

だが非情な夜は決して立ち去らぬと居すわり　誓いを破ろうとしない
困りはてた星々は夜空で微動だにせず　待ち構える暁はやってこない
そのさまは暗い夜に道に迷った者　怖れに進退きわまった者あるいは
脅かされて血の気を失った者　叶わぬ恋に憔悴しきった恋人を思わす

(1)　ヒンドはよくある女性の名であるが、同時にインドを意味している。言葉の洒落。
(2)　ニクルの推測によれば、この友人がイブン・ハズムに本書を書くようすすめた人物ではないか、ということである。
(3)　バレアル諸島とデニアの支配者。統治期間は西暦一〇〇九年から一〇四四年。またアルメリアのハイラーンの領地を一〇一二年から一〇二八年まで支配下においていた。ここで述べられている事件に関しては、充分な史実が残されていない。ムジャーヒドもハイラーンも、アル＝マンスールのスラブ系解放奴隷であったが、アーミル朝の滅亡後機を摑んで独立を試みた。
(4)　一〇一三年のベルベル族の侵攻を指す。
(5)　アブシャミーはアブドッ＝シャムスの後裔を指す。三代正統カリフ、ウスマーン殺害に加わった彼の後裔が、ウスマーン系のウマイヤ朝によりつけ狙われたことは想像に難くない。ただしのちに四代カリフ、アリーとウマイヤ朝に確執はあったにせよ、ウスマーン殺害の時点でアリーがこの事件に関わりがあったと主張することはできない。シーア派に味方し、という表現は親ウマイヤ派の思いこみである。
(6)　この詩は手稿本においても未完。
(7)　ムスリムは埋葬する前に死体を水で洗い浄める。
(8)　著者は第二章においてもこの私的な恋愛体験について言及している。
(9)　コーラン一一三章四節参照。妖術使いの女は紐に結び目を作り、それに息を吹きかけて呪いをかけた。
(10)　この従兄弟は、著者とともにアブドッ＝ラフマーン・アル＝ムスタズヒルの下で大臣をつとめた。著名な文人で多くの史実が残されている。西暦一〇四六年歿。

(11) アラブ古詩のしきたりで、恋人が愛人の昔の家跡を訪ねる時、二人の友人と連れだって行くことになっている。

(12) 一〇一三年のベルベル族の侵攻、その後の経過に関しては、イブヌ＝ル＝ハティーブがイブン・ハズムの詩を引きながら、その著『史録集成《アアマール＝ル＝アアマール》』に詳細に書き残している。

(13) アラブ詩において、恋人同士が黒鴉を見るといずれ別離の不運に見舞われることになっている。

第二十五章　満　足

恋人はさしあたり和合を成就する見込みがないと認めると、現状に満足せざるをえない。だがこれにも心の慰めがあり、希望をつなぎ、渇望を新たにし、いくばくかの安心を得る足しになる。満足には種々の段階があるが、それは成功そのもの、あるいはその可能性の多少によっている。

第一の段階は訪問である。これは恋人に希望を与えつづけるもので、運命がもたらす絶好の機会といえるが、愛し合う二人がたがいに相手の心中を意識するために、いつも羞恥心、戸惑いがつきまとう。この訪問には二種類ある。第一は恋人が愛人を訪れるもので、これは問題とすべき点が多い。第二は愛人が恋人を訪問する場合であるが、このさい二人はただじっと見詰め合い、公けの場で語り合うことしかできない。

これについて次のような詩を引く。

貴女の愛をかちえられなくとも高望みはすまい
最後の望みが叶わなくとも一目見るだけで充分
今では貴女と日に一度会うだけで満足なのです

かつては二度お会いしても慰まなかったけれど
太守の地位は高く人々の羨望のまとではあるが
辞めれば辞めたで肩の荷がおり大変気楽なもの

挨拶を交し、親しく語り合うそれだけのことも恋人が望むに相応しいものであるが、私はある長詩の一節でこの点を力説した。

私は自分の本心を隠し挨拶を交すことに
満足する　時折あのひとに会えるならば

ただしこれは愛の階段を一段おり降った者にのみ通用するものである。しかし被造物は、いかなるものと上下関係にあるかという点で、その諸性質が異なっている。
私の知人は、愛人に向ってよくいっていたものだった。「とにかく約束してくれ、嘘でもいいのだから。」彼は愛人の約束が真実のものではなかったにもかかわらず、その約束に満足していたのだった。それについて詠んだのが次の詩である。

もしも貴女の愛をかちえず近づく望みも

ないならばせめて偽りの約束をしてほしい
たぶん貴女に会えるだろうというのぞみが
貴女に会えず傷つく心の糧となるのだから
干魃に悩む者にとっては遠くに光る稲妻を
見るだけで満足たとい雨を降らせなくとも

私ばかりではなく、居合せた者がつぶさに目撃したある出来事は、この範疇に入れられてしかるべきものであろう。私の友人の一人がかつて愛人の短剣で刺されたことがあるが、彼はその傷跡に口づけし、何度も傷跡を掻きむしったほどであった。

次はこれを詠んだ詩である。

人々は愛人が私を傷つけたというが
誓ってもよいが事実はそうではない
恋人が近くにいるのを知った私の血が
怯むことなくそこに流れていっただけ
いとも優しく不正にも人を殺す愛人よ
私は優しく不正を行う貴女の犠牲者

ひとが愛人の所有物を手に入れて無上の喜びを覚え、心が癒されることも満足の一種である。よしその結果は、聖書に書かれているように、ヤアクーブ(ヤコブ)がユースフ(ヨセフ)——アッラーよ彼らに平安を与え給え——の上着の匂いをかいで視力を回復したといった事柄にすぎないとしても、[1] それは恋人を喜ばせずにおかない。

次はこれを詠った詩である。

愛人に近寄ることもできず二人の関係が
ますます遠ざかって公正が望まれぬとき
私は彼女の衣裳をちらと一眼ながめたり
それに触れてみただけで満足をおぼえる
預言者ヤアクーブがユースフの身を案じ
深い悲しみに打ちひしがれていた時のように
ユースフが着ていた上着の匂いをかぐと
盲のヤアクーブはそれで視覚を取り戻す

私は愛し合う二人が、別離にあたりほとんど例外なく記念として竜涎香の香りを含ませ、薔薇水をふりかけ、根元をゴム紐か純白の蠟で束ね、刺繡をした布、絹等のもので包んだ前髪の束をたがいに贈物として贈るのをこの眼で見ている。また密会することのできぬ愛人たちは、自分の使い古した歯磨き用のミスワーク(2)や、口に含んだことのあるガムの一種を交換し合っているのである。これについて詠んだ一節を次に引いてみよう。

私にとってあのひとの唾は　確かに生命の泉
彼女は私の内臓を　恋の焔で焼き尽したが

逸　話

ある友人が、詩人のスライマーン・ブン・アフマド(3)から聞いた話を私に伝えてくれた。スライマーンはシシリー島で内大臣のイブン・サフルと何回か会ったことがあるが、この詩人によれば大臣はまたとない美男であった。ある日スライマーンは、この美男の大臣が散歩しているところを見かけたが、一人の女がその後姿をじっと見詰めており、彼が遠ざかると彼のいたところにやってきて、その足跡の印された地面に唇をあてて、接吻したということである。これにちなんで私は次のように始まる詩を書いた。

愛しい人の足跡に憧れるといって人々は中傷する
だが中傷の輩も真実を知れば必ず羨望するだろう
豊かな雲が恵みの雨をもたらさぬ国に住む人々よ
私の忠告を聞き誇り高く神に感謝して日を過ごせ

愛人の歩いた足あとの土を探して持ち帰るがよい
そうすれば君たちの土地は不毛を知らぬであろう
かのひとが歩んだところはよろずすばらしい場所
それらの土地の豊穣さは誰ひとり疑う余地がない
これはちょうど有名なサマリア人の故事のようなもの(4)
彼等はジブリール(ガブリエル)の霊験あらたかな足跡を見つけると
粘土でできた仔牛の像の腹にそこの土を押し入れた
するとあな不思議生命のない仔牛が嗁き声をあげた

この他にも次のような一節がある。

昔お前の住んでいた故郷は幸多い恵みの園
豊かな恵みを享受する人々は幸福そのもの
かの地の石くれは真珠　薊の花は薔薇の花
その水は蜜のようで土地は豊沃この上ない

恋人が夜な夜な愛人の幻影の訪れを受け、その現れを歓迎して自ら心慰めることもこの満足の一つである。(5) このような現象は絶えず心から追憶の想いが去らず、誠実さに変りなく、愛人にたいする思慕が止むことのない場合に生ずる。人々がすっかり眠りこみ、物音が静まり返る夜に、幻影が姿を現わす。以下はこれについて詠んだ詩である。

長らく恋の淵に沈む若者にまぼろしが訪れる
数多い警護の者や眼敏い看視者の眼を欺いて
そして私は独り長夜を限りない悦びで過ごす
幻影のもたらす喜びに現実の喜びを忘れ果て

他の一節。

ひっそりとあたりが静まりかえると　ヌウム(6)の幻が臥床を訪れる
清らかな夜が支配しものみなが　あやめも分たぬ闇に包まれる時
確かにあの女はこの世を去り　今はとこしえに帰らぬ黄泉のひと
だがあの女の幻は夜私を訪れる　昔私がしげしげと通ったように
私たちは夢の中で　満ち足りて幸多いかつての生活をとりもどす
ありし日に誓ったように時は戻るが　夢はうつつより遥かに豊か

幻影の訪れを説明するにあたって、詩人たちは独創的でいささか牽強付会の言辞を弄し、各人が独自の意見を述べている。ムアタジラ派の長アブー・イスハーク・ブン・サイヤール・アン＝ナッザーム(7)によれば、幻影の訪れは恋人たちの美しい肉体を見守る看視者にたいする、魂の恐怖が原因だということである。アブー・タンマーム・ハビーブ・ブン・アウス・アッ＝ターイー(8)は、肉体の交わりと異なり幻の交わりは愛を損うものではないからだと述べ、アル＝ブフトゥリー(9)は幻影が現われるのは、それが恋人の情熱の火で照らし出されることを望むためだといい、幻影が姿を消すのは、それが恋人の涙で溺れるのを怖れるためだとしている。

私は自作の詩でこれら先人たちの詩と競い合うつもりは毛頭ない。彼等はわれわれに先んじて豊かな収穫をあげており、われわれは後から落穂拾いをしているにすぎないのだから。だが彼等の後塵を拝してその業を継承し、彼等が先んじて開拓した道を踏み歩きながら、私は幻影の訪れを説明する詩をものした。

私は恋人を見詰める自分の視線に嫉妬する
掌で触れて彼女の現身が溶けるのを怖れる
そのために私は彼女と会うことを自ら禁じ
むしろ眠っている間に会いたいとおもう
寝ている時には魂よお前は恋人と二人だけ
五体から離れあらゆる危害から免れる
そもそも愛し合う魂の和合の素晴しさは

肉体の交わりよりも千倍もまさるもの

夢で幻影の訪れを見る状態は四つに区分される。第一は愛人と別れて永らく苦しんできた恋人が、夢に愛人の訪れを見て狂喜するが、眼が覚めるとそれが自らの欲望の反映であり、それが夢中に現われただけであることを認めて失意の淵にひたり、渇望に責めひしがれる場合である。

以下はこれを詠んだものである。

貴女は昼ま陽の光のあるうちは吝嗇で
夜になりものみなが闇に包まれると寛大
とかく貴女は太陽を自分の身代りとして
私と会おうとせぬがそれは道に外れたこと
とまれ貴女の幻影は和合を求めて遠くから
恋に病む私の病床を訪れては気を和ませる
とはいえ完全な生活を許すわけではなく
ただかぐわしい貴女の芳香をかがせるだけ
そんな私は煉獄の中にいる男のようなもの
楽園はわがすみかでなく地獄をも怖れない

第二の種類の幻影は、現在愛人と親しい関係にあるが、それに何らかの変化が生ずることを怖れているような恋人に訪れる。彼は寝ている間に愛人が遠ざかっていく姿を見て激しい悲しみに襲われるが、眠りから覚めると自分の見たものが彼自身の不安の現れにすぎず、根も葉もないものだと知る。

幻影の第三の種類は、恋人が近くに住む愛人が突然遠ざかっていく姿を夢に見て悩み、もだえ、正気に戻ると心痛の種が消え失せてふたたび喜びにひたるといったものである。

次はこれに関して詠んだ詩である。

愛しい貴女の去り行く姿を夢に見て
私はさめざめと涙して別れを告げた
だが貴女を抱擁すると眠りは失せて
別離が偽りと知ると悲しみも失せた
そこで私は貴女を激しく抱きしめる
無理矢理仲を裂かれるときのように

第四種の幻影は、愛人から遠くに離れて住む恋人に訪れる。彼は夢の中で二人を隔てる距離が近まり、たがいの家が近くなったと思いこみ、安心してこれで不安の種もなくなったと感ずる。しかし眠りから覚めるとそれが一場の夢にすぎなかったことを知り、以前より一層激しい苦しみに襲われる。私はある詩の中で、眠りの原因は恋人が想像裡に幻を見ようと希うことにあると論じたが、ここにその詩を引用する。

愛するひとのまぼろしは　恋に悩む若者をとぶらうが
それが期待できぬと恋人は　夜一睡もしようとしない
幻影の漆黒の暗闇の中を訪れても　何の不思議もない
その皓々たる輝きは　地上の闇を溶かしさるのだから

恋人はまた、愛人の家を取り囲む壁や垣根を眼にするだけで満足するが、私自身この種の人物を実際に知っている。アブ＝ル＝ワリード・アフマド・ブン・ムハンマド・ブン・イスハーク＝ル＝ハージン(10)——アッラーよこの素晴しい人物を嘉し給え——もかつて私に、自分がこうしたことで満足したものだと告白している。

さらに恋人は、愛人を知っているという人物と会って親しく交わり、愛人の同郷の者に会うだけで満足する。このような例は数多いが、私は次のように詠んだ。

かのひとのまどいの跡はすでに寂れはて　懐しい人々は
いずこにか消え去った　アードやサムード(11)の民のように

次に誌すような状況のもとで詠んだ詩も、この章に相応しいものであろう。ある時私は生れも育ちも高貴な友人たちと知人の果樹園を散策していた。一ときほどそぞろ歩きしたあとでわれわれは格好の場所を選び、広々とした庭の中でめいめい腰をおろしてくつろいだ。遙か遠くを見渡す眺めは素晴しく、心をなごませずにはおかなかった。あたりを流れる小川はさながら銀の水差しのように輝き、小鳥はマアバド、アル＝ガリード(12)といった錚々たる歌手をも恥じ入らせるほどの美しい声音で囀り、たわわに稔る果実は重く垂れ下ってわれわれが摘み取るのを待ち構えているかのようであった。緑の葉影からこぼれる陽光はちょうど美しいチェスの将棋盤か豪華な錦の着物のようであり、潺湲《せんかん》と流れる水はまさに甘き生の爽やかな味を秘めたたえ、また滾々と尽きせぬ流れは蛇の腹のようにうねり、時に高く時に低い囁き声を呟いていた。色とりどりに咲き乱れる花々は、薫風に頭をうなずかせ、日和も穏やかであったが、並いる友人たちの性質の美しさはこれらの自然の美しさをはるかに凌駕していた。それはある春の一日のことであったが、陽は翳りがちで薄い靄や雲に蔽われ、時折顔をのぞかせるような空模様だったが、そのさまはカーテンの後からおずおずと恋人に姿を見せ、監視者の視線を怖れてすぐに身を隠す深窓の乙女を想わせるものだった。しかし仲間のうちには、心の秘密を大地と語り合うかのように、じっと俯向いたままの友人がいた。私はこの友人のことが気がかりになり、彼としばらく冗談を交したりしたが、彼に代って詩を詠んでみようという気分になり即興詩をものした。書きとめられた詩行は、私たちがここから立ち去ったのち、記憶に頼って復元されたものである。次にこれを引くことにする。

私たちは連れだって庭のあちこちをそぞろ歩きする

第25章　満　足

しっとりと露に濡れた大地に樹立は豊かに葉簇を茂らせ
枝々に微笑む可憐な花々はその腕輪を揺り動かして
広々とした木影いっぱいにかぐわしい香りを漂わせる
群なす小鳥はそちこちで世にも妙なる声音でさえずり
哀愁をたたえた悲歌や喜びあふれる歌を歌いわける
あたりには幾すじもの小川がすずしげに潺湲《せんかん》と流れ
われらの眼差しも両の手も望みのものを得て満足する
そして今は憧れの誉れ高い友人たちにもこと欠かない
彼等はその性寛大でみながみな誇るに足る優れた人物
だがここにあげたようなさまざまな美点も心を慰め
幸福にするには足りないもしも愛しい人がいなければ
私はむしろ暗いひとやで愛人に抱かれていた方がよい
君たちはみな美しいカサ・ノーバの宮殿[13]で娯しみに耽り
ところでわれわれの誰がかけがえのない自分の境遇を
友人の境遇ともしくは永遠の王国と換えようと望むか
永続する王領を得たところで彼は苦悩と汚辱に生き
繰り返される悲惨と恥辱に耐えねばならないのだから

とまれこの詩を聞き終ると件の友人と居合わせた一同は、「アーメン、アーメン」と叫んだ。

ここでとりあげ指摘したような諸様相は、誇張でもなくまた控え目でもない、真の意味での満足に他ならない。詩人たちは満足に関して独特の考えをもっており、それによって自分たちの意図を明らかにし、晦渋な考え、深遠な事柄にたいする精通ぶりを示そうと試みる。彼等はそれぞれ自分の天与の力を尽してあれこれと述べたてるが、それは所詮表現の器用さ、能弁にすぎず、いかに饒舌を弄してもその述べていることは正鵠を射ているわけではない。ある詩人は同じ一つの空が自分と愛人を覆い、二人が共に同じ大地に支えられていることに満足する。また他の詩人は、昼と夜が二人にとって同じである等々の点に満足している。彼等はそれぞれ最も遠い目的を達成し、最も繊細なものを獲得しようと試みるものである。

私はこれについて詠んだ自作の詩が、後人の追従を許さぬものであり、この種の最高のものと自負しているが、そこでは遠くにいることの近さが証されている。

ひとは愛人が遠くに去ったと嘆くが　私にとっては二人が
逃れるすべもない同じ時間の中に　いると思うだけで充分
私のところ愛人のところ別け隔てなく　太陽はともに巡り
日々あらたに二人を明るい陽光で　照らさずにはおかない
私と愛人とを隔てる遠さが　太陽の一日の旅程だとすれば

考えようによってはこの隔たりは　少しも遠いといえない
被造物についての神の叡智は　二人をともにつつみ込むが
私はこの近みで充分であり　それ以上期待することはない

すでに明らかなように、私はここで自分がアッラーの智の中で愛人と共に居るのみで満足であると述べた。広大な神智は諸天、天球、あらゆる世界、すべての存在者を、自らに類似のもの、もしくは自らの一部としてではなく、細大洩らさず包含する。

ついで私はこの神智に関連して、その中における私と愛人との共存は時間の中にあると限定した。これは他の人々が、恋人同士が同じ昼と夜の中にあると述べているのより一層普遍的である。一見したところこの意見は、私のそれと変りないように思われるかもしれない。被造物はすべて時間の支配下にあり、時間とは時の経過、天球の運行、天体の運動を示す名なのだから。ところで昼と夜は、太陽が昇ったり沈んだりすることにより生ずるものであり、この現象は天上の世界には存在しないが、時間はこの限りでない。このように昼夜は時間の一部にしかすぎないのである。またある哲学者たちは、「影は無限に拡がる」と主張しているが、実際の観察によりこうした考えの誤りが証明される。この種の意見にたいする反証は明らかであるが、ここで論ずる暇はない。

私はさらに自作の詩で、愛人が人の住む最も東におり、自分が一番西にいる、つまりこの地上で最も離れていたとしても、二人を隔てる距離は太陽の旅程の一日分である点を明らかにした。太陽は昼の始めに一番東から姿を現わし、その終りに一番西で没するのである。

満足の中には次に述べるようなものがあるが、これを書き誌すにあたり私はこの種の事柄、それを敢えてする人々を避けてアッラーに避難の場を求め、われわれの魂にこれを忌み嫌うよう教え給うたアッラーに感謝を捧げるものである。この種の満足は、理性がまったく失われ、良い性格が腐敗し、分別が損われて困難な事柄が容易になり、嫉妬心が消え失せ、誇りがなくなってしまったさいに体験される。この場合人々は、自分の愛人を共有することに満足するが、これは実際に起りうる事実なのである。アッラーよ、われわれをこのような災厄から救い給わんことを。ただしこの種の満足を抱くのは、犬のように下賤な本性の持ち主で、判断の基準となる理性を奪われた、正常な感受性を持ち合せぬ者に限られている。これに激しい盲目的な愛が加われば、事態はさらに悪化する。これらの諸要素がすべて集まり、自然の諸性質と混ざり融合した結果上述のような忌わしい性向がもたらされ、賤しい性質が生ずるが、それをもとにしてこの唾棄すべき行為が行われるのである。ただしほんの少しでもまともな愛情、真の男らしさを備えた者にとってこのような行為は、恋情に生命を絶ち、愛に身を切り刻まれたとしても、遙かな昴《すばる》の星々以上に遠く、関わりのないものなのである。

この種の寛大さを示す人々にたいする非難の意味で、私は次のような詩を詠んだ。

うち見たところ君は寛容でどんなことにも満足する
柔軟な心寛容な精神はなににもまして素晴しいもの
なるほど君の所有する水車の水汲みの部分は立派だ
ひき臼までもたずとも満足だというならそれもよい

たしかに大きな駱駝の一部は仔山羊すべての二倍も
重いというものだから中傷の言葉などに耳を貸すな
君の愛人が二本の剣を巧みに弄ぶさまは大した見物
あの人がそうするように君もそっくり見習うがよい

第25章　満　　足

(1)　この挿話については、コーラン一二章九四―九六節。
(2)　昔アラブ人は歯を磨くのにミスワークという木の小枝を用いた。現在でもこれを用いている階層、地方がある。
(3)　後出の人物とともに不詳。ただし詩人のスライマーンは、イブン・バシュクワールの著作中に見られる、サラゴサ出身の同名の人物である可能性が強い。この人物は東方に旅行している。
(4)　コーラン二〇章九〇―九一節参照。
(5)　恋人の幻影 tayf もしくは khayāl の訪れの主題は、アラブ古詩にしばしば見られるもの。
(6)　著者イブン・ハズムの生涯の恋人の名である。
(7)　第一章註(17)参照。
(8)　西暦九世紀中葉にイスラーム東方世界で活躍した有名な新古典派詩人で、優れた詩華集の編者。
(9)　前出のアブー・タンマームと双璧をなす同時代の新古典派詩人。彼も優れた詩華集を編んでいる。
(10)　第二章で登場した著者の親友、アブー・バクルの父。アル＝ハージンという名から、彼がカリフの宮廷の会計担当官であったことが知られる。
(11)　アラビア地方に存在していた伝説の民族。栄華を誇っていたが彼等の栄光もすぐに去ってしまった。アラブ人にとっての人の世の無常の象徴。
(12)　両名とも著名な作曲家兼歌手。マアバドは西暦七四三年歿、アル＝ガリードは七一七年歿。
(13)　アブドッ＝ラフマーン・アン＝ナースィルが、ザフラーウ宮の近くに建造した宮殿の一つ。

第二十六章　憔　悴

愛に誠実な恋人は、断絶、別離といった原因により、または何等かの事情で愛情を秘匿しなければならぬ場合、その結果恋の病いにかかり、憔悴して身も細り、しばしば病床に臥してしまう。これは実に頻繁に、どこでも見かけられる事態である。恋患いの症状は、他の病いにかかって生ずる症状とは異なっており、優れた医師、練達の観相術師は難なくそれを見破ってしまう。

次はこの問題に関して詠んだ詩である。

医者はわけも知らずに私に向っていう
やあお前さんひどい病気だな薬を飲め
だが病気の原因を知る者はただこの私と
万能にして偉大な力の持ち主の主ばかり
とまれ私はこの秘密を隠しおおせるのか
深い溜息と垂れた頭がそれを明かすのに
顔には悲しみを示すさまざまな徴があり

第26章　憔　悴

身体は憔悴して痩せ細った幽霊のよう
そして事柄はもしも確かな証拠があれば
明々白々疑念の余地がなくなってしまう
私は医者にいう「先生どこか悪いかいっ
て下さい貴方は何も解っていないよう」
すると彼は答える「君はずいぶん痩せ
こけた貴方の病いは激しい消耗だな」
そこで私はいう「消耗といえば身体の
全体を襲うもの絶対治らない熱病です
ですが神かけて私は熱などありません
むしろ身体の熱は低い方なのですよ」
医者はいう「だが君はそわそわと落ち着かず
そうかと思うと黙りこくって考えこむ
だからこいつは憂鬱症にちがいない
相当な重症だから気をつけるのだね」
私はそこでいい返す「それはおかしいな
さめざめと流れる涙はなぜでしょう」

具合悪しと見た医者は頭をかかえこむ
こんな時には怜悧な男も困惑するもの
そこで私はいう「私の病気は薬のせい
この難病には知性などなんの役立たず
だが私のいうことの論拠は明らかです
植物の枝は逆さにすると根になります
毒蛇からとった毒は蛇にかまれた者を
助けるためのたった一つの薬でしょう」

私は生れながらにして賢明で、知力秀で洞察力豊かなアブー・バクル・ブン・ムハンマド・ブン・バキ＝ル＝ハジャリー(1)から、ここで名を記すことをはばかるある長老の話を聞いた。この長老はバグダードのある隊商宿に泊っていたが、その宿の主人の娘に懸想し、彼女と結婚した。ところで彼等が二人きりになったが、処女であった娘は身体のある部分を裸にした夫の姿を見ると、その大きな一物に怖れをなし、母親のもとに逃げ帰って戻ろうとしなかった。周囲の者はみな何とかして彼女を夫のところに送り返そうとしたが、彼女は決して肯んぜず、自殺までしかけるほどであった。そこで長老は一度は彼女のことを諦めたが、のちに後悔し、彼女の心を取り戻そうとしたものの結果ははかばかしくなかった。彼はアル＝アブハリー(2)やその他の人々に助力を求めたが、誰一人としてこの問題を解決する良策を考え出すことができなかったのである。そのうちにこの長老は頭がおかしくなり、治療のために長い間病院に入ってようやく全快し、かろうじて恋の病いから癒されたものの、この娘の名を口にするたびに深い溜息をついたものであった。

本書においてこれまで引用した多くの詩の中には憔悴に関する詳細な説明があり、冗長を避けるためにここでは新たな引用を控えることにする。アッラーこそは私の救い主、アッラーにのみ救いを求めたてまつる。

だが時に事態は昂じて哀れな男はすっかり理性を失い、錯乱状態に陥って妄念の虜になる。

逸　話

私の知り合いに、将軍の娘で美貌、気品を兼ね備えた由緒ある娘がいた。彼女は書記官の息子である私の友人の一人に激しい愛情を寄せたのである。ところで彼女の想いはつのる一方で、結局彼女は憂鬱症にかかり、気も狂わんばかりとなった。この話は有名になってあちこちに弘まり、彼女が徐々に恋の病いから癒されるまで遠方の人々の噂の種となったのである。これは固定観念から生ずるものに他ならず、ある考えがとり憑いて憂鬱質が優位を占めると、事態は愛の境界を越えて錯乱、狂気の領域に達してしまう。もしもこの種の病いに犯された者にたいして初期に適切な措置がとられない場合、病状は著しく進行し、愛人との和合以外になす術がないような状態になる。

これについて書いた自作の詩から、次のような一節を引くことにしよう。

君はこっそりと彼女の心をとりだしてしまった
だがどんな生きものが心なしで生きられるだろうか

だからあの女とそいとげて助け高貴に生きるのだ
そして来世で沢山ほうびを貰い倖せに暮すのだな
この別離がつづけば彼女は足かざりのかわりに
重い足枷を身にまとって気も狂ってしまうだろう
まさに君は太陽を恋人にもっているようなもの
君に寄せるあの女の愛は人々の間で明らかなのだから

逸話

アフマド・ブン・ムハンマド・ブン・フダイル(3)により奴隷から解放されたジャアファルは、一般にアル＝バルビーニーという名で知られていたが、彼は私に次のような話を伝えてくれた。マルワーン・ブン・ヤフヤー・ブン・アフマド・ブン・フダイルが気が狂い、錯乱した原因は、兄の所有する奴隷女にたいする愛情にあった。彼の兄は彼にこの奴隷女を譲らずに、他人に売り渡してしまったのである。彼の兄弟のうちには彼の右に出る者はなく、教養の点で彼に優る者は一人としていなかったのだが。

またムハンマド・ブン・アッバース・ブン・アビー・アブダ(4)の手で奴隷の身を解放されたアブ＝ル＝アーフィヤが伝えてくれた話によれば、ヤフヤー・ブン・ムハンマド・ブン・アフマド・ブン・アッバース・ブン・アビー・アブダが狂気に陥った原因は、彼が夢中になっていた奴隷女が母の差し金で売り払われてしまったことにある。彼の母は息子をアーミル朝の娘と結婚させようと思っていたのである。

以上の二人はいずれも著名な貴顕の士であるが、彼等は惑乱して狂気に陥り、足枷、鎖につながれてしまっている。マルワーンはベルベル族がコルドバを襲って寇掠したさい[5]、流れ矢にあたり落命している。アッラーよ彼を嘉し給え。またヤフヤー・ブン・ムハンマドは、私が本書を書き綴っている今もなお、上述したような状態のままで存命している。私は何度となく彼と会っており、彼がこの災難に巡り合う以前に王宮でしばしば席を共にしたものだった。また彼と私は法学者アブー＝ル＝ヒヤールッ＝ルガウィー[6]を師とする同門の間柄であった。とまれヤフヤーは、誓っていうが、精神健全で高貴な性格の持ち主だったのである。

これほどの貴顕の士でなければ、私は実に多くの例を知っているが、それほど有名でないため名をあげることはしない。恋に身を灼かれる者がこれほど熱をあげ、あらゆる希望が断たれ、望みが失われてしまうと、愛人との和合、その他いかなる手段をもってしても彼を治癒することができなくなる。彼の頭脳は完全に損われ、認識の力は失せ、病いが猛威を振うのである。アッラーよその御力によってわれらをこの種の病いから守り給え。その御恵みによりわれらをかかる懲罰から救い給え。

(1)　この人物については不詳。
(2)　イスラーム東方世界における、最も有名なマーリキー派法学者の一人。バグダードにて西暦一〇〇四年歿。
(3)　フダイル家については第十四章註(4)参照。アル＝バルビーニーは不詳。
(4)　アブー・アブダ家は、スペインで歴史的に最も重要な役割を果したアラブ名家の一つ、アブー・アブダはごく初期にスペインに移り、ウマイヤ朝創立を助けたことにより代々重く用いられた。のちの群小諸王時代にも人々の信望あつく、長らくコルドバの支配者の地位を保った。
(5)　'intihā'ihim 'ilayhā を 'intihābihim lahā と訂正。

(6) コルドバ出身の法学者。著者と同じザーヒリー派に属していた。西暦一〇三四年歿。

第二十七章　忘　　却

われわれは至大至高のアッラーがその賞で給う者に授ける楽園の喜び、敵に加える地獄の苦しみを除いて他に、よろず始めあるものには終りがあることを認めている。現世の事柄はすべて消滅し終りがあり、いずれははかなく消え去ってしまう。愛にしても所詮は非情な死によって断ち切られるか、忘却により忘れ去られてしまうのである。われわれはしばしばある固有の能力が魂の中で優勢を示して肉体を支配し、あるいは魂が至高のアッラーにたいする従順さから、もしくは、敬虔さによって現世的な名声を得ようという偽善者的な意図から、あらゆる慰安、快楽を拒むさまを見かける。われわれは同様に、魂が裏切りを拒むという確とした自負心から、あるいは心に抱いた愛情にたいする忌わしい仕打ちに関する苦々しい想い出から、相似た魂とまみえることを断固として避けるさまを見かけるのである。以上の二つの例こそは真の忘却であり、これ以外の原因によって生ずる忘却は非難さるべきものであろう。愛人の拒絶が長く続いたために生ずる忘却は、魂がその希望を実現しえぬと認めたさいに持つ絶望のようなもので、それよりに魂は熱情を失い、欲望を弱めてしまう。

私は忘却を難じて次のような詩を詠んだ。

彼女の眼差しにあうと生ける者は生命をおとし

彼女が話しかけると身の安全もおぼつかなくなる
恋というものは心に住みつく性悪な客人のよう
勝手気ままに私の肉をくらい私の血を飲み干してしまう

また次のような詩もある。

愛情とは貧困に耐えて名誉をかちとるようなもの
だから雲が雨の代りに火を降らせてもひるまない
また良い結果をもたらさぬ慰めからも遠ざかる
よきことの中には時として悪しき酬いが潜むもの

一般の経験からすれば、忘却は以下の二つに大別される。第一は自然の忘却で、これこそ真の意味での忘却といえる。この場合心は完全に自由となり、執着も失せて愛情など少しもなかったような状態になる。ただしこの種の忘却の持ち主は、それが忌むべき性格、それを正当化しうるに足りぬ原因から生ずるだけにえてして非難の対象となる。この点については、至高のアッラーの御心のもとに後に詳しく論ずることにしよう。だが充分な弁解の余地があれば、非難の対象とならぬ場合もある。

第二の忘却は人為的なもので、この場合心は無理に忘れようと努めるため断念と呼ばれる。ひとは心に短剣の一突きよりもひどい痛みを覚えながら、堅忍不抜の態度を保ちつづけることもある。このような人物にとってはある種の災厄は他のものより忍耐が容易であったり、あるいは自ら反論の余地のない明白な論拠をもって魂を強硬に説得したりする。このような挙に出、こうした態度をとる者は、少しも非難、譴責の対象とはならない。なぜならそれは怖ろしい災厄、激しい打撃の結果としてのみ生ずるものなのだから。その理由としては独立不羈の者が耐え忍びえないような原因、あるいはあらがいえないような宿命的な災難があげられるであろう。とまれここでは、私が述べたような人物は決して本当に忘れ去ったわけではなく、むしろすべてを記憶にとどめており、忠実に約束を遵守しながらその実心に渇望を秘め、忍耐の苦さを嚙みしめているとだけいっておこう。意識的な断念と忘却との一般的な相違は、前者の状態にある者がいかに平静を装い、時に愛人を非難し、攻撃しても、他人がこうすることを許さない点にある。

私はこれを次のような詩に詠んだ。

勝手にあの女の悪口をいわせて欲しいものだ
遠ざかったからといって敵になったわけではなし
私の悪口などはさながらひとがこういうようなもの
「神様　奴に厳しい試練を　だがあ奴もよくやるな」

実際に忘却してしまう人間はこれと正反対であるが、これも一人一人の性質に応じ、それを受け入れやすい者、拒む者さまざまであり、愛情が心を支配する度合の強弱にも関係がある。この問題について私は次のような詩を詠んだが、ここでは忘却を断念と呼んでいる。

恋を忘れる者は恋を断念する者とは性がちがう
できない者とできるがしない者では雲泥の相違
心情のままに行動する者は自制心ある者でなく
本性的に忍耐する者は忍耐に努める者とちがう

以上二種類の忘却を生み出す原因はさまざまある。忘却する者が許されるか非難されるかは、その原因、それから生ずる結果の程度によっている。

第一の原因は倦怠であるが、これについてはすでに述べた。倦怠により愛を忘却する者の愛は真実のものではなく、このような性質の持ち主の求愛は偽りである。彼が求めているのは快楽であり、肉体的な欲望の充足にすぎない。この種の忘却に関わる者は当然非難の対象となる。

次には愛人を替えたがる願望があげられる。これは倦怠と類似しているが、それにはない他の動機が介入しており、この動機ゆえに倦怠よりも一層悪質であり、この種の忘却と関わる人物は上述の者より一層強い非難の対象となる。

第三には、恋人が愛人にたいして意中を打ち明けるのを妨げる生来の慎み深さがある。恋人のこの内気さのために情事の進行には長い時間がかかり、事態が遅々としてはかどらないため、新鮮な愛情は古びてしまい結局忘却に身を委ねることになる。この場合恋人が自然に忘れてしまえば、彼の態度は正しいものとはいえない。彼は自ら愛の喪失の原因を作り出しているのだから。だが彼がいわゆる意識的な忘却に努めているとすれば、それは何ら非難に値いしない。彼は自分の快楽よりも慎み深さを選んだのだから。アッラーの使者――アッラーよ彼に祝福と平安を与え給え――は次のように述べたと伝えられている。「慎み深さは信仰に属し、厚顔無恥は背信に属するもの。」

アフマド・ブン・ムハンマドは、アフマド・ブン・ムタッリフからアブドッ＝ラーフ・ブン・ヤフヤー、彼の父、マーリク、(1) サルマ・ブン・サフワーン・アッ＝ザルキー、ザイド・ブン・タルハ・ブン・ルカーナ、アッラーの使者へと遡る次のような伝承を伝えてくれた。「あらゆる宗教はその特性を持っているが、イスラームの特性は慎み深さである。」

上述の三つの原因は、いずれも恋人の中にその根をもっており、それらは彼の許から発するため、愛人を自然に忘れ去った場合、非難は恋人にのみ帰せられる。

次に愛人の許から生じ、そこに起源をもつ原因を四つあげる。

第一は断絶である。この諸相についてはすでに詳述したが、ここではなお本章に特に相応しいものに関して指摘する必要があろう。断絶が長期にわたり、多くの非難が語られ、加えて別離の状態が続くと、それは忘却の緒口となる。ある人物が親しく心を許したのち関係を断って他の者に心変りするという態度は、完全な不誠実さであり、断絶とは何の関係もない。またある人物が特に親しい関係ももたずに他の者のところに赴くとすれば、それは嫌悪であって、これも断絶とは関わりがない。以上二つの問題については、至高のアッラーの御心とともに後に詳述することにしよう。

真の断絶とは、ひとが親しく心を許したのち中傷者の讒言、致命的な過失、相手にたいする心のわだかまり等が原因で関係を断つものである。そのさい彼は他に心変りせず、その心中では特定の相手以外に誰一人同じ地位を占めることがない。このさい相手を忘れてしまう恋人は、愛人に源をもつ諸原因による忘却の場合と異なり、非難の対象となる。この場合には、彼の忘却を正当化する弁解の余地がないのだから。彼はもはや相手との親しい関係を望まないが、彼が望みを断たねばならぬ理由はどこにもないのである。かつての真の交わり、共に過した日々にたいする忠実さから、恋人は当然これらを心から想い起し、昔の友情を尊ばなければならない。ただし意識的に忘却し、耐え忍ぶという意味での忘却はこの限りではない。なぜならこの場合断絶は限りなく続き、和合が訪れる徴はさらになく、よりが戻されるしるしは少しもないのだから。これまで多くの人々はこの種の態度を不誠実という言葉で表現しうると考えてきた。たしかに一見したところ両者は似ているが、その原因は明らかに異なっているため、私は事実に即して区別した。

これについて詠んだ詩を次に引く。

君たちは私を知らぬかのように振舞うのだな　なぜなら私は
君たちにとって親しく付き合ったこともない赤の他人なのだから
私はさながらこだまのように　他人の言葉をそのまま繰り返すだけ
だから今君たちがしたいことがあれば予めよく考える方がよい

私は次のような詩を詠んだが、そのうち六行(2)は夢の中で詠み、残りを眼が覚めてから付け加えた。

祝福あれかつての幸多き日よ　私にとり愛しい
貴女が自分の魂や一族の者より　尊かった日よ
厭わしい別離の手は　その指先が巻紙を巻くように
貴女をかくしてしまうまで　我々を放さなかった
だがいまははや　別離が盃に忍耐の酒を満たす
その昔和合が　愛のうま酒をなみなみと注いだように
そして私はついに　和合こそが恋の源であり
長い別離が　うとましい忘却の原因であると知った

また別の詩で次のように詠んでいる。

もしもこれまでに親しい友人が
愛人などすぐに忘れるさといえば
私は千回も誓っていっただろう
そんなことは永久にありえないと
だが別離がこれほど永く続くと

忘れがちになるのはひとのさが
事実悲しい貴女の旅立ちはいま
私の傷心をいやすまたとない名医
そして私はなぜ忘れられたか驚く
昔はなぜ我慢できるかと呆れたが
赤く燃えさかった貴女への愛は
今は灰の下でほの光る燠《おき》火のよう

別に次のような詩もある。

かつて愛する私の胸のうちに地獄の劫火が燃えさかったが
いまや私はイブラーヒーム（アブラハム）のように熱さを少しも感じない(3)

次いで愛人が源となる忘却の他の三つの原因について述べることにしよう。意識的に忘却に努める者は、この場合にも非難の対象とはならない。その理由については、アッラーの御心のもとに、一々の具体例をあげるさいに指摘しよう。

とまれこの種の〔第二の〕原因としては愛人の冷淡さ、愛人が恋人から身を隠すことがあげられるが、これによって愛する者の望みは無残に断たれてしまうのである。

逸話

ここで私は自分自身の体験を例にあげよう。(4) 若年の頃私は、同じ家で育った若い奴隷女に愛情を寄せた。当時彼女は十六歳であったが、容貌はこの上なく美しく、さらに知的で貞淑であり、清潔さ、慎み深さ、淑やかさを兼ね備えていた。彼女は軽々しく冗談をいったり、子供っぽい遊びに夢中になることはなく、いつも快活に振舞い、しかも適度な内気さを身につけていた。また悪事には一切手を出さず、口は寡黙で、伏し目がちにものを見、警戒心が強く、言行にいささかの欠点もなく、いついかなる場合にも毅然とした態度を失わなかった。他人を避ける時にも物腰優雅で、ひとと接する折にはわだかまりなく、ものを断わるさいも穏やかで、端座した姿には威厳があり、よろず立居振舞いには気品があった。彼女の冷淡さまでもが相手に好感を与えずにはおかなかったが、その心をかちとろうという希望は決して受け容れられず、彼女にたいする野望が実現されることはなく、いかなる求婚者も願いを叶えられなかった。その美しい容貌はあらゆる人々の心を惹きつけたが、取り巻く者は彼女の威厳にうたれて近づくこともできなかった。彼女の拒否、容易にひとを近寄せぬ態度は、すぐに相手に許し、与える娘たちの態度よりはるかに魅力的であった。とまれ彼女はあらゆる問題にたいして真面目そのものであり、快楽に身を委ねることは少しもなかった。

そのうえ彼女はウードという弦楽器の名手であったため、私は彼女に魅せられ、まったく彼女に心を奪われてしまった。ほぼ二年あまりも私は、ごくありきたりの会話以上の言葉を一言でも彼女の口から引き出そうと力の限りを尽したのである。だが私の努力はすべて水泡に帰してしまった。

私は当時貴顕の士の邸でよく開かれた祝宴が、自分の家で催された時のことを想い出す。この会合には私の家の女性ばかりではなく、私の兄——アッラーよ彼を嘉し給え——の家族、家臣、召使いたちの家庭の女性がみな集まったが、彼女等はすべて気のよい、礼儀正しい人々であった。彼女等は昼も早いうちは家にとどまり、その後同じ邸うちにある見晴しのよい四阿《あずまや》に移った。ここからは広い庭園ばかりでなく、コルドバの町中とそれを取り巻く緑の野山が大窓越しに望まれた。女性たちは編戸を通して美しい風景を眺め始めたが、私もそこに居合せた。今でも想い出すが、私は彼女に近づきその傍で時を過そうとして、彼女のいた大窓の方に歩いていった。しかし彼女は近くに私の姿を見かけるとすぐにその場を離れ、美しい身のこなしで別の大窓の方に立ち去ってしまった。私が彼女を追ってそちらに行くと、彼女はまた同じように別の場所に立ち去るのだった。

彼女は私の恋心を察していたが、他の女たちは二人の間柄に少しも気づいていなかった。彼女等は数も多かったし、あちこちの大窓からの眺めがそれぞれ異なっていたため窓から窓へと巡り歩くのに忙しかったのである。とにかく女性というものは、夜旅する者がひとの足跡を見出す以上に、自分を慕い寄る者の心情を敏感に読み取るものなのである。

最後に女性たちは庭におり、高貴な年配の婦人方が私の愛人の女主人に向って彼女の歌を所望した。女主人の指示により彼女はやおらウードを手にすると、恋い慕う者の眼には美しさが何倍も増すといったことがあるにせよ、私がこれまで見たこともない美しい恥じらいと慎み深さを見せながら楽器を調律した。そして次のようなアル＝アッバース・ブヌ＝ル＝アフナフ(5)の詩を詠い始めた。

赤く西に映える太陽を見て私の心は浮き立つ
その沈む場所は淑女たちの憩うバルコニー
そしてこの太陽は美しい乙女の化身のよう
白く柔らかな薄ぎぬをあでやかにまとった
ひとの子ながらこの世の人とはおもわれず
精霊と見紛うばかりのこの世の外の美しさ
真珠のような容貌にジャスミンの肉体をして
竜涎香の香を漂わせ身体は光でできている
麗わしい衣裳をつけてしずしずと歩くさまは
壊れやすい卵か珍貴な香水瓶の上を歩くよう

誓っていうが、彼女の爪さばきは私の心の琴線をかきなでているかのようであった。私はあの日の想い出を忘れることがなかったし、またこの世に別れを告げる日まで決して忘れないであろう。この逢瀬が私が彼女の姿を実際に見、その声を耳にしえた最大の限度であった。これについて私は次のように詠った。

あの女が冷淡でお前を拒んだからと中傷してはならぬ
それはあの女の素晴しさを否定するものではない

美しい半月は空遠く人の手の届かぬところにないか
愛人の象徴である羚羊は人里離れて住んでいないか

また別の詩も引こう。

うるわしの　はなのかんばせ　ひたかくし
こころよき　こえもきかせぬ　あでびとよ
なにゆえに　かみにちかいし　ことばだち
つれづれの　はなしかなわぬ　うきわれら
さりとても　うたをうたうは　ことのほか
うたよみし　アッバースこそ　かほうもの
もしかれが　ながこえきかば　なおあいす
なにしおう　うたひめファウズ(6)　わすれさり

その後私の父——アッラーよ彼を嘉し給え——は、コルドバの東部にあたるラバドッ＝ザーヒラにあった新しい邸から、同じコルドバの西部バラート・ムギースの旧宅に戻った。これはムハンマド・アル＝マフディーがカリフの地位についてから三日目のことであった。私も三九九年ジュマーダ＝ル＝アーヒラ月(西暦一〇〇九年二月)に父と行を共にしたが、彼女は事情があってあとに残った。

次いでヒシャーム＝ル＝ムアイヤドがカリフの地位につくと、その家臣たちの敵意のために、われわれは迫害に対処するのに精一杯だった。投獄、監禁、重い罰金等と辛酸を嘗めたわれわれはついには身を隠さねばならぬ身となった。あちこちで内乱が起り人々に深刻な影響を与えたが、一般の人々はもとよりわれわれは特に悲惨な目にあった。このような状況の中で宰相であった私の父——アッラーよ彼を嘉し給え——が、四〇二年ズ＝ル＝カアダ月の終りから二日目にあたる(西暦一〇一二年六月二十二日)土曜日の午後他界した。

それからも私と彼女との関係に何の変化もなかった。だがその後親戚の者の葬儀に集まったさいに、私は彼女と出会ったのである。彼女は喪に服している女性たち、死者を悼んで涙する者や専門の泣き女たちにまざって、声高に涕き声をあげていた。彼女の姿は埋もれていた愛情をかき立て、静まりかえっていた心を揺り動かした。彼女は私に懐しい昔、かつての愛、失われた時、二度と帰らぬ瞬間、流れ去った月日、色褪せた憶い出、消え失せた時間、過ぎてしまった日々、かき消された足跡を想い起させた。彼女は私に新たな悲しみをもたらし、ふたたび私の苦しみを煮えたぎらせたのである。その日私はさまざまな理由で悲嘆に沈み、苦しみに責め苛まれていたが、彼女のことを忘れ去ってはおらず、むしろ恋の苦しみは増し、愛の炎は燃えさかり、悲しみは強まる一方で、切なさは何倍となく昂じていた。恋情は胸の内に隠されていたものをすべて引き出し、心は従順にその呼びかけに応じる。そこで私は次のような詩を詠んだ。

かのひとは気高い死者のためにさめざめと泣く

だがとめどない涙は生ける者にこそ相応しくないか
地下に眠る者を悼みかなしむとはどうしたこと
故もなく生きながら殺された男をばさておいて

だがそのあとで運命は致命的な打撃を加えた。ベルベル族の軍勢がわれわれを打ち破り、そのため私たちは家を離れて四散した。私は四〇四年のムハッラム月一日(西暦一〇一三年七月十三日)にコルドバを立ち去ったが、彼女をちらと垣間見たのち私は六年以上も彼女と会うことができなかった。

その後私は四〇九年のシャッワール月(西暦一〇一九年二月)にコルドバに帰還し、親戚筋の女性の家に身を置いたが、そこで彼女とふたたび巡り合った。だがそれが彼女であると人に告げられるまで、私は彼女そのひとであると気づかぬほどであった。彼女の美しさはそれほど変ってしまったのである。かつての華やいだ美しさはいまはなく、絢爛たる魅力は消え失せ、研ぎすまされた剣、インド渡りの鏡のような瑞々しさはすでに失せ、視る者を惹きつけ、眩惑し、心を迷わせるような輝きはすでに褪せていた。だがたしかにかつての魅力の一部は依然として残っており、昔の面影を偲ばせるに充分だった。こうなってしまった理由は、彼女が自分自身の面倒を見ず、われわれ一族が繁栄していた時にさしのべたような庇護の手、恩恵の影をもたなかったからである。またわれわれの時代にはしっかりと保護されてその必要もなかったが、その後余儀ない状況の下であちこち転々としたことも与っているであろう。女性というものは香りのよい草花のようで、丁寧に面倒を見ないとすぐに萎れて香気を欠いてしまう。彼女等はまた立派な建物のようなもので、年中手入れをしておかぬとすぐに廃墟と化してしまうのである。男性の美点の方がより確実で強固なものであり、一段と優れているといわれる理由はここにある。女が少しでもそのような目にあおうものなら、すっかり狼狽して色香も褪せてしまうような事柄、例えば真昼の酷暑、猛毒、砂漠の強風、天候の激変、野宿等に男は従容として耐えるのだから。

私は自分がほんの少しでも親しく彼女と交わり、彼女も私にたいしてもう少し優しい態度をとっていたら、喜びに有頂天となり、この上ない幸福感に身を委ねていたであろう。しかし彼女の冷淡さは私をただ耐え忍ばせ、努めて愛を忘れ去るよう仕向けたのだった。

これは愛し合う者の双方が、自然の忘却であれ意識的な忘却であれ、非難の対象とならず正当に相手を忘れる原因の一例である。この場合当事者に忠実さを要求する確かな交渉はなく、両者にその遵守を強いるような約束もなく、違反、忘却によって彼等が難責される古い盟約、親しい友愛の誓いは存在しなかったのだから。

愛人に源を持つ忘却の第三の原因としては、愛人の非情さがあげられる。この非情さが度を越して強く、他方恋人に自負心、自尊心があれば、これが忘却の原因となる。だが愛人が示す非情さが、絶え間なくであれ時折のことであれ、程度が弱かったり、もしくは大変強度であってもごく稀である場合には、恋人は耐え忍び看過する。だがこれが強度でしかも絶え間ないとなると耐えがたくなるが、このような場合の忘却は非難されない。

また第四の原因としては愛人の裏切りがあるが、これは誰しも我慢しえず、名誉心のある者は決して看過しない。まさに裏切りは忘却を正当化するものなのである。自然と忘れる者、意識的に忘却する者のいずれも、この場合には決して非難されず、むしろ愛人のこのような態度を耐え忍ぶ者がかえって非難の対象となる。さらにあらゆる心を取りしきるのが唯一無二のアッラーであり、したがって人間は自分の心を完全に統御できず、その趣向を変えさせる力がないという事実がなければ、私は愛人に裏切られたため意識的に忘却に努める恋人も非難、譴責の対象となると主張したであろう。とにかく性高邁で悪を断固却けるといった性格の持ち主にとっては、裏切り行為を忘れ去るなどということは決してありえない。裏切りに耐えうるのは性卑しく、志が低く、誇りを欠いた者ばかりなのである。
次はこの点について詠んだ詩である。

誰とでも　近寄る者と　添寝する
誠ない　お前の愛は　お断り
恋人の　唯一人では　あきたらず
まわりには　群なすおのこ　従えて
よし吾の　力限りなき　長とても
尋ねまじ　なれの取り巻き　怖ろしく
なが愛は　気安いのぞみ　願うなら
誰一人　それを叶えぬ　者もなし
世の終り　告げる喇叭に　集いこし
おのこ共　一人残らず　受け入れて

忘却には以上の他に八番目の原因があるが、それは恋人、愛人のいずれの側にも源はなく、至高のアッラーから発するものである。この原因とは絶望であり、これには次の三種類、つまり死別、再会の望みのない別離、愛し合う二人の間にある事件が生じて、愛人がそれをもとに愛を承諾した恋人の状況が変化することがあげられる。

これらの例も自然の忘却、意識的な忘却の原因に属するが、三つに分けられるこの種の原因によって相手を完全に忘れ去る恋人は欠陥を非難され、悪人、裏切り者と呼ばれるに充分相応しい。

絶望は人々の心に驚異的な影響を与えずにはおかない。それは心の熱気を一気に冷却してしまうのである。上述の三つの場合においては、終始決断の遅延が必要で、じっと機会を待ち構えることが望ましい。それも遅延が可能であり、期待が叶う余地のある場合に限られ、望みが決定的に断たれ、期待の絆が切り離されてしまった時には、忘却は非難の対象とはならない。

詩人たちは、昔の愛人の宿りの跡で泣く男を非難し、快楽を追求する者を賞讃するという独特の主題を開拓してきたが、これも「忘却」の章に相応しいであろう。アル＝ハサン・ブン・ハーニー(7)はこの主題について多くの詩作をものし、それを自慢にしていた。彼は自分の詩の中で自ら名うての愛の裏切り者と唱えているが、その措辞は完璧で、表現力は抜群である。

私も次のような詩をものしている。

過ぎた愛は捨て運命の恵むものをとれ
うま酒を鞍につけ緑しげる丘にのぼれ
巧みな業で妙なるウードの曲をかなで

そのあとで音たかく横笛を吹くがよい
夢もなく空しく家に止まっているより
青空のもとで音曲を爪繰る方がよい
遠近に咲く水仙はまるで恋人のよう
物憂い眼差し酔払いのような足取り
蒼白いその色は激しく恋する者の色
あかいチューリップの花に恋をして

アッラーよ、時が拭い消したものを忘れ去るのがわれらの性となり、酒を飲んでアッラーを冒瀆するのが習いとなって志を卑しめることのないよう、われらを守り給え。だがわれわれにとっては至高のアッラーの言葉だけで足りるであろう。アッラー以上に真実を語りうる者はどこにいるであろうか。アッラーは詩人たちについて次のように述べておられる。「お前見たことはないか、詩人たちが谷間をさ迷い歩いて、自分では決してやりもせぬことを口走っているところを」(コーラン二六章二二五—六節)。これは全能にして御稜威溢れるアッラーの詩人たちに関する証言である。とはいえ詩の技法から外れた言辞を弄して詩と唱える者は誤ちを犯している。

そこで上述の詩を書いたいわれを記すが、私はアル＝ムザッファル・アブド＝ル＝マリク・ブン・アビー・アーミル(8)の娘の一人ダナーウ＝ル＝アーミリーヤに詩を望まれ、私自身彼女を尊敬していたためにその要請に応えた。彼女はそれに単純な調子だが素晴しい節まわしで曲を付してくれたのである。それを私がある教養高い友人に披露すると、彼は大変この歌が気に入り、この世の不思議の一つに数えられてしかるべきだと絶讃したほどである。

したがって本章はすでに見てきた通り八つの部分に分けられる。そのうち三つは恋人が原因であり、その中の二つつまり倦怠、愛人を替えたがる願望に関しては、事情のいかんを問わず忘れ去る者は非難の対象となる。だが第三の場合、つまり慎み深さの場合には、すでに述べたように自然に忘れ去る者は非難されるが、忘却に努める者はその限りではない。また残りのうち四つは愛人のうちに源をもつが、永続的な断絶に限り自然に忘れ去る者が非難され、意識的に忘却する者がこれを免れる。ただし他の三つ、つまり冷淡さ、非情さ、裏切りに関しては、自然に忘れる者、意識的に忘却に努める者のいかんを問わず非難から免れる。第八は至大至高のアッラーのもとから発するもの、つまり死別、別離、恒常的な災厄によって生ずる絶望であるが、この場合も忘却に努める者は非難の対象とはならない。

ここでふたたび私自身のことについて記すことにしよう。私は生来二つの対立する性向を与えられ、そのために人生を亨受しえなかった。私の内部で拮抗する二つの性向は、私を厭世家にさせてしまった。私は何度となく、この種の対立により生ずる苦しみを免れるために、自分自身から逃れたいと願ったものである。対立するものの一方は、いかなる変化をも受け入れぬ忠誠心であり、それは陰日向がなく、秘かな考え、明らかな言動のいずれの点でもやましいことがなかった。それは私の心が慣れ親しんだものから遠ざかることを戒め、かつての親しい交わりの放棄を禁ずる友誼の情から発しているのである。いま一つはいかなる不正をもよしとしない強い自尊心であり、それは友人たちに生ずるほんの僅かな態度の変化にたいしても敏感にさせ、そのような心変りに耐えるよりは死を選ばせるものであった。そしてこのような二つの性向はたがいに私の心の中で拮抗し、そのために私は虐げられ続けたが、とにかく私は耐え、長い間隠忍し、他人には思いもよらぬほど苦しみを忍んだのち、いよいよ我慢がならず、怒りに火が注がれた段階で心ならずも忘却に努めるのである。
以下にこれについて詠んだ詩を引く。

心に住まう二つの性向は私を悩ませ
生の味を苦くし忍耐心をなくさせる
右左に引き寄せられる私はさながら
狼とライオンの間にいる獲物のよう
真実の忠誠心は愛するものを捨てず
かつての愛の想い出に永遠に涙する
他方強い自尊心は断固不正を許さず
そのためには財産も子供も顧りみぬ

厳密には本章と関わりがないかもしれないが、類似の私的な体験について記すことにしよう。かつて私には自分自身と隔てないほど打ち込んだ友人がいた。当然私は彼にたいしてあらゆる他人行儀を取り払い、しかも彼を秘蔵の宝と見なしていた。しかし彼は誰のいうことにも耳を貸すたちであり、そのためわれわれの間に中傷者が忍びより、彼にいろいろと話しかけて結局信用をかちえてしまった。そして彼はそれまで私が体験しなかったほど冷たくなり、やむなく私は行方不明の者がふたたび姿を現わし、口汚く罵る者までもが満足するのに充分なほど長い間相手を待ちつづけたが、彼は冷淡さを増すばかりであった。そこで私はやっと彼を放り出すことになったのである。

(1) マーリク・ブン・アナスについては、第十九章註(4)参照。
(2) 原典では三行。
(3) コーラン二一章六八―六九節参照。火炙りにされかかったイブラーヒームを助けて、アッラーは火を冷たくした。
(4) 本書中の最も美しい逸話の一つとして、多くの研究者を魅了した一節。
(5) ハールーヌッ=ラシードの宮廷に仕えた偉大な恋愛詩人。西暦九世紀前半歿。
(6) アル=アッバース・ブヌ=ル=アフナフの詩を歌った歌姫の一人。
(7) 有名な詩人アブー・ヌワースのこと。第十二章註(4)参照。
(8) アーミル朝二代目の君主。加えて第四章註(2)参照。

第二十八章　死　別

時に事態が悪化し、恋人が繊細で、その苦しみが増大すると、その結果彼がこの世から去ってしまう場合がある。有名な格言は次のように述べている。「激しく愛し、清く生きて死んだ者は殉教者である。(1)」

これについて詠んだ詩を次に引く。

もしも愛ゆえに死ぬならば私は殉教者
貴女が優しければそれで無上の倖せ
こう伝えたのは信頼するに足る人々
疑惑や虚偽から遠い真実の語り手たち

友人のアブッ＝サリーユ・アンマール・ブン・ジャード(2)は、信ずるに足る人物から聞いた話として次のような逸話を伝えてくれた。それによれば書記のイブン・クズマーン(3)は、国璽尚書ハーシム・ブン・アブド＝ル＝アジーズ(4)の弟、アスラム・ブン・アブド＝ル＝アジーズ(5)を激しく愛してしまった。アスラムは稀代の美男子であったが、イブン・クズマーンはこの美男にたいする恋患いから病いの床につき、結局これが彼の生命とりとなるほどであった。他方アスラムは彼に敬意を払い、その病床にしばしば現われて彼を見舞ったが、自分自身が病いの原因であることには気づかなかった。そうこうするうちに哀れな男は永い恋患いの痛みから他界してしまった。

話し手の友人アブッ＝サリーユは次のように続けた。「そこで私は、イブン・クズマーンが他界したのち、アスラムにその死の原因を伝えました。するとアスラムは後悔していいました。『何で君はそれを私に教えてくれなかったのだ。』『なぜそんな必要があるかね。』私が答えますと、彼はいいました。『それだったら僕はもっとあの人と近づきになっていたでしょう。あの人のそばを離れないほどね。そうしたからといって僕には何の害もないのだから。』」

このアスラムは優れた教養人で諸芸に通じ、法学に関する広い学識の他に詩についての造詣が深く、自ら素晴しい詩をものしているばかりでなく、歌唱の道にも蘊蓄があり、有名なジルヤーブ(6)の歌の技術、彼の伝記を取り扱った多くの著述を行なっているが、これらの著述はそれ自体立派な詩華集といいうるものである。彼は肉体の美しさのみでなく高雅な精神の持ち主で、コルドバの西部に住んでいたアブ＝ル＝ジャアドの父親にあたる。

また私の知り合いに、ある貴顕の士の持ちものであった奴隷女がいた。この男は、彼女に関する噂話を聞き、それほど腹を立てる必要はなかったにもかかわらず彼女を遠ざけ、結局売り払ってしまった。彼女はこれを大いに悲しみ、日々悲嘆を友として痩せ細る一方だった。さめざめと流れる涙は彼女の頬を絶えず濡らしそれが涸れるとあの世に旅立ってしまったが、それは彼女が主人の家を去ってから数カ月後のことにすぎなかった。信頼するに足る婦人が私に語ってくれた話によると、この婦人は糸のように痩せ細ってしまった彼女を見かけて次のようにいった。「貴女がこんなになってしまったのも、あの方を愛しているからなのでしょう。」すると彼女は深く溜息をついてから答えた。「誓って申しますが、私はあの方を忘れることができません。訳もなしにこんなひどい仕打ちをなさいましたが。」

彼女はその後間もなく他界しているのである。

ここで私は弟のアブー・バクル——アッラーよ彼を嘉し給え——について記すことにしよう。彼は、アル＝マンスール・アブー・アーミル・ムハンマド・ブン・アーミルの治世に、上辺境区の指揮官に任じられたカンドの娘、アーティカと結婚した。この娘は稀代の美女であるとともに高貴な性格の持ち主で、これほどの女性は二度とこの世に現われぬと思わせるほどであった。しかしこの二人はまだ本当に年若く、分別の足りぬ若々しさの虜となっていたため、ほんのちょっとした言葉がもとでよくいさかいをした。こんな調子で彼等は八年間も喧嘩、口論し続けたのである。

だがその間彼女は愛ゆえに身も細り、夫にたいする愛情にすっかり痩せこけてしまった。彼女の夫を想う心はあまりにも激しかったため、彼女は幽霊のように青白く痩せ細ってしまったのである。夫と完全にしっくりいかず、夫が優しさを示さずにいると、この世のいかなる快楽も彼女の気を紛らわすことができず、あり余る財産も彼女を喜ばす何の足しにもならなかった。そうこうするうちに四〇一年のズ＝ル＝カアダ月(西暦一〇一一年六月)、コルドバを襲ったペストのため二十二歳の若さで弟が他界した——アッラーよ彼を嘉し給え。夫と死別した哀れな若妻は心の患い、病い、衰弱におかされ、ちょうど夫を埋葬した一年後に死んでいる。

彼女の母親や女奴隷たちは、夫と死別したあとでよく彼女が口にしていたという言葉を伝えてくれた。「夫が亡くなってからというもの、私の忍耐心を強め、少しでもこの世に生き永らえるよう力づけてくれるものは何もありません。ただ夫がもう他の女としとねを共にしないという喜ばしい確信を除いては。でももうたった一つの怖れもなくなって安心しました。あとはあのひととまた一緒になる日を待つばかりです。」

弟に関していうならば、それ以前にも、また彼女と一緒になってから後も他に女性を知らなかった。もちろん彼女にしても同様だった。したがって事態は彼女の思うままになったのである。アッラーよ彼女を許し、彼女を嘉し給え。

次に私の友人、イブヌッ＝トゥブニー[7]の名で知られるアブー・アブドッ＝ラーフ・ムハンマド・ブン・ヤフヤー・ブン・ムハンマド・ブヌ＝ル＝フサイン・アッ＝タミーミーに関する逸話を伝えよう。彼――アッラーよ彼を嘉し給え――は美そのものが彼に似て作られ、彼を見た者の溜息からできているといわれるほどの美男子であった。私自身彼ほどの美しさ、みめかたちの良さに加えて、節操、自制心、教養、理解力、克己心、忠誠心、高貴さ、純潔、寛容、温厚さ、柔和さ、如才なさ、忍耐力、知性、男らしさ、敬虔さ、学識、コーランとハディースに関する造詣、文法、言語学上の蘊蓄などを兼ね備えた人物を知らない。さらに彼は生来の詩人であるばかりではなく能書家で、洗練された弁舌をもち、神学、論理学にも通じているのである。ちなみに彼はこれらの学問に関する私の師アブ＝ル＝カーシム・アブドッ＝ラフマーン・ブン・アビー・ヤジード・アル＝アズディー[8]の学僕をつとめていた。

彼と彼の弟とは十二年の年齢差があったが、私と彼はほとんど同年輩で絶ち難い友情の絆で結ばれ、その友情を乱すものは何もなかった。その後内乱が勃発し、われわれをその流れに呑みこんでしまった。ベルベル族の軍隊がコルドバの西部にあるわれわれの居住地に侵攻し、そこを占拠したのである。アブー・アブドッ＝ラーフの家は市の東部、バラート・ムギースにあったが、私は余儀なくコルドバを離れ、アルメリアに移住しなければならなかった。その後もわれわれはたがいに詩文を交しあったが、彼が最後に私に宛てた便りには次のような詩が記されていた。

君と私とを結ぶ友愛の絆はいまだに新しく
すり切れていないかどうか知りたいものだ

そして私は想ういつの日に君をこの眼で見
バラート・ムギースの館で語り合えるかと
かりに友情で宏壮な館を建てうるならば
床のタイル《バラート》は君を慕ってやってくるだろう
またひとの心がひとり歩きできるならば
私の心はいますぐにでも君の許に慕いよる
君は君で勝手にするがよいだが私は変らぬ
君の友人で語る言葉もただ君のことばかり
君が忘れたふりをしても私には心の奥に
絶ち難い友愛の誓いが住みつづけている

このような状態が続いたのち、バヌー・マルワーン朝の支配が終り、カリフのスライマーン・アッ＝ザーフィル(9)は殺されて、アッ＝ターリビーヤ朝(10)が擡頭し、アン＝ナースィルと呼ばれた新しいカリフのアリー・ブン・ハンムード・アル＝ハサニーに忠誠の誓いがなされた。彼はコルドバを陥れてここを占領し、勝ち誇った軍隊やアンダルス中に散らばっていた叛徒たちの力を借りて、市内の人々を殺戮した。

その直後に私はアルメリアの君主ハイラーン(11)と問題を起した。至大至高のアッラーを怖れぬ者ども──すでにアッラーは彼等に報復を加えられたが──が、私自身と友人のムハンマド・ブン・イスハーク(12)に関して、われわれ二人がウマイヤ朝のために秘かに宣伝活動を行なっていると彼に讒訴したのである。そこでハイラーンはわれわれを数ヵ月監禁し、その後釈放してくれはしたもののこの地を追放されてしまった。そこでわれわれはヒスヌ＝ル＝カスル[13]に向い、その地の長でイブヌ＝ル＝ムカッファルという名で知られるアブ＝ル＝カーシム・アブドッ＝ラーフ・ブン・ムハンマド・ブン・フザイル・アッ＝トゥジービー[14]に迎え入れられた。われわれは彼の素晴しい家で、優れた一族の人々、隣人たちに囲まれて数ヵ月を過した。ここでは人々はみな高潔この上なく、心からの親切心をもち、その高貴に一点非の打ちどころもなかった。

その後カリフのアル＝ムルタダー・アブドッ＝ラフマーン・ブン・ムハンマドが歴史の舞台に登場し、われわれは船でバレンシアに赴き、そこを居所とすることにした。バレンシアでは、旧友のアブー・シャーキル・アブド＝ル＝ワーヒド・ブン・ムハンマド・ブン・マウヒブ・アル＝カブリー[15]と会ったが、彼が話題の友人アブー・アブドッ＝ラーフ・ブヌッ＝トゥブニーが死んだという悲しい報せをもたらした――アッラーよ彼を嘉し給え。それからほどなくして、裁判官のアブ＝ル＝ワリード・ユーヌス・ブン・ムハンマド・アル＝ムラーディー[16]と、アブー・アムル・アフマド・ブン・ムフリズが私に次のような話をしてくれた。彼等はこの話を、イブヌ＝ル＝ファラディーという名で人々に知られる、アブー・バクル・ムスアブ・ブン・アブドッ＝ラーフ・アル＝アズディー[17]から聞いているのである。ちなみにムスアブの父は、カリフ、アル＝マフディーの時代にバレンシアで裁判官をつとめており、ムスアブ自身もわれわれが彼の父親を始めとし、当時のコルドバにおける伝承学の大家たちの下でこの学問を学んださいの学友であり、兄弟のように親しい友人であった。ところで二人の知人がいうには、ムスアブは次のように述べたということである。

「私はアブー・アブドッ＝ラーフ・ブヌッ＝トゥブニーに病気の原因は何かと尋ねました。彼はその時すでに痩せ衰え、憔悴からかつての美貌は損われ、かつての美しさを偲ばせる気高さだけが残されているといった状態でした。風の一吹きで吹き飛ばされるほどに痩せこけ、腰は曲り、顔には苦悩のあとが明らかに刻まれていたのです。その時私たちは二人きりでしたが、彼は私にこういいました。『そう、貴方には話しておきましょう。私はアリー・ブン・ハンムードの軍勢がコルドバに侵入してきた時、ガディール・ブヌッ＝シャンマース(18)にある自分の家の門前に立っていました。彼の軍勢は四方から町に攻め入ったのです。その時私は一団の中に、これほどの美しさが現身に託されるとはそれまで思ってもみなかったような、美しい若者を見かけたのです。この若者は私の理性を征服し、私の心はすっかり彼に魅せられてしまったのです。そこで私が若者のことを尋ねたところ、彼と父親の名前、彼の住んでいた場所が分りました。しかしその場所はコルドバから遠く離れており、実際にはそこを訪れるのも不可能でした。そこで私は絶望し、その若者とふたたび会えぬものと思い切りました。しかしアブー・バクルよ、誓っていいますが、私は墓場に身を埋めるまで彼を愛し続けるでしょう。』」

そして事態はその通りになった。ところでこの若者については、私も彼を知っており、実際に会ったこともあるが、すでに他界しているためその名を明らかにすまい。とまれ二人は至大至高のアッラーの御許で顔を合せているのである。アッラーよわれらすべてを許し給え。

このアブー・アブドッ＝ラーフ――アッラーよ彼に栄誉を与え給え――は生涯にただ一つの汚点もなく、正道を踏み外し、聖法に違反することなく、忌むべき行為を犯さず、信仰を損ね、美徳を汚すような禁ぜられた行いには手を染めず、非道にたいして非道で酬いることを一切しない当代稀な人物であった。その彼にしてこのような愛しざまだったのである。

その後アル＝カーシム・ブン・ハンムード・アル＝マアムーンがカリフの位についたさい、私はふたたびコルドバに戻った。そこで最初にしたことは、アブー・アブドッ＝ラーフ――アッラーよ彼を嘉し給え――の弟、アブー・アムル＝ル＝カーシム・ブン・ヤフヤー・アッ＝タミーミーと会うことであった。私はまず彼に挨拶の御機嫌伺いをしてから、実は私の方が彼から悔みをいってほしいほどであったが、とにかく彼に兄の死にたいする弔意を述べた。それから私は故人の詩、書簡がどうなっているか尋ねた。この話の初めで記したコルドバ寇掠のおかげで、私は自分が所持していたものをみな失ってしまったのである。すると彼は死期の迫ったさいの故人について私に語ってくれた。故人は自ら死の近いのを知り、いまはこれまでと悟ると、自分の詩と私が彼に宛てた書簡をすべて集めさせ、それをみな破き棄てたのち、紙屑を土に埋めてしまうよう命じたのである。アブー・アムルはそのさいの事情を次のように話してくれた。「そこで私はいいました。『お兄さん、それは残しておいて下さい。』しかし兄はこう答えました。『もうこうして破いてしまったではないか。確かにこれで立派な作品が失われることになる。もしアブー・ムハンマド（筆者のこと）がここにいたら、私の愛の想い出として彼にこれを手渡しもしただろうが。だが私には、今彼がどこに身を隠したのか、彼が生きているか死んでいるかも分らない。』」事実彼は私の不幸な運命を知り、私がどこに住んでいるか、また私に何が起ったか少しも知らなかったのである。

次は私が彼を悼んで詠んだ詩の一部である。

奥つ城が君を呑み包み隠したあとでも

君に寄せる愛ばかりは隠しようがない
君を恋い慕って君の館をとぶらったが
運命の有為転変はいかにも避けがたい
君がすでにみまかったことを知り私は
ただ心の悼みにさめざめと涕くばかり

またアブ＝ル＝カーシム・アル＝ハムダーニー(19)――アッラーよ彼を嘉し給え――は、私に次のような話をしてくれた。「かつて私たちは、法学者でグラナダの大法官をつとめたアブドッ＝ラーフ・ブン・ヤフヤー・ブン・アフマド・ブン・ダッフーン(20)の兄弟の一人と、バグダードで親しく付き合っていました。彼はこの大法官より学識、才能の点で勝っており、広いバグダードにも彼ほどの大器はいないような人物でした。ある日のこと、彼はダルブ・クトナの袋小路で、その向い側にヴェイルで顔を隠さずにたたずんでいる娘を見かけました。そして彼女は彼にこういったのです。『貴方、この路は行きどまりなのですよ。』彼は娘の顔を見るやいなや。彼女を愛してしまったのです。そして彼がわれわれのところに戻ってきた時には恋心が燃えさかり、誘惑に逆らえぬほどになりました。そこで彼はバスラに移っていきましたが、その地で恋患いの犠牲になってしまったのです。アッラーよ彼を嘉し給え。彼は行ない正しい、立派な人間だったのですが。」

逸　話

私はあるベルベル族の国王にまつわる逸話としてしばしば語られた話を想い出す。とあるアンダルスの男が、財政上の理由から、自分の溺愛していた女をベルベル人の男に売り渡した。女を売った哀れな男は、自分の心がそれほど彼女に執着するとは思わなかったのである。彼女が新しい買い主の家についた時には、このアンダルスの男は息も絶え絶えといった有様だった。そこでこの男は新しい主人のところにやってきてもちもの全部ばかりか、自分自身も差し出そうと話をもちこんだ。しかし新しい主人は彼の提案を受け入れなかった。そこでこの男はその地の人々に仲介を頼もうとしたが、誰一人彼を助けてくれる者はいなかった。分別心も失うほど夢中になっていた男は、結局国王に訴えようと思いたち宮殿の外から大声で叫び声をあげた。さいわい見晴しのよい部屋にいた国王がその叫び声を耳にして、声の主を連れてくるように命令した。哀れな男は国王のもとに姿を現わし、その前に直立すると、自分の身上話をして国王の心を動かすよう、一心に頼みこんだ。国王は実際に彼に同情し、女を買い取った男を出頭させるよう命じた。そして女の新しい主人が姿を現わすと、国王はこういったのである。「この男は異邦人だ。しかも彼はごらんの通りの有様だ。そこで私が直々お前に彼の仲介者として頼みがあるのだが。」しかし女の主人は国王の提案を拒んでいった。「あの女を愛している点では、私はあの男以上なのです。もしも貴方があの男に彼女を返してしまわれたら、明日にも私は、あの男よりもっとみじめな有様で貴方に力添えを求めにやってくるでしょう。」

国王ばかりでなく他の家臣たちも、女を身請けするために充分な金を支払う旨を提案したが、主人は自分の愛情を弁解の理由として、あくまでもそれをはねつけた。話し合いが長引き、主人が一向に折れてくる気配がないのを認めると、国王はアンダルスの哀れな男にいった。「よいかお前、私はこれ以上お前のために何もしてやることはできない。お前のためにできるだけのことはしたつもりだが、承知のようにこの男はお前よりもその女を愛しているという理由で申し出を断っている。彼女を失えばお前より一層惨めな状態になりかねないといっているのだ。仕方がないアッラーの定め給うたままに忍耐するのだな。」するとアンダルスの男は叫んだ。「それでは貴方は万策尽きたとおっしゃるのですか。」そこで国王は答えた。「この男に頼みこみ、金を支払ってやろうという以外に、私に何ができるかね。」

絶望したアンダルスの男は、毬のように身を丸めて高い謁見の間から地上に身を投げた。驚いた国王は思わず叫び声をあげ、下にいた若い召使いたちが男のところに駈けよった。だが幸いにも男には大した怪我はなく、彼はまた国王の許に連れ戻された。国王が、「一体お前はどうする気だったのだ」と尋ねると、男は答えた。「王様、彼女を失ってしまっては、生き永らえることもできません。」いい終ると彼はまた身投げをしようとして、それを押し止められた。

すると国王はおもむろにいった。「アッラーは偉大なり。この問題の決着は明らかであろう。」そして女の買い主の方に向きなおりいった。「さあお前、お前はこの男より例の女を愛しているといったな。お前はこの男より惨めになるかもしれんといったはずだ。」女の主人は、「その通りでございます」と答えた。そこで国王は続けていった。「よいか、この男は愛情の証拠を見せてくれた。あのように死んだ方がましだといって身を投げたのだ。幸い至大至高のアッラーが生命を救って下さったが。さあどうだ、今度はお前がお前の愛情を示す番だ。男がしたようにこの館の上から身を投げるがよい。お前が死ねば、それは天命。もし生き残ったならば、その時は女はお前のものだ。彼女は現にお前のものなのだから、この男はお前の許を立ち去らねばならない。だがもしお前がこれを断るようならば、遺憾ながら私は彼女をお前からとりあげ、この男に戻してやろう。」

女の主人は最初ちょっと躊躇してから、「それでは身を投げましょう」といった。しかし戸口に近より、はるか下を見おろすと尻ごみしてしまった。そこで国王は叫んだ。「誓っていうが、私の言葉に二言はないぞ。」主人はもう一度試みたが、またやめてしまった。彼が躊躇している姿を見ると、国王はまた叫んだ。「さあ暇つぶしをするのではないぞ。召使いどもよ、あの男の手を摑んで下に投げおろしてやれ。」国王の決意のほどを見てとった主人はたまりかねていった。「王様、私はあの女がいなくとも結構です。」「アッラーよお前によき酬いを与え給え。」国王はすかさず叫ぶとこの主人から女を買い戻し、彼女を元の男に与えた。そして二人は手に手をとって故国に帰っていったのである。

(1) この格言は多少の表現の相違はあるが、多くの著作に記され、アッラーの使者自身の特徴を示すものとされてきた。
(2) 第三章註(1)参照。
(3) 書記であるとともに詩人。文法、法学にも通じていた。本書にもある通り、アスラムにたいする愛がもとで他界している。西暦十二世紀の同名の詩人の祖とも考えられる。
(4) ムハンマド・ブン・アブドッ=ラフマーンにとり立てられ大臣となる。詩文をよくし性高潔、寛大で人に慕われた。ムハンマドの息子アル=ムンズィルは彼を国璽尚書に任命したが、後に名声を妬んで投獄し、殺害した。時に西暦八八七年のことであったが、家は壊され、家族もひどい仕打ちにあうのを見て、貴賤を問わず多くの人々が彼のために涙したと伝えられている。
(5) エジプトでマーリキー派法学を学んだ法学者。同時に著名な音楽家ジルヤーブについて書いた『ジルヤーブの歌曲』という著作でも有名。西暦九三一年歿。
(6) スペイン音楽界の巨星。西暦七八九年生れ、八五七年歿。
(7) アッ=トゥブニー家はコルドバの名門。マグレブの出身だが、アル=マンスールの時代にスペインに移り住み、この君主の寵を得る。それ以来一族はコルドバに住みつき、多くの詩人、文人、学者、政治家を輩出している。

(8) 第二十一章註(6)と同一人物。
(9) バヌー・マルワーン朝とはスペイン・ウマイヤ朝のこと。スライマーンは一般にはスライマーン・アル＝ムスタイーンと呼ばれている。
(10) ハンムード朝の別名。彼等が四代正統カリフ、アリー・ブン・アビー・ターリブの後裔であることからこの別称がある。
(11) 第二十四章註(3)参照。
(12) 第二章註(5)参照。
(13) 現在のセビーリャ地方アスナルカサル。
(14) この人物不詳。
(15) コルドバの南カブラ出身。法学、伝承学に通じ詩文をよくした雄弁家。コルドバで育ち、ハティバに住んだ。西暦一〇六四年歿。
(16) 第二十三章註(1)と同一の人物といわれる。後出の人物は不詳。
(17) 詩文に長じ伝承学に通じていた。彼の父は裁判官であると同時に『スペイン知識人の歴史』で有名。一〇一三年ベルベル族侵攻のさいコルドバで他界。
(18) コルドバの一地域。レヴィ＝プロヴァンサルの考証により qadīd-sh-shammās を ghadīr bni-sh-shammās に訂正。
(19) 西暦一〇一〇年までは生存していたことが知られているが、それ以外不詳。
(20) 有名な法学者。豊かな学識、優れた法解釈で声名高かった。著者の師でもあったが、西暦一〇四〇年歿。

第二十九章　罪の卑しさ

本書の筆者である私は次のように主張する。至高のアッラーよ、私を嘉し給え。

多くの人々は本能に従い、理性の声に逆らって気ままな欲望の虜となり、至高のアッラーが奨励し給う事柄、健全な心の持ち主に授け給うた貞潔さ、罪を避け誘惑にうちかつ心をないがしろにし、アッラーを神とせず、悪魔に味方して忌わしい欲情の命ずるままとなる。それゆえ彼等は愛においても罪を犯すことになる。周知のように至大至高のアッラーは、人間のうちに二つの対立する本性を与えられた。

その一方は常に正しい忠言を与え、美しいものへと誘い、アッラーの意に叶うことしか思い描かない。これは理性であり、公正さによって導かれる。

他方はこれに反して常に快楽を讃美し、悪しきものへと誘うが、これは快楽を導き手とする魂である。至高のアッラーは述べておられる。「まことに魂は悪事を命ずるもの」(コーラン一二章五三節)。また理性を心と呼んで次のようにも述べられている。「ここにこそ有難いお諭しがあろう。心ある人間にとっては、また注意深く耳を傾ける者にとっては」(コーラン五〇章三六節)。また別の個所には次のような言葉もある。「アッラーはお前たちを駆りたてて信仰を好ませ、心の中でそれを飾りたてて下さる」(コーラン四九章七節)。ちなみにこの言葉は理性の持ち主に語りかけられているものである。

これら二つの本性は人間の極というべきものであり、人体を動かす種々の能力に属している。これらの本性は、表現を変えていうならば、上述のような素晴しく、上等で崇高なもの、つまり理性と魂から発する光が写し出される一対の鏡ともいえる。ひとは誰しも、唯一にして永続きわみないアッラー——アッラーの御名の崇められんことを——が創造し、形を授けられた折に定められた量に従い、これらの本性を保有している。二つの本性は本来たがいに対立し、常に相拮抗している。そして理性が魂より優位に立つと、ひとは自制して誤った衝動を押え、光明をアッラーに求めて正義の道を辿る。逆に魂が理性を支配してしまうと、明察の力が盲いて善悪の判断を下すことが不可能になり、ひとは惑乱の中に身を沈めて破滅の淵、滅亡の谷間に転げおちる。アッラーの命令、禁止が良しとされ、それを遵守する義務が課されて賞罰の規準となり、それによって報酬が与えられるのもこのような理由によるものである。

霊はこれら二つの本性を結びつける仲介者の役割を演じ、出会いの場所となる。常にアッラーへの従順さの枠の中に身を保つことは、長い鍛練、正しい認識、鋭い判断力なしには不可能である。そのうえひとは誘惑にたいして固く身を守り、他人とまったく付き合わず、ひとびとを邸に訪うことをやめねばならない。厳密には男性は、去勢されて女性を必要とせず、彼女らと交渉をもつ器官を欠いていない限り、完全な純潔さを保ちえないのである。これについては古来次のようなことがいわれている。「自分のガタガタいうもの、ゴロゴロなるもの、プルプルいうものの禍いから守られている者は、この世の悪から完全に守られる。」ここでガタガタいうものとは舌を、ゴロゴロなるものは腹を、プルプルいうものは隠しどころを意味している。

書記のアブー・ハフスは次のような話をしてくれた。ちなみに彼はこれをラウフ・ブン・ザンバーウ・アル＝ジュザーミーの末裔にあたる男から聞いたといっている。この男は伝承学でも碩学の誉れのあったある法学者に、上述の諺の解釈を求めた。それによると二番目の腹と訳した言葉は、実際には西瓜を意味するということである。

アフマド・ブン・ムハンマド・ブン・アフマドは、ワフブ・ブン・マサッラとムハンマド・ブン・アビー・ダリームからムハンマド・ブン・ワッダーフ、ヤフヤー・ブン・ヤフー、(1)マーリク・ブン・アナス、ザイド・ブン・アスラム、アターウ・ブン・ヤサールにまで遡る伝承を私に伝えてくれた。それによればアッラーの使者——アッラーよ彼に祝福と平安を与え給え——は、ある長い伝承の中で次のようにいっている。「アッラーが二つの禍いから守り給う者は楽園に入る。」そこでさらに説明を求められると、預言者は付け加えた。「口髭と顎鬚の間にあるものと、両股の間にあるものだ。」

私は多くの人が口にするのを耳にした。「欲望を押えきれるのは男たちだけで、女にはこれができない。」だが私は長らくこの意見に不審の念を抱いてきた。なぜなら私は、上述の二つのものにたいする傾きは男女ともに変りがないという確信を抱いているのだから。美しい女性に長い間愛されて、しかもなんの障害もない場合、悪魔の網にかからず、罪に誘われず、欲望の虜ともならず、色情で身を誤らぬような男は一人としていない。同様に女性にしても、同じ状況の下で男性に誘われた場合、結局は彼に身をまかせてしまうであろう。これは逃れることのできぬ天の配剤であり、絶対的な定めである。

最も信ずるに足る友人の一人が次のような話を聞かせてくれた。彼は法学、神学のみならず諸学に精通し、同時に信仰心篤い人物であった。ところで彼はかつて人並み優れて、教養もある美しい娘に恋をした。以下彼の口を借りて話を綴ることにしよう。「そこで私は彼女に求婚しましたが、彼女は恥しさから逃げ出し、再度求婚したところきっぱり断られました。そんな具合で時が経ちましたが、私の愛情はつのるばかりだったのです。しかし彼女は情にほだされるような女ではありませんでした。若気のいたりで分別心もなかった私は、彼女を慕うあまり、もしも彼女を望み通り手に入れたならその時こそ心から懺悔します、とアッラーに誓いを立てました。その後月日が経って、さしもの彼女の強情さ、冷淡さも氷解したのです。」そこで私は彼に尋ねた。「ところで君、君は約束はきちんと果したのだろうね。」すると彼は答えた。「ええ、確かにね。」それを聞いて私は大声で笑った。

このことから私は、今なお耳にすることのできる話を思い出す。それによるとわれわれの国アンダルスの隣りにあるベルベルの地では、姦淫を犯す者は意中の相手と望みを果したら、アッラーに罪を懺悔すると誓うそうである。したがってこれを禁ずる何らの手だてもないのである。それどころか反論を敢えてしようとする者はかえって非難されてしまう。「君は回教徒《ムスリム》に懺悔の余地を与えないのかね。」

ところで友人は先ほどの話を続けていった。「私は彼女が泣きながらいったのを覚えています。『神かけて、貴方は私が思ってもみなかったことまで手に入れました。こんなことが許せると思ってもみなかったことまで。』」

私は男女を問わず、人々の間に公正な心が存在しないなどというつもりはない。アッラーよ、私がそのような考えを抱かぬよう守り給え。だが私は、公正さという言葉に照らして、多くの人々がひどい誤ちを犯すのをこの眼で見てきた。公正さとは、正しく解釈すれば次のようなものであろう。例えば女性の場合、節を守るように仕向けられれば自制し、悪事から遠ざけられれば身を保つ者が公正な女といえるであろう。これに反して性悪女は、節を守りうる環境にあっても自制せず、簡単に悪事を犯しえないような状況においても、何らかの奸策を用いて悪行への道を自ら切り開くような女である。また公正な男とは、悪事を常とする人々と交わらず、欲望をかき立てるものを避け、心を魅了するような美しい姿、形には眼を伏せる男であろう。しかし性悪男は品性卑しい人々と交わり、華やかなものを認めると眼を放さず、よからぬ光景を努めて見たがり、危険な秘密の楽しみを好む。身持ちの良い男女は灰の中の燠火のようなもので、近くにあるものも特に炎をかきたてられぬ限り燃え上らない。他方身持ちの悪い男女は燃え上る炎で、あらゆるものを燃え尽してしまう。

見捨てられた女、火遊び好きの男は、必ず身を持ちくずしてしまう。「初めの流し目は貴方のために、次の流し目は貴方を陥れるため」、と歌う外人女の歌を聞いて喜ぶことが回教徒《ムスリム》に許されていないのはこのためである。アッラーの使者――アッラーよ彼に祝福と平安を与え給え――はいっておられる。「断食の折に女を見、その身体つきが分るほど観察する男の断食は無効である。」天啓の書の中にはっきりと記されている欲情の戒めは、まことに首肯するに足るものであろう。この言葉、つまり欲情という語が数多くの意味をもち、アラビア語でこれからたくさんの派生語が生じていることも、この種の状態を渇望する魂の本性的な傾きを証拠づけている。それから身を守ろうとする者は、自分自身にあらがい、自らと闘わねばならない。

ここで私は、誰しも周知の事柄について述べてみよう。私の知る限りでは、女は誰でも男が見ていたり、自分の声を聞いていると覚った場合には、日頃見なれぬような粋な仕種をしたり、言いつけぬ余計な言葉を口に出すものである。どちらの場合にもそれまでしていたこと、言っていたこととは格段の相違なのである。私は女が、このような場合仕種、言葉に並々ならぬ注意を払うという明々白々として、紛れもない事実に気づいたのである。男にしても婦人方がいる場合にはこれと同様であろう。

女が男に近づき、男が女の傍を通る時に衣服を飾りたて、洒落た歩き方をし、お世辞をふりまくのは、どこでも天道さまより明らかである。至大至高のアッラーはいっておられる。「信仰ある者にはいってやれ。慎み深く目を下げて、陰部は大切に守っておけ」(コーラン二四章三〇節)。またアッラー――アッラーの御名よ崇められてあれ――は次のようにも述べておられる。「女たちはうっかり足踏みをして、隠していた飾りに気づかれてはならぬ」(コーラン二四章三一節)。女性が男の愛情をかちうるためにいかにあでやかに瞼を閉じ、男の欲情をそそるために巧みな術策を弄することをアッラーが知らないとしたら、これほど意味深長な言葉を語られなかったであろう。とまれこれが危険に身をさらしうる最後の限界であり、これを超えた者がどうなるかは自明である。

私はこのような重要な問題に関する世の男性、女性の秘かな考えを充分に調べ尽した。それというのも私は、この点について首肯しうるに足る意見を誰からも耳にしたことがないからである。また私が生来嫉妬深い人間である点も理由としてあげられるであろう。

アブー・アムル・アフマド・ブン・ムハンマド・ブン・アフマドは、アフマド、ムハンマド・ブン・アリー・ブン・ラファーア、アリー・ブン・アブド＝ル＝アジーズ、アブー・ウバイド＝ル＝カーシム・ブン・サッラームから彼の師父たちに遡る伝承を私に伝えてくれた。それによればアッラーの使者は次のように述べられている。「嫉妬とは信仰の一部である。」私が女性にまつわる話に興味を持ち、彼女らの秘密をあばき続ける理由はここにある。他方彼女らも私の口が堅いことを認めており、自分たちの大切な秘密を躊躇せずに教えてくれた。もしも女性の恥さらしをものともしないならば――アッラーよ私をそのような所業から守り給え――、私は彼女らの悪智恵、狡智に関して人々を呆然とさせるような驚くべき話を数多く公開したであろう。

私はこうした事柄を完全に知り尽している。それにもかかわらずアッラーは私が貞潔きわみなく、一切の罪を避け、その点で他人から後指を指されず、行い正しいことを認めておられる。私にとりアッラーがこう認められているだけで充分である。アッラーの御名にかけて私は断じて誓うが、これまで私は許されぬ交わりのために帯をほどいたこともなく、審判の日に神が私を姦通を犯した大罪人とされるような行為を生涯犯したことがない。この点に関して私はアッラーを讃めたたえ、これまで与えられた慈悲に感謝し、みまかる日まで私を守り給うようこいねがうものである。

裁判官アブー・アブドッ＝ラフマーン・ブン・アブドッ＝ラーフ・ブン・アブドッ＝ラフマーン・ブン・ジャッハーフ・アル＝マアーフィリーは私に次のような話を伝えてくれた。ちなみに彼は、私の知る限りで最も優れた裁判官であった。この話はエジプトの裁判官バクル・ブヌ＝ル＝アラーウからムハンマド・ブン・イブラーヒーム・アッ＝トゥライトリーに伝えられ、後者がアブー・アブドッ＝ラフマーンに語ったことになっている。これは「お前の主の慈悲についてはいつもこれを話題とせよ」、というコーランの章句(九三章一一節)に関する上代の権威の解釈を問題にしている。それによれば回教徒《ムスリム》たる者は、至高のアッラーが自分を主の命令に従順にしたがうよう教え給うた恵みについて、声を大にして語るべきなのである。これは最も有難い恵みであるが、この教えが、その回避、もしくは遂行が回教徒《ムスリム》にとり欠くことのできぬ義務であるような諸問題を含んでいる点を考慮すれば、一層のことである。

さてここで私がなぜこのような問題について語っているか、その理由を述べることにしよう。若々しい青年の炎が身うちに燃えさかり、青春の熱気、若年の無謀さが心を把えていた年頃に、私は男女の監視者に固く取り囲まれていた。そして本来の自分を取り戻し、思慮分別を備える頃には、アブー・アリー・アル＝フサイン・ブン・アリー・アル＝ファーシー(2)のような友をもつ幸運に恵まれたのである。この友人とは、われわれの恩師アブ＝ル＝カーシム・アブドッ＝ラフマーン・ブン・アビー・ヤジード・アル＝アズディー(3)——アッラーよ彼を嘉し給え——の下で同門の間柄であった。このアブー・アリーは聡明で行動力があり、学識にも秀でていたが、同時に行い正しく、敬虔この上もなく、現世の欲を断ち、来世の幸を求めて努力する点でも他より一段と抜きん出ていた。思うに彼は童貞だったのであろう。生涯彼には女性がいなかった。だが私はこれまで学識、言行、信仰心、禁欲生活の点で彼に伍する人物に出会ったためしがない。ともあれアッラーは私に、彼から多く裨益される好運を恵み給うたのであった。私は誤った行いがもたらす悪しき影響、罪を犯すことの醜さをこの友人から学んだのである。このアブー・アリーは――アッラーよ彼を嘉し給え――巡礼に赴く途次アッラーに召されている。

かつて私はある女友達の家で一夜を過したことがある。彼女は品行の正しさ、徳行、秀でた分別により名の知れた女性であったが、この女友達の許に親戚筋にあたる娘がいた。私はこの娘と幼い頃一緒に育てられたが、彼女が成人に達した時には別れ別れになり、その後何年も彼女と会っていなかった。そして私はみずみずしい若々しさを表情いっぱいにたたえた彼女と再び会うことになったのである。その若々しさは彼女の肉体に満ち満ちて、豊かに溢れだし、可憐さの泉は滾々と水を湧き起していた。あまりの生々しさに私はただ狼狽するばかりであったが、彼女の容色を蒼穹に譬えれば、そこには綺羅の星々が姿を現わしてまばゆいばかりに照り輝き、また両頬を花園に譬えれば美しい花々が芽ぐみ、繚乱と咲き匂っていた。その美しさを詠んだのが次の詩である。

かのあでびとは仁慈の神が光で創られた真珠のよう
その美しさはこの世の思議をはるかに越えたもの
私の行いがその花のかんばせほどに美しければ
劉喨と鳴る喇叭の音で死者が集められる審判の日に

私は最も幸運な信者となろう　二つの楽園に住まい
真珠のようにあでやかな天国の乙女たちにかしずかれて

彼女の一族は元来美貌で知られていたが、その容姿の美しさは筆舌に尽しがたいほどであり、コルドバの町中で美女の誇れが高かった。私は三日間彼女と一つ屋根の下で過したが、共に育った者同士の慣わしとしてその間彼女は私に顔を隠すことがなかった。誓っていうが、私の心は若々しい情熱の迸りを覚え、固く断ち切ったかつての情念がふたたび私を捉え、忘れ果てた愛情がすんでに私を虜にするところであった。その後私は、自分の心がかくも美しい対象にこれ以上惹かれてしまうことを怖れて、自らその家を訪れるのをやめた。たしかに彼女ばかりでなくその一族の婦人方は、愛情の野心を容易に受け入れる人々ではなかった。だが悪魔は、絶えずわれわれを陥れようと狙っているものである。次にこれに関する詩を引こう。

恋などに身を任せてはならない
災厄からは遠のくにしくはない
悪魔は死に絶えていないのだから
とかく人間の眼はわざわいの門

次も同じ主題に関する詩である。

人々は私に忠告する　恋は
ただ君を迷わせるばかりと
だが放っておいてくれ給え
悪魔は死に絶えたわけではない

至高のアッラーはわれわれに、ヤアクーブ（ヤコブ）の息子ユースフ（ヨセフ）や、イーシー（エサイ）の息子ダーウード（ダヴィデ）といった彼の預言者たち――アッラーよ彼等に平安を与え給え――に関する逸話を伝えられたが、それはもっぱらわれわれが欠点をもち、アッラーの助力を必要としている事実を諭し、人間が本来いかに弱く脆いものであるかを教えるためなのである。(4) 今あげた二人――アッラーよ二人を祝福し給え――は、アッラーの使者であり預言者であった。彼等は代々使者、預言者を約束された家系の出身なのである。これらの家系の者は代々手厚いアッラーの加護に守られ、その愛顧にひたり、その援助、庇護によって固く警護されているため、悪魔といえども二人に近づく道はなく、二人を誘惑する術もなかったはずなのである。だがそれにもかかわらず二人は、至大至高のアッラーが天啓のコーランに示されたように、彼等の備えもつ天性、人間本来の性質、もって生れた性向によってあれほどのことをしてしまったのである。それは誤った恣意、志向によるものではない。預言者とはすべて、至大至高のアッラーにたいする従順さに悖ることはないのだから。彼等はただ美しい形姿を讃歎する性質をもっていただけなのである。アッラーの力、助けを借りずに、この世の誰が自分の心を完全に掌握し、その衝動を統御しうるといえるであろうか。

この世で流された最初の血は、女を求めてアダムの後裔が争い流した血である。(5) アッラーの使者――アッラーよ彼に祝福と平安を授け給え――もいっておられる。「男ども、女どもの息を遠ざけよ。」かつてあるアラブの女が親類の男の子を孕んだ。そして彼女は、「お前の腹に何があるのだ、ヒンドよ」、と尋ねられるとこう答えている。「枕の近さと、夜の長話の結果です。」

次はこれに関して詠んだ詩である。

甘い誘惑の囁きを耳にしても固く身を持し
徒な快楽を遠ざける者を非難してはならぬ
たちまちに火がついて燃えさかるような
アルファジュの枝を焔に近づけてはならぬ
とまれ誰ひとり簡単に信用してはならない
人間も時代もみな堕落してしまったのだから
そもそも女は男のために創られたものだし
男も女のために創られたことは疑いない
あらゆる被造物は自分に似たものを求める
だから誰に対しても疑いを捨ててはならぬ
正しい人間とはきちんと悪から守られれば

間違いなく正真正銘の従順さを示すもの
だがそうでない奴はいくら教育を施しても
何やかと策を弄して手綱から逃げ去るもの

私は道徳心あつい若者が激しい恋の虜となった例を知っている。ある友人が通りがかりに、この若者が愛人と並んで坐っている姿を見かけた。そこでこの友人は若者を自分の家に招待した。若者は招待を受け、おまけにすぐに参りますといった言葉まで付け加えたのである。友人は家に帰り、さんざん若者を待ったが彼はついに姿を現わさなかった。その後二人は顔を合せたが、友人は若者に弁解を求め、彼が約束を破ったことをしきりに非難した。若者は弁解に努めたが、結局本当の原因を覚られてしまった。そこで私はこの友人にいってやった。「しかし私は、至大至高のアッラーの書からその若者を弁護する一節を引用してみましょう。コーランにもこうありますよ。『われらは好き好んでお前との約束を破ったわけではない。だがあの民族の装飾品の大荷物を背負い込んでいたものだから』(二〇章九〇節)。」こういい終ると一座の人々は皆笑い出し、私にこれを詩に詠むようにせがんだ。次がその一節である。

君が私に加える危害には治癒の術もある　だから
非難しないでほしい　恋の傷手にはその術もない
真っ白な顔の中にあれば　黒子も美しさを引き立てる
乱れ咲く水仙に取り囲まれた　睡蓮の花さながらに

だが死ぬほど恋い焦がれるかのひとは　何としばしば
私を傷つけ卑しめる言葉を　口にしたことだろうか
あのひとに私は　たしかに多くののぞみごとをした
時には要求がましく　時にはなだめすかすように
だがあのひとはいう　自分が背を向ければそれで
お前の恋をさまし　想いを洗い流すに充分ではないか
だが私はあらがって答える　もしもそうなら人間は
誰ひとり自分の隣人を　敵にすることはないだろう
だが戦いの場で　二つの軍勢が対峙しあえばすぐに
死がその怖ろしい破滅の道を　切り開くではないか

私はある友人のことを暗示するように、というよりむしろ端的に彼を描いたことが知れるような二篇の詩を詠んだ。この友人は、その勤勉さ、事に対処する熱心さ、敬神の念のあつさについて知らぬ者もないような人物で、幾夜となく礼拝に時を過し、禁欲者の生活に倣い、その昔のスーフィーたちの道を追い求めて学を研鑽し、修練を欠かさなかった。われわれは彼の前では冗談を口にするのも慎むほどであったが、その後時を経て悪魔が彼の心を占領し、彼が身にまとっていた禁欲者の衣をひきはがしてしまった。イブリースが彼の意志の手綱をしっかりと握ってしまい、そのために彼は迷妄の道に誘われ、不運、災難こそ美しさの限りと思いこむようになってしまった。しきりと拒んだのちに彼はいとも容易に自分の手綱を譲り渡し、頑迷にあらがったのちに前髪を摑みとられて、唯々諾々と悪魔につき従うことになってしまったのである。こうした変化が生じたあとで、彼はとある卑しい、下賤な道を外れた行いで悪名を高めてしまった。かくいう私も、彼が自分の卑しい行いを隠そうともせず公然と敢えてするさまを見て終始彼を非難し、難詰の度を強めた。その結果心証を害した彼は私を快く思わず、激しい敵意を抱いて私を事あらば陥れようと待ち構えていた。しかも友人の一人が彼に加勢し、甘言を弄して彼にとりいって信用をかちえた上、私にたいする敵意を明らさまにしていた。だがそうこうするうちにアッラーは彼の秘密をあばかれ、それが人々に知れわたってしまった。かくして見識ある人々の間で高く評価され、有徳の士に求められていた彼自身とその友人の評価は一朝にして地に堕ち、かつての友人たちすべての顰蹙を買ってしまった。アッラーよわれらを災厄から遠ざけ、確かな庇護を与え給え。われらに下された恵みを取り除かれることなかれ。かつては正しい道を踏み歩きながら、今やすでにアッラーに見放され、その庇護を仰げぬことも知らぬ者に禍いあれ。アッラー以外に神はなし。とまれこれほど忌わしく、恥ずべきことがあろうか。このようにして不運は彼を呑み尽し、見えざる災厄の女神が彼をうちのめしてしまったのである。初めアッラーの御許にあった男は、かくして悪魔の一味となってしまった。次に私の詠んだ詩の一つを引くことにする。

かくして若者の醜聞が白日のもとにさらされる
それまで隠されていた秘密も今は公然と知れ渡る
彼はさんざん恋のともがらを笑いものにしたが

今では大の愚か者がみな彼を見て笑い出す始末
だが友よ激しくひたむきな恋を蔑んではならぬ
恋の宗教に入れあげることに禁欲を見出すような
彼にしてもながらく禁欲生活に打ちこんできた
物知りでかた時も本から手を離したことがない
彼はどんな話相手とも自在に話を合せられる
だが彼は褐色のペンとあでびとの指ととりかえた
鋳造され見事に打ち出された銀細工のように美しい
そして彼はいう「恋に無知な者は言葉をつつしめ
逢引の場で恋人同士がだきあうさまも知らぬ者よ
放っておいてくれ　俺は勝手に泉から水を飲む
渇えをいやすのに大きな用水池など必要はない
恋というものはお前が遠ざかれば遠ざかるもの
一日でも放っておけばお前から遠ざかっていく
あらかじめお前が自分で腰ひもを解かなければ
潔癖なままでは恋を成就することはできない
王君が王国をたしかに自分の手で支配するには

使者たちが大道を疾駆して命令を伝えねばならぬ
鉄にくっついてしまった錆は一たんこびりつくと
よくこすりとらぬ限りなくなりはしないもの」

ところでこの友人は、コーランの種々の読誦法に精通していた。彼はアル＝アンバリー[6]の著書『休止と開始』を要約した素晴しい一書をものしており、コーラン読誦者たちの絶賛を博していた。さらに彼は絶えず伝承を探し求めてはそれを記録にとどめ、熱心に伝承学の師から耳にしたことを学び、倦まずたゆまずそれを書き止めていたものであった。だが一たん若者にうつつを抜かすという不運に見舞われると、彼はそれまで大切にしていたものを一切投げ出してしまった。例えば自分の本もほとんど売り払うといったように、あらゆる点で変ってしまったのである。アッラーよ貴方の期待を裏切るこのような所業からわれらを守り給え。私はこの事件を詠んだ先に引いた詩の続きとして別の詩を詠んだが、それを完成するに至らなかった。

アブ＝ル＝フサイン・アフマド・ブン・ヤフヤー・ブン・イスハーク・アッ＝ラーワンディー[7]は、その書『表現と訂正』の中で記している。ムアタジラ派の長イブラーヒーム・ブン・サイヤール＝ン＝ナッザーム[8]は、カラーム神学の権威者であり、豊かな学殖を備えていたにもかかわらず、キリスト教徒の若者との禁じられた恋を成就するために、三位一体論の方が一神論より優れているという趣旨の書を残している。アッラーよ助力を与え給え。主よわれらを悪魔の手から守り、変らぬ庇護を授け給え。

時として試練の度合が嵩じ、欲望が途方もなく強まって忌わしい所業が何でもない些細なことに思われ、宗教など力ないものに見える場合がある。その結果人間は自分の望みを叶えるために、最も醜く、忌わしい所業を敢えてするのを何とも思わなくなる。イブヌ＝ル＝ジャジーリーという名で一般に知られる、ウバイドッ＝ラーフ・ブン・ヤフヤー・アル＝アズディー[9]を見舞った災難もこの一例であろう。彼は敢えて家庭を蔑ろにし、自分のハレムが穢されるのも構わず、一族が恥さらしになるのを甘んじて受けたが、それも彼が愛した若者との恋を成就するためであった。アッラーよわれらをこのような道に外れた行いから守り給え。この世でわれらが善行をなし、名声を残しうるよう、アッラーよわれらに厚い庇護を垂れ給え。ところでこの哀れな男は集い寄る人々の話の種になり、はやし歌で嘲笑の的になった。彼はアラブがいうところのダイユースに他ならないが、この言葉は「簡便、容易にする」という意味のタドイースという語からの派生語である。実際これほどのことを敢えてするような男に、これ以上どのような簡便さが残されているであろうか。また類似の表現で従順な駱駝のことをムダイヤスというが、これは完全に飼い馴らされたという意である。誓っていうが、嫉妬は動物の中にさえ見られる本性である。それゆえそれが人間の中にあるのは当然のことであろう。天啓の法ですらそれを認めているのだから。だがこの男を見舞ったほどの災厄はまたとなかろう。

　私自身この男が、悪魔に唆かされるまで思慮分別のある人間であったことを知っている。アッラーがわれらを見放されぬよう、アッラーの御許にこそ救いを求めまつる。

　この話題については、イーサー・ブン・ムハンマド・ブン・ムハンマド・アル＝ハウラーニー[10]が、次のような詩を詠んでいる。

誉れ高い自由な女性をかりたてて
美男を捕えるわなにした男よ
だがそのわなも裂けて役立たず
お前の手にしたものは不名誉だけ

次は自作の詩である。

アブー・マルワーンはれっきとした妻をくれてやる
自分の入れあげるやさ男の歓心を買うために
私は忌わしい行いに溺れる骨なし男を非難する
すると破廉恥にももったいぶった答えが返ってきた
「自分は望みを叶えることができた　私ひとりが
望みを叶えたので皆がよってたかって悪口いうだけ」

また自作の詩をもう一首引く。

アル＝ジャジーリーのすることは何から何まで的外れ

その度外れの馬鹿さ加減にはあいた口もふさがらぬ
立派な名誉を商品に売り買い沙汰をしてみるものの
どうしてこうして人も呆れかえるような無軌道ぶり
とにかくハーウをやってミームをとるという調子だが(11)
さてはてこれがまともな常識をもつもののすることか
例えば柔らかな草がすくすくと生い茂る立派な土地と
棘のあるいかつい木の垣に囲まれた土地を交換したり
そうかと思うと潺湲《せんかん》と水が豊かに流れる土地と
風に吹きさらしの全くの荒地ととりかえては大損する

私はまた〔コルドバの〕アル＝ジャーミア・モスクで、アル＝ジャジーリーがアッラーに庇護など垂れ給わぬよう祈っているのを聞いた。普通の人間なら加護を求めて熱心に祈るところであるが。

次にこれと似た話を述べることにしよう。私は何人かの友人と共に、同郷の大金持が催した会合に出席した。そこで私は客人の一人とそこに居合わせた主人の家族の者とが、好ましからざることをしているのに気づいた。この二人は卑しい眼つきでたがいに秋波を送り、何度となく一緒に席を立っていった。また主人は主人でまるでその場に居合せぬか、眠り呆けているかのようで、私がそのことをそれとなく暗示しても気がつかず、端的にそれを指摘してもそ知らぬ顔をしていた。そこで私は彼が気がつくようにと、何度も次のような古詩を聞かせた。

昨日の連中は姦通のともがら
歌をききにやってきたのではない
好きなことをされたお前は結局
馬鹿さかげんを背負う驢馬

私が何度となくこの詩を繰り返すと、とうとう主人はこういった。「どうもその詩には倦きましたな。それはやめにして別の詩にしていただけませんか。」そこで私は、彼が本当に気がつかないでいるのか、気づかぬふりをしているだけなのか知らぬまま黙りこんでしまった。その後彼の催した会合に出かけていったかどうか、私には記憶がない。

次はこれを詠んだ詩である。

貴方は疑いもなく高潔無比な人物のひとり
猜疑心なく敬虔で心も意志もけがれがない
だが気をつけた方がよい昨日集まった中には
姦通という大罪を犯した者がいるのだから
確かに祈っていると知るまでは跪いても
解らない眼あきにめくらもいることだから

サアラブ・ブン・ムーサー・アル＝カラーダーニー(12)は、詩人のスライマーン・ブン・アフマドから聞いた話を私に伝えてくれた。詩人スライマーンによれば、彼は東方で会ったヒンドという名の女性からこの話を伝え聞いたとのことである。ちなみにヒンドは五回も巡礼を果した敬虔で、信心深い年配の女性であった。以下にスライマーンの話を記すことにしよう。彼女はスライマーンにこういった。「ねえ貴方、女をあまり素晴しいなどと思いこんではいけませんよ。これから貴方に、至大至高のアッラーも真実を証明される私自身の経験談をしてあげましょう。今から何年も前私は巡礼を終えて船に乗りこみました。その時私はもう俗事から身を引いていたのです。この船にはメッカ巡礼を済ませた女性が、私を入れて五人乗船していました。ちょうど船は紅海を渡っていましたが、船の乗組員の中に肉が引きしまり、すらりと背が高く、がっしりとした肩幅をして申し分ない身体つきをした一人の水夫がいました。そして最初の晩に私は、彼が同船した女性の一人のところにやってきて、その巨大な一物を彼女の手に握らせているのを見かけたのです。彼女はその場でこの水夫に身をまかせてしまいました。水夫はそれから夜な夜な女の客を訪れては皆を意のままにして、残るは私だけとなりました。私はその時こう誓ったのです。『いよいよ私がお前さんに復讐してやる番だよ。』私は剃刀を出してしっかりと握りしめました。例によって彼はその晩もやってきて、前の晩にしたのと同じことを始めました。そこで私が剃刀をつきつけると、彼はびっくり仰天して逃げ出そうとしたのです。そんな格好を見て私は彼が気の毒になり、彼を摑んでこういってやりました。『いいえ行ってはいけません。私が自分のとり分をとるまでは。』」最後にこの年配の女性は付け加えた。「こうして水夫は望みを叶えたわけです。アッラーよ私をお許し下さい。」

とまれ詩人たちは、この種の事柄を比喩的に暗示する絶妙な技をもっている。ここで自作の詩を引くことを許してもらいたい。

男はやってきた空の黒雲が沛然と雨降らすときに
その雨は鋳造されたたき延ばされた純銀の箭のよう
半月が蒼穹のかなたにすっかり隠された闇夜に乗じ
途方もない獲物を手にした恋人を想像してみよう
君は一体何を手に入れたのかと誰かに尋ねられても
何も口にせず答えの代りに満足そうに笑ってみせる
余りのうれしさに本人までも夢ではないかと訝かり
疑いたくなるほど素晴しい悦びを手にした果報者よ

次も同様に自作の詩である。

美しい半月が中天に懸かるとき貴方は私を訪れた
キリスト教会の鐘の音が夜空に響き渡る少し前に
その半月はすっかり白くなった長老の眉のよう

あるいは形よい窪みのあるしなやかな美女の足か
すると冴えきった空一杯に弓なりの虹が現われる
孔雀の尾羽根のように色とりどりの衣をまとって

至高のアッラーの導きに外れた関係において認められる親交ののちすぐに生ずる敵意、和合のあとたちまち起る決裂、愛し合ったのちの喧嘩別れ、愛情の憎悪への変化、たがいの胸に巣食う怨念、悪意といったものは、すべて健全な知性、透徹した判断力、正しい信条の持ち主にとって真実を明かす何よりの警告のように思われる。したがってアッラーが因果応報により行方を定める審判の日に、叛逆の徒に用意される厳しい懲罰を思うにつけ、なおのこと衿を正さずにはいられまい。その日にはすべての被造物が蔽いをはぎ取られてしまうのである。「いよいよその日が到来すれば、乳呑子を抱えた女もおのが乳呑子を忘れて顧みず、孕み女は腹の子を落してしまうことだろう。誰もかも酔って千鳥足のように見えるが、本当は酔っているのではなく、アッラーの罰の怖ろしさにこうなっているだけ」(コーラン二二章二節)。アッラーよわれらをして貴方の御心に叶った者、その御恵みに相応しい者の一団に加え給え。

私はかつて、至大至高のアッラーの御心に叶わぬ恋路に足を踏み迷わせた女性を知っている。私は昔彼女と面識があったが、当時の彼女は流れる水よりも清らかで、澄みきった空気より繊細であり、山なみよりもずっしりと落着きがあり、鉄よりも堅固で、色をもつ物体と色自体とが混ざり合う以上に緊密に調和のとれた素質をもち、実体中に属性が根を下す以上に意志が固かった。彼女はまた太陽よりも明るい輝きをもち、視覚がものを見るより一層確かな判断力を備え、星よりも美しく燦めき、浅黒いカター鳥[13]よりも誠実で、運命よりも不思議な魅力をもち、敬虔さより清楚な美しさをたたえ、アブー・アーミル[14]以上に美貌で、生命力そのものよりも楽し気であり、希望よりも甘美なばかりでなく、吐息よりも親しげ、親族よりもうちとけ、石に施された彫り物よりも変りなく貞節であった。

しかしその後まもなくして私は、彼女の愛が敵意に変ったのを認めた。その敵意は死よりも研ぎ澄まされ、放たれた矢より鋭く、病いより苦く、恩寵を断たれるよりも惨めで、アッラーの懲罰を受けるより忌わしいものだった。それは乾ききった熱風よりも破滅的で、愚純さよりもひどい害をもたらし、勝利に酔う敵より怖ろしい災難であり、虜囚の身より厭わしく、岩よりも堅く、秘密の曝露より残酷で、双子座より遠く、天の頂きより至るにかたい。それはまた不運に見舞われた人を見るよりも心いたむものであり、身についた慣習を断つより辛く、突然の災厄より衝撃的であるばかりか、猛毒よりひどい味であった。とまれこの種の敵意は憎悪、復讐、父親の殺害、母親の略奪などから生ずる敵意の比ではないのである。忌むべき行為に耽り、アッラー以外のものを求め、信ずる輩にたいしてアッラーはこのような敵意を生ぜしめるのを常としている。至大至高のアッラーは次のように述べておられる。「ああ、こんなことならあのような者と親しくするのではなかった。お諭しをいただきながらあれのおかげで道を踏み迷ってしまった。」(コーラン二五章三〇—三一節)

良識ある者は、快楽に誘われて破滅の道に赴かぬようアッラーの加護を求めるべきなのである。次に有名な将軍ユースフ・ブン・カムカーム[15]によって自由の身にされ、ヒシャーム・ブン・スライマーン・ブン・アン＝ナースィル[16]の乱に加わったハラフという男の話をしよう。ヒシャームが捕えられ処刑されると、彼の一味は逃走し、ハラフもこれらの一団と共に逃げ去った。だがカスタラートまでやってくると、彼はコルドバに残してきた奴隷女が思いきれずにとって返したが、カリフのアル＝マフディーに捕えられ磔の刑に処せられた。私は今でも、グァダルキビール河のほとりにある牧場で磔にされた彼の姿を想い出すが、矢が身体中にささった彼の遺体はさながらはりねずみのようであった。

また宰相アブドッ＝ラフマーン・ブヌッ＝ライス(17)——アッラーよ彼を嘉し給え——の息子アブー・バクル・ムハンマドは、私に次のような打ち明け話をしてくれた。人々がスライマーン・アッ＝ザーフィル(18)に忠誠を誓った折に、彼がベルベル人の陣営に逃亡した理由は、彼が愛していた奴隷女がその地の住人の所有に帰したためであった。彼は道中で危く生命を失うところだったのである。

以上の二つの例は、直接現在の話題と関わりはないが、情熱というものが賢者、愚者を問わず容易にそれと知れるような明々白々たる、焦眉の危険にひとを導く証明となるであろう。とまれこのような状況において示されるアッラーの庇護に関しては、洞察力の薄弱な人間の知りうる限りではない。ひとは誰しも、「私はただ一人でおりました」ということはできない。たとい彼がたった一人でいたにせよ、彼は「ちょっと目つきを見ただけで裏切り者はすぐ解り、胸の奥に秘めた思いもすべて承知」(コーラン四〇章二〇節)され、「目に見えぬ一切のことに通じ給う」(コーラン五章一〇八節)お方の視覚、聴覚の圏内にいるのである。アッラーは「いかなる秘かな思いも、いやそれよりさらに隠れたことでも御存知」(コーラン二〇章六節)であり、「三人集まって内緒話の最中でも必ず四人目にアッラーがいらっしゃり、五人いれば六人目、それより少なくとも多くともそこに加わっておられる。人々がいかなるところにいようとも」(コーラン五八章八節)。とにかくアッラーは「胸の奥底にひそむ思いは皆御存知」(コーラン五七章六節)で、「可視界、不可視界ふたつながらに知悉し給う」(コーラン六章七三節)。したがって「人々は人間の目はごまかせるが、アッラーの目をごまかすわけにはいかない。アッラーはつねに彼等と共にましますし」(コーラン四章一〇八節)のだから。アッラーは次のように述べておられる。「われらは人間の創造者。人の魂が何をささやいているかすべて知り尽している。われらは人間一人一人の頸の血管より近くにいる。二人の天使が出会って一方が右、他方が左に席をとれば、人間がほんの一言いっても傍の番人がそれを記録する。」(コーラン五〇章一五―一七節)

自らの罪をさしたることと思わず、審判の日などすぐには来ないと考え、主に叛くような者は、悪魔のイブリースもその昔、主の近くに侍ることを許された天使たちにまじって天国にいたことを知らねばなるまい。だが彼はたった一つの罪を犯しただけで永遠の呪い、終りない懲罰を受ける身になり、呪われた悪魔となりさがって天の高みから遠ざけられているのである。アーダム(アダム)――アッラーよ彼に祝福と平安を与え給え――にしても、罪を一度犯しただけで楽園から追われて現世の苦悩、悲惨にさらされる身となっている。もしも彼が主の御言葉を受け取らず、悔い改めて主に許しを願わなかったならば、彼もまた没落の徒の一人となっていたであろう。

アッラー、つまり自分の主にたいして、あるいはその忍耐心について思い違いをして一層ひどい罪を犯す者は、アッラーが自らの手で創られ、自らの精神を吹き込んで、その被造物のうちで一番高貴な天使たちに前で跪くよう命じた父祖アーダムより、アッラーに高い評価を受けていると考えるのであろうか。またはアッラーにとってアーダムに懲罰を加えるより、自分を罰する方が難かしいと考えるのだろうか。そのようなことは決してあるまい。むしろ希望を抱いてそれに陶酔し、自らの欠点、薄弱な判断に安易に身を委ねる態度こそ、破滅と汚辱の道案内人なのである。ひとが罪を犯そうとする場合に、アッラーの禁止令が悪行を思いとどまらせる契機とならず、アッラーが下されるであろう厳しい懲罰が罪を控えさせる動機とならないとしても、その罪が結果としてもたらす悪評、心のうちに芽生えさせる自責の念は、正しく物事を判断し、正道を行く者にとり悪事にたいする最も大きな障害、力強い制約であるといえよう。だが至高のアッラーが次のように述べられていることを知れば、これにまさる制約はあるまい。「正当な理由なくしてはアッラーの戒めを破って生あるものを殺してはならず、姦通を犯してもならない。このような所業を行う者は必ずや罪の報いを受けるであろう。復活の日には罰を倍にされて、屈辱のうちに地獄にとことわまで住みつくことになるぞ。」(コーラン二五章六八―六九節)

私は四〇一年(西暦一〇一〇年)に、コルドバの西部にあるアル＝カマリー・モスクでアル＝ハムダーニー(19)から次のような伝承を伝え聞いた。アル＝ハムダーニーは三七五年(西暦九八五年)に、ホラーサーンでイブン・シーバワイヒとアブー・イスハーク・アル＝バルヒーの二人から聞いたとしている。この伝承はさらにムハンマド・ブン・ユースフ、ムハンマド・ブン・イスマーイール、クタイバ・ブン・サイード、ジャリール、アル＝アアマシュ、アブー・ワーイル、アムル・ブン・シュラフビール、アブドッ＝ラーフつまりイブン・マスウードにまで遡る伝承の鎖をもっている。それによればある男がアッラーの使者に向ってこう尋ねた。「アッラーの使者よ、アッラーにとっては何が一番の大罪でしょうか。」すると預言者は答えた。「アッラーこそはお前の創造者なのに、アッラー以外にも神があるとして祈ることだ。」男はさらに尋ねた。「その次は何でしょう。」預言者は答えた。「自分の食いぶちが減るからといって子供を殺すことだ。」男は続けて尋ねた。「その次は何でしょう。」預言者はいった。「隣人の妻と姦通することだ。」これを裏付けるように、アッラーは次のような啓示を下されている。「アッラーと並べて他の神々を崇めたりせず、正当な理由なくしてはアッラーの禁を破って生あるものを殺すことなく、姦通を犯すこともない」(コーラン二五章六八節)。至大至高のアッラーは次のようにも述べられている。「姦通を犯した場合には男にも女にも各々百回の笞打ちを科すこと。これはアッラーの宗教に関わる問題であり、決してそのような者どもに弱気を起してはならない。もしも

お前たちが本当にアッラーを信ずるならば。」(コーラン二四章二節)

アル＝ハムダーニーはまた、アブー・イスハーク・アル＝バルヒー、イブン・シーバワイヒの両名からムハンマド・ブン・ユースフ、ムハンマド・ブン・イスマーイール、アッ＝ライス、アキール、イブン・シハーブッ＝ズフリー、アル＝マフズーミー家のアブー・バクル・ブン・アブドッ＝ラフマーン・ブヌ＝ル＝ハーリス・ブン・ヒシャーム、同じアル＝マフズーミー家のサイード・ブヌ＝ル＝ムサイヤブ[20]、アブー・サラマ・ブン・アブドッ＝ラフマーン・ブン・アウフ・アッ＝ズフリーへと遡る鎖を持つ伝承を伝えてくれた。それによればアッラーの使徒――アッラーよ彼に祝福と平安を与え給え――はこういっている。「姦通を行う者が姦通をなすさいには、もはや彼は信者たりえない。」アル＝ハムダーニーはさらに、ムハンマド・ブン・イスマーイールまでは同じ系路を辿るが、その先ヤフヤー・ブン・ブカイル、アッ＝ライス、アキール、イブン・シハーブ、アブー・サラマ、サイード・ブヌ＝ル＝ムサイヤブ、アブー・フライラ[21]にまで遡る鎖をもつ伝承も伝えてくれた。それによると一人の男がモスクにいるアッラーの使徒の許にやってきて告白した。「アッラーの使徒よ、私は姦通を犯しました。」すると彼はこの男を遠ざけたが、男はその後四回も彼のところに戻ってきた。そして男が自分の罪を証拠づける告白を四度繰り返すと、預言者は彼を呼んでいった。「お前は精神異常ではないか。」そして男が否定すると続けて尋ねた。「お前は結婚しているか。」男が肯定すると預言者は周囲の者にいった。「この男を連れていって石打ちにしろ。」

イブン・シハーブは、この話に関連して次のように伝えている。ジャービル・ブン・アブドッ＝ラーフから話を聞いた男が私に伝えてくれました。以下はジャービルの証言です。「私はこの石打ちの刑に加わった一人です。われわれは礼拝場で石打ちを始めましたが、石が当ると男はその場から逃げ出してしまいました。しかし私たちはアル＝ハッラ[22]で彼をつかまえ、そこで刑を終えたのです。」

国璽尚書のジャアファル[23]によって自由の身となったアブー・サイードは、コルドバのアル＝ジャーミア・モスクで次のような伝承を伝えてくれた。この伝承はコーラン読誦者アブー・バクル、アブー・ジャアファル＝ン＝ナッハース、サイード・ブン・ビシュル、アムル・ブン・ラーフィウ、マンスール、アル＝ハサン、ハッターン・ブン・アブドッ＝ラーフ・アッ＝ラカーシー、ウバーダ・ブヌッ＝サーミト[24]に至る伝承者の鎖をもっている。それによるとアッラーの使者――アッラーよ彼に祝福と平安を与え給え――はこういったということである。「よく聞くがよい、よく聞け。アッラーは女性にたいして処罰の道を定められている。処女が童貞と姦淫した場合には百回の笞打ちと一年の追放。既婚の女が既婚の男と姦淫した場合には百回の笞打ちと石打ちの刑。」

罪とは何と卑しいものであろうか。罪人にはたちまち悪評がまとわりつき、厳しく残酷な裁きが下されることは、アッラーが明らかな啓示で諭されているのである。石打ちの刑は姦通者の親族の立会いの下でのみ行われるのだから、懲罰の厳しさがいかばかりかは察するにかたくない。異端者はその限りではないが、すべての回教徒《ムスリム》は、既婚の姦通者が死ぬまで石打ちさるべきだという点で見解が一致している。

だがこれは何という怖ろしい死にざまであろうか。何と厳しい懲罰、ひどい苦しみであり、安楽で速やかな死からいかにかけ離れていることだろう。

アル＝ハサン・ブン・アビ＝ル＝ハサン[25]、イブン・ラーハワイヒ、ダーウドとその同調者たちのような学者のグループは、コーランの原典、アッラーの使者――アッラーよ彼に祝福と平安を与え給え――の言行、アリー[26]――アッラーよ彼を嘉し給え――の処置を根拠にして、姦通者には石打ちの刑に加えて百回の笞打ちを行うべきだと主張している。アリーは姦通を犯した既婚の女を、百回笞打ったあとで石打ちにし、次のようにいっている。「私はアッラーの書にもとづいて彼女を笞打ち、神の使者の言行にもとづいて石打ちの刑に処した。」信憑性の高い伝承の内容を聖法の細則にとり入れるシャーフィイー法学派の人々は、この見解を正式にとり入れている。

さして重要でない少数派、ハワーリジュ派の者を除いて、キブラの方角に祈る回教徒《ムスリム》のあらゆる宗派、学派が具体的に実践し、信者すべての合意を得ている見解によれば、回教徒の血を流すことは次の場合以外には許されない。つまり背教、殺人にたいする報復、アッラーとその使徒にたいして武力による叛乱が生じ攻め来る敵が混乱を惹起する場合、――ただし相手が敗走したさいにはこの限りではない――既婚者の姦通の四つの場合である。神が自らにたいする不信、反抗、現世における布教の妨害、イスラームにたいする敵意と同様の処罰を姦通に科しているところから、それがいかに大きな罪であり、忌わしい所業であるかは明白であろう。至高のアッラーは述べておられる。「お前たち、禁じられた大罪さえ避けるなら些細な悪事は許してやるぞ」(コーラン四章三五節)。また次のような言葉もある。「一番重い罪、破廉恥罪を避けさえすれば、多少の軽い罪を犯してもまことに神様のお赦しは宏大無辺」(コーラン五三章三三節)。大罪とは何かという点については学者たちの間で見解が異なっている。ただし意見を異にする学者たちも姦通がその第一にあげられる点では、見解が一致しているのである。さらにアッラーはその天啓の書の中で、地獄の劫火の責にあう罪として不信以外に七つの罪をあげている。それらがひっくるめて大罪と呼ばれるが、姦通もその一つであり、既婚の婦人を根拠なく姦婦呼ばわりすることもそのうちに含まれるが、これらの事柄はすべて至大至高のアッラーの書に記述されている。

アーダムの子孫は誰一人として、上述の四つの罪を犯した場合以外に殺害してはならぬ点についてはすでに述べた。

背信の場合、ふたたび背信者がイスラームの教えに戻るか、背信の徒としてではなく回教徒《ムスリム》の庇護民となれば、その立場は正当に認められ、死を免れる。殺人に関しては、ある法学者たちによれば親族の者が血の代償の支払いを受け入れる場合、またすべての法学者が認めているが親族の者が殺人者を赦す場合、報復としての死刑は免除される。またこの世に混乱を惹き起すことについては、叛徒が敗北する以前に悔い改めた場合死から免れることができる。ただし他の問題に関する種々の意見の相違は別にして法学者は誰一人、姦通した既婚者の石打ちをとりやめる例をあげていない。死刑が回避さるべき理由はどこにもないのである。

次の話も姦通の忌わしさを示す好例であろう。これは裁判官のアブー・アブドッ＝ラフマーンが、同じ裁判官のアブー・イーサー、ウバイドッ＝ラーフ・ブン・ヤフヤー、その父ヤフヤー・ブン・ヤフヤー(27)、アッ＝ライス、アッ＝ズフリー、アル＝カーシム・ブン・ムハンマド・ブン・アビー・バクル、ウバイド・ブン・アミールへと伝承の鎖が遡る話としてわれわれに伝えてくれたものである。ウマル・ブヌ＝ル＝ハッターブ(28)――アッラーよ彼を嘉し給え――はそのカリフ在位中にフザイル族(29)の一団と出会った。すると突然彼等の間から一人の娘が駈け出し、その後から娘をわがものにしようとする男が追いかけていった。だが娘が男に石を投げつけると、石は男の肝臓に突きささってしまった。それを目撃してウマルはいった。「この男はアッラーに殺されたのだ。アッラーは血の代償など決して払われない。」

至大至高のアッラーは、他の場合二人の証人で充分であるにもかかわらず、姦通罪に関しては四人の証人が必要だとされている。これはこの忌わしい行いが信者たちの間に拡まらないようにという、アッラーの配慮にもとづくものに他ならない。姦通はまことに由々しく、忌わしく、醜い罪なのである。ムスリムの兄弟、姉妹に正しい情報、確実な証拠なしに姦通の濡れ衣を着せる者が、罰として来世において地獄の劫火にさらされるという事実に照らしても、この罪が醜くないとはいいえないのである。天啓の書には、このように他を陥れる者には笞八十を与えるよう記されている。

マーリク(30)――アッラーよ彼を嘉し給え――の意見によれば、他の場合公然と罪を指摘するのではなく、たんに暗示するのみならば、〔たとえ誤っても〕罪に問われないが、姦通罪の場合はこの限りではない。

アッ＝ライス・ブン・サアドまでは同じ伝承の鎖をもち、さらにヤフヤー・ブン・サイード、ムハンマド・ブン・アブドッ＝ラフマーン、その母ウマラ・ビント・アブドッ＝ラフマーン、ウマル＝ブヌ＝ル＝ハッターブ――アッラーよ彼を嘉し給え――にまで鎖が遡る伝承がある。それによればウマルは、長い伝承なので内容を省略するが、他の男に向って「俺の親父もおふくろも姦通などとは縁がない」といった男にたいして笞打ちの刑を命じている(31)。

信者のすべてが等しく認めており、いかなる意見の相違もないことであるが、誰かが他人に向って、「おい不信者め」とか、「アッラーが神聖犯すべからざるものとされた朋友を殺した不届者」などといったところで、少しも罪に問われない。これも男女を問わずいかなる回教徒《ムスリム》も、みだりに姦通という大罪の嫌疑をかけられてはならぬという、至大至高のアッラーの配慮のなせる業である。

マーリクはまた次のように述べている。イスラームにおいては、姦通に関する中傷を除いて死刑により抹消され、払拭されぬような罪はない。中傷の罪に関しては、死刑を宣告された者もまず中傷罪にたいする罰をえ与られ、それから死刑に処されるのである。アッラーも述べておられる。「れっきとした人妻に姦通の非難を浴びせながら、証人を四人あげることのできぬ者には八十の笞打ちを科す。そして爾後そのような者の証言は一切無効とする。こういう者は罪深い人間なのだから。ただし後に改悛のまことを示した者はこの限りではない」(コーラン二四章四―五節)。またこうもいっておられる。「信仰は固いのに、することは投げやりな人妻がいるものだが、こういう女を中傷するやからには現世でも来世でも呪いがかかり、いまにひどい天罰を蒙ることになるぞ」(コーラン二四章二三節)。またアッラーの使徒の言葉として次のようなものがある。「呪詛の言葉にこめられる神の怒り、呪いは正当な罪にあたるものである。[32]」

アル＝ハムダーニーは、アブー・イスハーク、ムハンマド・ブン・ユースフ、ムハンマド・ブン・イスマーイール、アブド＝ル＝アジーズ・ブン・アブドッ＝ラーフ、スライマーン、サウル・ブン・ヤジード、アブ＝ル＝ガイス、アブー・フライラへと遡る鎖をもつ伝承を伝えてくれた。それによるとアッラーの使徒は、「七つの大罪を遠ざけよ」といわれた。人々が、「アッラーの使徒よ、それはどんなものですか」と尋ねると、彼は答えていった。「アッラーの他にも神があると唱え、魔術に携わり、アッラーが神聖犯すべからざるものと定められた者の生命を故なく奪い、利息をむさぼり、みなし児の財産を横領し、聖戦の場で敵に後を見せ、投げやりだが信仰心の固い人妻を中傷することだ。」

姦通は閨房の神聖さを犯し、正しい血筋を乱し、夫婦の仲を引き裂いてしまうが、特に最後の点をアッラーは由々しきこととされており、正しい知性の持ち主、いささかなりとも道徳心を備えた者はこれを些細な問題と見なしてはならない。もしも性的欲望が人間の中にしっかりと根を張り、彼がそれに打ち負かされぬ保証がないという事実がなければ、アッラーは既婚者にのみ罪を重くし、未婚の者の罪を軽くされることもなかったであろう。これはわれわれムスリムの定めとするものであり、同時に至大至高のアッラーから啓示された古い律法が認めているものである。この定めは今もって効力をもち続けており、依然として廃棄、失効されてはいない。自ら創造した崇高なものにのみとらわれず、自らの手になる宇宙に存在する偉大なものの配慮に力そがれることもなく、とるに足らぬものみなを等しくみそなわす神は、その下僕らを絶え間なく監視されている。至大至高のアッラーは自らこう述べておられる。「まどろみも睡りもこの生ける神、永遠の神をとらえることがない」(コーラン二章二五六節)。次のような言葉もある。「地中に入っていくものも、そこから出てくるものも、天から落ちてくるものも、そこへ昇り行くものも、すべて知り尽し給う」(コーラン三四章二節)。また次のようにも述べておられる。「目に見えぬ世界のことまですべて御存知で、天でも地でも蟻一匹の目方だにお目こぼしということはない。」[33](コーラン三四章三節)

アッラーの下僕が犯す最も大きな罪は、至大至高のアッラーが彼等にかけたまう恩恵の蔽いを引き裂くことである。かつてアブー・バクル・アッ＝シッディーク[34]——アッラーよ彼を嘉し給え——は、若者を抱きしめて射精した男にたいして笞打ちを命じ、この男はそのために失命した。またマーリク——アッラーよ彼を憐れみ給え——は、男に接吻を許し、射精させた若者をも笞打って死に至らしめたカリフの裁可を、大いに讃嘆している。この例は、この種の行為を惹き起す動機、原因のゆゆしさを明らかに示すものであろう。われわれは過度に厳正な法の施行を是認しないが、これは多くの学者たちが認め、一般に人々が是としていることである。

われわれ自身の見解は、アル＝ハムダーニーから伝え聞いた伝承に依拠している。これはアル＝ハムダーニーからアル＝バルヒー、アル＝ファリーリー、アル＝ブハーリー、ヤフヤー・ブン・スライマーン、イブン・ワフブ、アムル、ブカイル、スライマーン・ブン・ヤサール、アブドッ＝ラフマーン・ブン・ジャービル、彼の父、アブー・ブルダ・アル＝アンサーリーに至る伝承の鎖をもっている。それによれば、アブー・ブルダはアッラーの使徒——アッラーよ彼に祝福と平安を与え給え――が次のようにいうのを聞いたということである。「至大至高のアッラーによって定められた罰を除き、十回以上笞打ってはならぬ。」これはまたシャーフィイー派のアブー・ジャアファル・ムハンマド・ブン・アリー・アン＝ナサーイー――アッラーよ彼を憐れみ給え――の見解でもある。

ルート（ロト）の民の所業は最も忌わしいものであろう。至高のアッラーは述べておられる。「お前たちは世界中の誰一人いまだかつて犯したこともないような破廉恥を犯しているのだな」（コーラン七章七八節）。そしてアッラーは〔男色を犯した〕この手合いに特別の印のついた粘土の塊を投げつけた。(35) マーリクは、男色の徒は既婚、未婚を問わず、当事者すべてを石打ちの刑に処すべしとしている。この法学派に属する一部の学者は、至大至高のアッラーが男色の徒の石打ちについて述べられた個所を法源としている。「それらの石は悪人どもに当らぬことはなかった」（コーラン一一章八四節）。したがって現在もって彼等のような悪事を犯すものにも石が当らぬことはないのである。ただしこの問題に関する異論をとりあげるのは、本書の責ではあるまい。

アブー・イスハーク・イブラーヒーム・ブヌッ＝サリーユ(36)は、アブー・バクル――アッラーよ彼を嘉し給え――が男色に耽った者を火刑に処したと伝えている。またアブー・ウバイダ・マアマル・ブヌ＝ル＝ムサンナー(37)は、アブー・バクルにより火刑に処せられた男の名はシュジャーウ・ブン・ワルカーウ・アル＝アサディーであり、彼が女性と交わるばかりでなく男色にも耽っていたため、カリフにより火刑に処せられたと述べている。

良識ある者にとっては、罪を犯すことから免れる種々の道がある。アッラーが何かを禁じられるさいには、必ずそれに代って法的に許された、一層甘美で一段と優れたものを下僕らに授け給うのである。まことにアッラー以外に神はない。

私は快楽に耽る者にたいする戒めとして、次のような詩を詠んだ。

私はいささかも疑点のない明白な事実を自らに告げる
ひとは誰しも死ぬ運命にあるか死ぬべき者の息子たち
だから魂をあらゆる恥辱からまもり快楽から遠ざかれ
心奪う快楽はおそるべき罪悪の扉をひらく忌わしい鍵
思うに快楽は初めはいともたやすく甘美極まりないが
それがもたらす結果はただ苦々しくその出口はせまい
死が後に控えているのに人間の喜びとは何程のものか
よしラーミクの息子長命なヌーフの倍も生きたにせよ
永続しない家居現世を追い求める愚を犯してはならぬ
それは自ら忽ちに滅び去ると警告しているではないか
現世など捨てることが可能なうちにあきらめるがよい
嫌々ながらこれ迄も多くの者が捨てているではないか
飼い馴らされぬ仔牛のような希望と共に遁世する者と
乳房から乳あふれる者の遁世とは決して同じではない
はげしく真摯な熱情と沈着にして冷静な判断をもって

自らの望むものに対処する慧き者は下僕らのうちでも
神のみもとでひときわあつい報償を受けるに相応しい
フィルドゥースの楽園でゆったりと台座にくつろいで
自らの追い求める目的を誤たぬ判断でえらび取る者は
人々がこの世で所有する富の儚さを知りつくしている
慈悲深い神の恵みを知る者は決してその命に叛かない
たとい広大な王国の版図をすべて与えられたとしても
神を畏れる敬虔さの道こそが誤つことのない最上の道
その明々白々たる道を行く者は抜かりない最良の旅人
そこから一たび踏み迷う者にはただ一時の安息もない
自制心をもち正道を歩まぬ者に栄達のあろう筈がない
志堅固に正道を行く者よひとしなみに祝福されてあれ
心もかるがるとあらゆる障害から免がれた旅人どもよ
彼等には胸を灼く渇えもなく絢爛とした王侯の栄誉と
何一つこだわりない乞食の安息を享受する機会がある
良き旅人共は生れてから命絶えるまで望み通りに生き
明日のすみかでは特に豪奢な祝福を受けることになる

ひたすらに快楽を追い求める肉体の欲望を断ち切って
彼等は誤謬の暗闇を溶かしさる光り輝く灯に導かれる
たゆまざる現身の燃えさかる欲望との戦いがなければ
確かに彼等の生きざまは天使の生きざまというべきか
神よ良き旅人共を助け給い彼等の美徳をいやまし給え
彼等がいずこにあろうとも厚き恵みと祝福を垂れ給え
わが魂よ倦むことなく努め励めよ小止みなく貯わえよ
来世の尽きることない倖せをかちとるための善き業を
お前がしきりと追い求める徒な快楽が得られなくとも
結局のところお前が惨めな失敗者ではないことを知れ
慈愛あまねきアッラーはこの世の民に聖法を下された
夜の蒼穹に群なす星々の輝きよりもひときわ明らかな
だが魂よ己れの救済に絶えず努めよそして欲望の絆を
切れ味するどい刀の刃のように断固として切りはらえ
もしもひとが窮みなき創造の理由におもいをいたせば
生きとし生けるものが軽佻に生れ出たとはおもうまい

(1)　ここまでの五人はすべてスペインの住人。一人一人について記録が残っているが省略する。ヤフヤー・ブン・ヤフヤーについてのみ記せば、彼は有名な法学者で西暦八四九年歿。マーリク・ブン・アナスは第十九章註(4)参照。
(2)　第二十一章註(8)参照。
(3)　第二十一章註(6)参照。
(4)　ユースフに関してはコーラン一二章、ダーウードに関しては三八章一六節参照。
(5)　カインの所業を指す。
(6)　高名な文学者。バグダードにて西暦九一六年歿。詩集『ムファッダリヤート』註釈を始めとして多くの著作がある。
(7)　最初ムアタジラ派であったが、のちにシーア派を受け入れ、結局背教している。彼に関しては種々の研究がある。西暦九一六年歿。
(8)　第一章註(17)参照。
(9)　第十九章註(9)参照。
(10)　この人物不詳。
(11)　アラビア語の文字はそれぞれ固有の数値をもっているが、それを利用した卑猥な表現である。
(12)　この人物不詳。ただし後出の詩人スライマーンについては第二十五章註(3)参照。
(13)　誠実さの象徴とされていた。
(14)　アル＝マンスールの孫で、美貌で知られた。第二章、第四章、第二十一章参照。
(15)　この人物不詳。
(16)　西暦一〇〇九年、ムハンマド・アル＝マフディーにたいして起ち上ったヒシャームは、ここに記されているように敗北し、刑死。
(17)　アッ＝ライス家は、コルドバにおけるベルベル出身の名門。特にウマイヤ朝下に種々の要職にあった。
(18)　第七章註(2)参照。

(19) 第二十八章註(19)参照。

(20) 有名なマディーナ(メディナ)の七人の法学者の一人。

(21) 有名な預言者の教友。西暦六七六年もしくは六七八年歿。

(22) マディーナ(メディナ)近郊の地名。

(23) 第二十一章参照。

(24) 預言者の教友。西暦六五四年歿。

(25) バスラのハサンとして有名な人物。西暦七二八年歿。

(26) 四代正統カリフ。

(27) 本章註(1)参照。

(28) 二代正統カリフ。

(29) アラビア北部に住んでいた大部族。

(30) 第十九章註(4)参照。

(31) 彼の言葉には、言外にお前の両親とは違ってという意味がこめられていたためである。

(32) コーラン二四章六―九節参照。自分の妻を訴えたが、他に証人がいない夫は、アッラーに誓って自分の証言が嘘でないと四度証言し、五度目には、自分が嘘をついたら、アッラーの呪詛がかかりますようにという。妻がこれを逃れるためには、夫の方が嘘つきだという証言を四度繰り返し、五度目に、もし夫の言葉が本当ならアッラーの怒りがわが頭に下りますようにと唱える。ここに述べられた言葉は、嘘をついた方は必ずアッラーの審きにより、自分が誓ったように罰せられることを示したもの。

(33) コーラン原典とやや異同がある。

(34) 初代正統カリフ。

(35) コーラン一一章八四節参照。

(36) 著名な言語学者。アル＝ムバッラドの弟子。西暦九二二年頃歿。

(37)　有名な言語学者。非アラブ主義的傾向で知られる。著作は数多いが『アラブの戦い』は、アル＝イスファハーニーの『詩人の書』の最も重要な資料となっている。西暦八二五年歿。

第三十章　貞節の美徳

愛において示される最も優れた美徳は貞節、つまり罪や忌わしき行いを避ける美徳である。これによって人々は、永遠の住処で類いない喜びのうちに過すという創造者の報償に相応しい者となり、彼等に特別な恩恵を与えてその命令、戒めを受けるに相応しい地位を授け、使徒たちを派遣して彼等の間にその御言葉を確立され、格別の配慮、仁慈を示された主にあらがうことから免れるのである。

心を取り乱して我を忘れ、渇望、愛欲の虜となって燃えさかる情欲に身を委ね、つのる思いに理性を奪われ、宗教も二の次となってしまうような者は、のちに誤たぬ公正な判断をおのれを守る砦とするようになると、「人間の心はとかく悪事に耽りたがるもの」(コーラン一二章五三節)という事実に思いいたる。そして至高のアッラーの懲罰を心に想い起し、何一つ見落すことのない創造者に敢えて反抗した自分自身を顧み、アッラーの御許に帰り行く日、御稜威きわみなく、厳しい懲罰を下されるが、同時に慈愛、仁慈あまねく、自らの存在にいかなる証明をも必要としない、アッラーの御前に立たされる日のことを心に銘ずるのである。かくしてひとは内面の眼で、「あらゆる秘密を見通されるお方」(コーラン五章一〇八節)の面前に、誰一人弁護してくれる者もなくただ一人立たされる日の光景を想い浮べる。それは、「財産も息子も一切役に立たず、ただ汚れなき心をもってアッラーの御前にまかり出る者だけが救われる日」(コーラン二六章八八—八九節)、「大地も大地でなくなり天もまた天でなくなる日」(コーラン一四章四九節)、「すべての人が現世で自分のした一切の善事と悪事を何もかも見せつけられる日、この日と自分との間に遠い距りがあったならと誰しもが思う日」(コーラン三章二八節)である。その日についてはさらに次のような叙述がある。その日には「生ける御神、永遠不滅の御神の前にすべての顔がうなだれる。この時には不義の重荷を背負った者は万事窮す」(コーラン二〇章一一〇節)。その日「人々は自分の所業をすべて目の前に出されるが、主は誰一人不当な扱いをなさらない」(コーラン一八章四七節)。最大の禍いの日は「人々がみな己れの励んできたことを憶い起すその日となり、およそ目が見えるほどの者には地獄の姿がまざまざと見えてくる。その時には神に反抗して、束の間のこの世を有難がっていた者どもは、必ず地獄がついの住居となろう。だが常々アッラーの御威光を怖れかしこみ、己が魂を欲情に走らぬよう抑えてきた者は、必ず天国がついの住居となるだろう」(コーラン七九章三五—四一節)。至高のアッラーが説明されているその日は次のようなものである。「われらは一人一人の人間の頸にそれぞれの鳥(運命のこと)を結びつけておいた。やがて復活の日となればめいめいが開いた帳簿(現世で行なった行為がすべて記載されている)をつきつけられる。『さあお前の帳簿だ、読んでみるがよい。今日という今日は自分で自分の決算をつける日。』」(コーラン一七章一四—一五節)。その時になると罪を犯した者はいう。「ああ情けないことになった。これは一体何とした帳簿だ、なにもかも細大洩らさず数えあげるとは」(コーラン一八章四七節)。事態がこうであるとすれば、心に燃えさかるタマリンドより熱い渇望を抱き、体内に利剣より鋭い苦悩をたたえ、コロシントより苦い忍耐を胸一杯に飲みこみながら、自分が心から望み、手に入れることも可能で、充分受け入れる準備もあり、獲得するのに何の障害のないようなものを前にして、無理矢理自分をそれから遠ざけるような者の立場はいかなるものであろうか。このような人間は確かにいずれ復活の日に永遠の倖せを授けられ、報償の家居、永続する来世において特別の恩恵を受け、玉座の近くに居を定められるに相応しい。彼は復活の日の怖ろしい出来事、最後の審判の恐怖から守られ、ものみなが蘇り集う日に、アッラーの御手により現世の苦しみを平安に代えられるに足る人物なのである。

医師のアブー・ハールーン・ブン・ムーサー(1)は、私に次のような話を伝えてくれた。「私はかつてコルドバ出身の大変美貌な若者を知っていました。彼は世俗のことを避け、敬虔な生活を送っていましたが、彼には宗教の上で兄弟の契りを交した友人があり、二人の間柄は何の気兼ねも遠慮もないといったものでした。ある晩彼はこの友人と時を過すため、招待を受けてその家を訪れましたが、たまたま家の主人に急用ができて遠くの知人の許に出かけねばならぬ事態が生じ、主人は席を立って急いで出ていってしまったのです。若者は友人の家でその妻と時を過すことになりましたが、この妻がまた絶世の美人で、年の頃も若者と同年配でした。ところが主人は夜回りが通りを回る頃にも一向に帰る気配がなく、客人が帰宅するにも遅すぎる時間になりました。そしてこの若妻はもう時間が遅く、夫がその夜のうちに帰宅できぬことを知ると、この若者に心惹かれて彼の許に行き、誘惑しようとしました。そこには至大至高のアッラーを除き、二人だけしかいなかったのです。若者は誘惑に負けそうになったのですが、理性を取り戻し、至大至高のアッラーを想い浮べました。そして彼は自分の指を焦げるまで灯の火にかざしていいました。『さあ心よこの苦しみを味わうがよい。地獄の劫火に比べれば何でもないぞ。』これを見て友人の妻は深く心を動かされましたが、彼女はまたも若者を誘惑し、彼も人間誰しもがもつ欲望に打ち負かされそうになりました。しかし若者はふたたび前と同じ行為を繰り返し、そうこうするうちに夜が明けたのですが、彼の人さし指は火傷で萎えていました。」

読者は、若者のうちに激しい欲望が昂まっていたので自分の心をこうして制止させたと考えるであろうか。それとも至高のアッラーは若者に報償を与えることはないと考えられるであろうか。そのような考えはいずれも誤っている。

アッラーはより寛大であり、全智であらせられるのである。

ある信頼するに足る女性が、私に次のような話を聞かせてくれた。それによると彼女は彼女にひけをとらぬほど美貌の若者と相思相愛の仲であったらしい。そして彼等の間柄は、口さがない人々の噂の種となってしまった。そこである時二人だけで逢瀬を楽しんでいるさいに若者がいった。「どう、それではひとが噂することを実際にやりましょう。」彼女は答えていった。「いいえ、そんなことは絶対にいけませんわ。」そして彼女はコーランの章句を唱えた。「昨日の友も今日の敵、ただ敬虔な信者を別にして」(四三章六七節)。彼女によれば、その後ほどなくして正式に結ばれたということである。

次も信頼に足る友人の話である。ある日彼は同じ年頃の若い娘と二人きりになった。すると娘は彼に、今問題としているような事柄を仄めかした。その時彼はこう答えたそうである。「いけません。貴女の愛をかちうることは私の一番大切な望みです。それを叶えて下さったアッラーの恵みに感謝するためにも、私はその命令に従って欲望を絶たねばなりません。」誓っていうが、このような態度は古い昔にも稀である。すでに善がなく悪がはびこる今の世に、こうした例がきわめて稀なのは当然であろう。

以上の話はどれをとってもみな真実だが、これらの話を考察するにあたり私は、疑問の余地のない説明を二つだけ述べることができる。第一は、人間には欲望とは別のものに向う本性が内在しており、欲望の何たるかを知ったのちには、それを避けて他に向う傾向が一層強くなる。するとひとはもはや一言、二言のうちに示される媚態や、一日、二日の難かしさに惑わされなくなる。もしも人々が長い間この種の試練にさらされたままだと、この本性は弱まり、誘惑の呼び声に応じてしまうが、アッラーは罪に誘う原因を絶たれて彼等を守り給うのである。アッラーは絶えず彼等をみそなわし、人々が心のうちで悪しき行いからの避難所をアッラーに求め、正しき導きを得るために心からアッラーに祈るさまを知り給う。アッラー以外に神はなし。

第二の説明としては、いざという時に生ずる洞察力、拒絶感があげられよう。これらは誘惑に直面したさいに、欲望の昂まりを鎮める作用を行う。至大至高のアッラーは、下僕らに善きことを望み給う。アッラーよわれらを汝を畏れ、汝を求める信者の列に加え給わんことを。アーメン。

アブー・アブドッ＝ラーフ・ムハンマド・ブン・ウマル・ブン・マダーウ(2)は、信ずるに足るマルワーン家(3)の人々からアブ＝ル＝アッバース＝ル＝ワリード・ブン・ガーニム(4)に至る伝承の鎖を持つ話を聞かせてくれた。アブ＝ル＝アッバースのいうところによれば、イマームのアブドッ＝ラフマーン・ブヌ＝ル＝ハカム(5)は、数カ月に及ぶ遠征のさい、自分の王宮をのちにカリフ職を継ぐことになる息子のムハンマドの手に委ねた。その時彼は息子のために特別に屋根の上に場所をしつらえ、夜もそこで寝、昼間もそこにいて一歩も外に出てはならないと命令した。同時に彼は、屋根の上で息子と過すよう大臣と王宮警護の若者とを一人ずつ毎晩さし向けるように手配した。

アブ＝ル＝アッバースはいっている。「そのためムハンマドは、家族の誰とも会わずに長い間そこで時を過していました。彼は当時二十歳そこそこといった年頃でした。そうこうするうちに私が彼と夜を過す番になりましたが、同じ夜護衛についた兵隊は、年も若く、大変な美男子でした。」

アブ＝ル＝アッバースは続けた。「それで私は自分にいいきかせました。『どうも今夜は、ムハンマド・ブン・アブドッ＝ラフマーンにとっては良い晩ではなさそうだ。イブリースとその手下どもに騙らかされて罪を犯し、身を滅ぼさなければよいが。』」彼は続けていった。「その夜私は外側の屋根に寝台をしつらえ、ムハンマドはカリフのハレムを見下す内側に寝台を置きました。護衛の若者は階段に近い反対側で警備にあたることになったのです。私は一時も気をゆるめずに、ずっとムハンマドを見守っていましたが、彼は私が眠ってしまったと思い、私が逐一見張っているのに気づかぬ様子でした。」

彼は話を進めた。「夜が更けると私は、彼が身体を起し、暫らく寝台に腰かけているのに気づきました。しかし彼は悪魔の誘惑を却け、また寝込みました。だが暫くすると彼はまた身体を起し、シャツを着込んで、もう起きてしまうような格好でしたが、そのシャツをまた脱ぐと寝込んでしまいました。そのあと彼は三度目に起き上り、シャツを着込むと寝台の傍から両足をふらつかせながら、一時間ほどそうしていました。それから彼が護衛兵の名を呼ぶと、彼はすぐに返事しました。ムハンマドは兵隊に屋根を降り、下の棚のところにいるよう命令し、若い兵士が命に従って下に降りると起き上り、内側から戸を閉めて寝台に戻りました。」

最後にアブ゠ル゠アッバースはこう付け加えた。「この時私は、アッラーが彼に好意を持たれていることを気づいたのです。」

アフマド・ブン・ムハンマド・ブヌ゠ル゠ジャスール(6)は、アフマド・ブン・ムタッリフ、ウバイドッ゠ラーフ・ブン・ヤフヤー、彼の父、マーリク、ハビーブ・ブン・アブドッ゠ラフマーン・アル゠アンサーリー、ハフス・ブン・アースィム、アブー・フライラに至る鎖をもつ伝承を伝えてくれた。それによるとアッラーの使徒――アッラーよ彼に祝福と平安を与え給え――はこう述べられている。「アッラーの庇護の影しか望まれぬ日に、アッラーが影をかざし給う七種の人間がいる。つまり公正なイマーム、至大至高のアッラーへの信仰のうちに育てられた若者、そこから立ち去ってから戻るまで心が常に礼拝所に繋がれている男、神において愛し合いその精神で相交わり別れる男たち、一人いる時にアッラーを祈念し眼に涙する者、地位高く美しい女性に誘惑されても『私はアッラーを畏れます』という者、貧者に惜しみなく与えしかもこれを隠して左手が右手の与えたものも知らぬほどの男。」

私はかつてある会合に招待された日のことを想い出す。そこには、相手をほれぼれとさせるような美貌の持ち主で、その人柄に魅せられて人々が思わず語りかけ、よからぬこと、忌わしいことに心を傷つけられる怖れなしに歓談を楽しめるような人物が出席するはずであった。そこで私はすぐその会合に出席しようとした。時は明け方であったが、朝の礼拝を済ませて正式の着物をつけている間に霊感が訪れ、詩行が脳裏にひらめいた。その時隣りに友人がいて、「考えこんでどうしたのだ」と話しかけたが、私は詩を完成するまで返事をしなかった。それから私はそれを紙に書きとめ、友人に見せたが、結局望みの会合には出席しなかった。以下はその時の詩の一節である。

お前は姿を見ぬと夜も眠れぬ美女を想うのか
まみえて心冷やすことがお前を燃えたたすのに
あのひとの傍にいてもいずれ別れの時がやってくる
心乱すものに近寄らねば遠ざかりもないものを
めぐり合いの甘い味はやがて舌を刺す苦さに変り
無上の喜びは胸を裂く苦しみの棘を隠している

よし来世に審判がなく、それに応じて賞罰が加えられぬとしても、われわれは創造者への感謝に生命を費やし、肉体を鞭打ち、能力を注ぎこみ、あらゆる手段を講じて力の限りを尽さねばならない。アッラーはわれわれがそれに相応しい善行をなす以前に豊かな恩恵を施され、アッラーを知るための知性ばかりでなく、感性、学問、知識、諸芸にたいする熟練を授け、諸天に命じて恩沢の雨を降らせ給うているのである。またわれわれを創造するにあたり、もしわれわれに創造の能力があったにせよかくも見事な結果はえられず、われわれ自身とても及ばぬあつい配慮をもって創られている。またわれわれを他の被造物より一段と高い地位に置かれ、そのお言葉の収蔵所、宗教の保管所とされ、さらにそれほどの恩恵に値いせぬわれわれのために天国を設けられ、善行を義務としてそれにいそしんだ下僕のみをそこに住まわせるよう配慮された。至高のアッラー自ら、「人々の行いの報償として」(コーラン三二章一七節)と述べられているように。またアッラーはわれわれを天国に至る道に導かれ、楽園の恵みの影が望まれる方角を指し示され、われわれが最高の恩恵、恩沢を受けることをわれわれの当然の権利、御自身の欠くべからざる義務とされている。またわれわれに従順さを守る能力を授けられ、それを授けられたゆえに自らわれわれに感謝され、御自身が恩恵の授与者であるまさにそのゆえに、われわれにきわみない恩沢を施し給うのである。

この寛大さはわれわれの知力をもっては測り知れず、理性も忖度することはできない。自らの主を知り、その満足および瞋恚のいかばかりかをわきまえる者にとっては、移ろいやすい快楽、滅び去る栄華など問題とするにあたらない。耳にしただけでも身の毛がよだち、魂も溶けてしまうほどのアッラーの威嚇を知るに及んで、これは当然のことであろう。アッラーはわれわれに、いかなる希望をも打ち砕く怖ろしい懲罰について啓示を下されているのである。しからばわれわれは、この寛大きわまりない主君にたいする従順さに誘われて、いずこに旅立つべきなのか。また常に後悔を伴い、懲罰の源となり、当事者に恥辱をもたらし続ける、移ろいやすい快楽を追い求めてよいものであろうか。牧童が動物の群を導くように、行く先が楽園であるにせよ地獄であるにせよ、いずれは永遠の住処に赴くものと警告の声は耳を聾するばかりなのに、いつまでわれわれは愚行に固執しているのか。このような態度を固執するのは明らかに誤りであろう。これについて私は次のような詩を詠んだ。

彼は現世の快楽や娯しみごとから遠ざかり
恋愛沙汰やお祭りさわぎを固くいましめる
酒に酔い痴れるのも最早彼の望みではなく
羚羊のように美しい女あさりも夢ではない
今や魂があだな眠りから目覚める時がきた
あつい迷妄の帳がついにとり除かれる日が
彼はあれほどの好みのものから興味を移す
隠された秘密がすべて暴かれる日を怖れて
わが魂よ力の限りを尽し努力せよ準備せよ
苦労して快楽などを追い求めてはならない
おのれの救済に急げこころしてはげむのだ
災厄の源となるものをすべて断ち切るのだ
そうすれば私はおそらく快楽にうちかって

第30章　貞節の美徳

ひどい困窮と地獄の劫火から免れるだろう
定めない運命に弄ばれる哀れな遊興の徒よ
お前は災厄の火炎から自分を守らないのか
時がお前に示したさまざまな不思議だけで
お前には身を守る充分な警告のはずなのに
いかに繁栄してもついには滅びさる家居や
所有者を弄ぶはかない儲けなど捨てておけ
現世の戦場で剣をもって戦うものは誰でも
自らの刀のやいばで災難へとつき落される
アッラーについて誤りない認識をもつ者は
かたく身を持し心はただ神を崇めおそれる
消滅する王国と永続する王国の長はちがう
真実神を畏れる者と敬虔を汚す者は異なる
心も清らかな敬神の徒と瀆神者とはちがう
紛うかたない正しい言葉は嘘言とは異なる
もしもわれわれが怖ろしい天罰から守られ
きびしいアッラーの御怒りから免れており

われわれが罪を犯し嘘言をなす者のために
作られた地獄の罰を怖れずに済むとしても
アッラーに従うことは不可欠な義務であり
色恋沙汰の使いなど追い返さねばならない
きっぱりと禁欲にはげみいたずらに現世に
期待する者共に非難を浴びせねばならない
われわれは非情な運命が人々を弄ぶさまを
見てきたさながら猛火が薪を燃やすように
いかに多くの者が信心に心を労したことか
敬神の徒の安らぎはひどい疲れの中にある
またいかに多くが精一杯この世の幸を求め
死によって望みのものから引き裂かれたか
望みの学問に通暁した並外れた理知の人が
手ひどい災難に見舞われ苦しむことがある
求める成果を得るために努め励む研究者が
辛うじて得た結果のために時に身を滅ぼす
またお前は威信絶頂にあるこの世の王者が

第30章　貞節の美徳

高い頂きから突然地に落されるさまを見る
立派に成長してよく稔るはずの作物の茎が
突如暴徒の足で無残に踏み砕かれるように
悲嘆心労に心さかれる者が何人いることか
足早やに逃げ去る幸運を徒らに追い求めて
こうした事柄の中にすぐれた戒めはないか
知恵ある人々をさらに美しい英知でかざる
その通りだ地獄は悪業の輩に開かれている
正道を踏みはずし逸脱した者どものために
最後の審きがとり行なわれる日アッラーは
彼等を汚がし隠されたきずを明らかにする
アッラーは恵みをかずかず与えられた上に
さらにまた格別の恩沢を下され給うている
だがわれわれの中には愚かにもその恵みを
神の書で禁じられたものに用いる者がいる
こうした手合いは来世でもっとも相応しい
アッラーの下される悲惨な神罰に喘ぐのに

いとも優しき配慮を示される主よ讃えあれ
われら自身よりもわれらに近くいます主よ
アッラーは生者にひとしく恩恵を垂れ給う
アラブ非アラブなどの一切の差別もなしに
讃えあれアッラー格別の恩沢をわれわれに
施され運命の悪しき奸策をのぞき給う神よ
ものみなのために大地の広袤涯しなき蒼穹
空に宿る雨露や輝く星辰を創られた御神よ
罪深き者は捨ておきこの教えに耳を傾けよ
ひとは自ら集めた薪を来世に運びゆくもの

以下も自作の詩である。

現世はお前に与えるが必ずその貸しをとりかえすもの
人生のみずみずしさがそれだがそのよさもすぐに萎む
果して賢明な男はこうした現世に満足するであろうか
かならず不吉な死がいつとはなしにおそいかかるのに

この世のさまざまな出来事を見て充分に経験を積んだ
具眼の士がどうして一刻のはかない夢を娯しむことか
この世に確かな永続がないことをいやも承知した魂は
はかなく移ろいゆく現世の家居に満足することはない
肉体がほろんだのちにいずこに赴くか知らぬまま魂は
定めない浮き世のことにどうしてかまけていられるか
おのれを救うために魂は精一杯励んでいないだろうか
怖ろしい懲罰を逃れるために自制していないだろうか
しばしば魂はたまゆらの甘美な快楽にそそのかされて
永遠に火焔が消えることのない灼熱の地獄に落される
魂は自分をしきりと追いたてせきたてる案内人をもつ
本来の目的地からそれをとんでもない所に導くような
魂は正しい希望をもちながらそれにたがうものを求め
正しい方向を目指しながらいつのまにか別の道を辿る
審判の日にみじめな結果をもたらすものに向ってなぜ
魂が急ぐだろうかその果ては永遠の懲罰と知りながら
えてして魂は課された義務を蔑ろにし益もないものに

執着する見当外れな考えから慎重さを欠いた罰として
それはよりによって災厄をもたらす場所にえらび住み
愚かにも紛う方なく成功をもたらすものから遠ざかる
魂は正道を歩めと呼びかけるアッラーの忠言を避けて
現世をもとめる幸運はそこから逃れることにあるのに
やあ誤謬の道を迷い行く者よいそいで正道に立ち戻れ
アッラーは誤謬の輩に永遠の劫火を用意されているぞ(7)
間違っても滅びるものを選び永続するものを捨てるな
いずれを選ぶかは知性のあるなしを示す明らかな証拠
魂よお前は自分の捨てた道が幸運にいたる正道であり
いまやお前が誤謬の道を辿っているのを知らないのか
お前はすぐあとに激しい後悔を従えている快楽に耽る
だが束の間の快楽はやんでも後悔に終りはないのだぞ
心蕩かす歓楽の夜もかずかずの悦楽もやがて過ぎ去り
犯した罪の当然の結果と恥辱ばかりがあとに残される
迷妄に道を失った者よいまこそしかと眼を覚ますのだ
さまざまな大事の秘密がこのように明されたのだから

煌々と照るアッラーの灯に導かれて嘉された道を急げ
アッラーの戒められたことを敢えて犯してはならない
運命は脇目もふらず真面目に勝負してお前を打負かす
お前が現世に眼がくらんでその毒にやられている間に
これ迄もいかに多くの民が運命の手にしてやられたか
そして見よすでに朽ち果てたこれらの民の繁栄の跡を
過ぎ去った長い歴史をふりかえりそこに教訓を求めよ
こうした豊かな経験は知性に磨きをかけるものだから
彼等の堂々たる砦は向う見ずな仇敵から彼等をまもり
この砦はしたたかな敵に対する彼等の勝利を保証する
しかしこの頑強な砦もすでに崩れ果て地上に埋もれる
いかに多くの者が迫り来る死を知らずに眠り呆けたか
死がぬかりなく狙いをつけ彼等を待ち構えているのに
また権勢に奢る者がいかに不正の限りを尽したことか
玉座の主のもとで手痛い報復が待ちかまえているのに
私はお前が一心にはかない現世の幸を求める姿を見る
それが滅び去るものとわきまえているにもかかわらず

許しがたい怠けごころから仁慈溢れる神の命に従わず
あくまでも平気な風を装って弁解の余地は少しもない
お前は親しく警告を受ける所詮は死に絶える身の上と
迂闊にも遠ざけよという戒めを忘れ呆けているうちに
情け容赦ない運命がお前に最後の一撃をもたらすとき
お前が見せる後悔のしかめ面が手にとるように見える
その時うろたえてひとはいう誰かあの日を返してくれ
自分の手で正しい道を選び取ることのできた昔の日を
その訪れが黒々と不吉な影を投げている日に注意しろ
酷薄なその日がやってくるとお前は生命をうばわれる
その日には親しい家族や友人もみなお前から遠ざかり
あれほど確かだった希望が見るも無残に打ち砕かれる
そしてお前は狭く薄暗い墓場に唯ひとりとり残される
積り積ったほこりだけが仄見えるような溶暗のなかで
突然孤独なお前は名を呼ばれるが呼手が誰か解らない
とまれその時お前の生命の顔から蔽いが取り除かれる
お前は苛酷で悲惨きわまりない日に召し出されている(8)

ものみなが召されて集う復活の日は誰しも知るところ
その日には野獣までもが集いきてそのうえわれわれの
現世における所業を記した証拠書類が積み上げられる
その日幸多き善行の徒は美しく飾られた楽園に近づき
また悪業の輩にとり地獄の火焔はますます熱さを増す
そして燦々とあたりを照らす午前の太陽が突然蝕まれ
空に輝く星々がたちまちのうちに色褪せ萎みはじめる
それまで天の命令により整然と秩序が保たれていたが
新たな命令が下り世界のたがが抜けて混乱におちいる
山々は轟音をあげて鳴動し大地はあとかたもなく覆り
仔を孕んだ雌駱駝は牧者もなしに荒地に捨ておかれる
その時恵み尽きせぬ家を住処に定められる者もあれば
未来永劫鎖のいましめのもとで苦しみ続ける者もある
御稜威遍く仁慈あふれ厳しい懲罰を下される主の前で
大小のいかんを問わずに罪という罪が秤にかけられる
小さな罪を犯した者は復活の日に後悔するばかりだが
破廉恥な大罪を犯したともがらは末の末まで呪われる

だが影日向なく顕わなこと隠れたことがたがわぬ者は
尽きせぬ肉体の悦びを与えられその魂は息吹きかえす
神の許しと恵みによってとるに足りぬ罪が拭われると
旨酒で宴を娯しんでも罪に問われぬ家居の住人となる
もしも競馬場で駿馬と驢馬が同着になるとするならば
悪業の徒も彼等と同居できぬ訳ではないがこれは無理
現世の輩は気に入りの現世の悦びを持ち逃げるがよい
移ろい易い快楽を幸運な者に与えられた特権と信じて
だが現世という母にとり最善の孝養はそれに叛くこと
心して努めずにはその脅威から逃れることはできない
現世ではそれを卑しむ者しか実際の幸運を得られない
彼女に近づき親しくまじわれば身の破滅に陥るばかり
彼女をもとめる求婚者は次から次へとあとを絶たぬが
聡明な理性の持主には彼女の素性はなにもかも明らか
ひとを溺れさせずにおかぬ運命の浮沈から身を避けよ
危険から身を守るには現世と深くまじわってはならぬ
美しく外見を飾り立てるものに誑かされてはならない

第30章　貞節の美徳

明晰な知性の持主にはその何たるかは明瞭なのだから
これまで私は地上の王侯が豪奢の限りを尽すのを見た
それを成就すれば深い悦びを覚えずにはいないような
人々は欲望のとりことなって本来の正道を逸れてゆき
路を進むにつれ小さな危険が次第に大きく膨れあがる
だが別の道を歩むことを願わぬ者がいない訳ではない
とくに神を畏れ敬う道を辿る者には近道もゆるされる
人々のさまざまな望みは自制により守られるのだから
栄誉とは望みを正しく守りとおす以外の何であろうか
最後に勝利に微笑む者は至高のアッラーに総てを委ね
僅かなものに自足し心豊かでしかも慎ましく謙虚な者
この世の権勢の持主はもっぱら雑事や懸念の虜となり
そのために心の余裕を失って忍耐心までが消え失せる
われわれはこのような事実を目のあたりにしてきたが
われわれを取り巻く酔いは酒の酔いよりも遙かに強い
しかし想いをいたすのだ大地を蒼穹で蔽われた御方に
人の住む町も荒蕪の砂漠も抜かりなく知り給う御方に

われらが主はかぎりない空の星々や広漠とした大地を
柱一本も用いずにしっかりとものの見事に支えられる
その上これら森羅万象に英知をもって秩序を与えられ
そのために昼と夜との交替が一糸乱れず繰り返される
またわれらの主は地表に傷をつけて潺湲《せんかん》と水を奔らせ
地に育つ草木の種や実に豊かな滋養分を送りこまれる
可憐な花々の蕾には美しいとりどりの色彩を授け給い
薔薇やチューリップの花々は絢爛と色あやに咲き匂う
かたや眼をなごませる草木の緑を創られたかと思うと
見る者の眼を眩ませる深紅の花々を創り出された御方
またわれらが主は何の苦もなくあちこちに大河を穿ち
その力強い流れで山なす巨岩を動かされたかと思うと
朝方は太陽にその強い光線であたりを真っ白に輝かせ
夕方には涼しい黄色の光で照らすよう定められた御方
夜の蒼穹に限りない星々を創っては縦横に飛び交わせ
あるいはまた誰かがいい知れぬ災厄に見舞われたとき
彼を救助することができるのはこの御方をおいてない

これら総ては万物の創造者アッラーの御手に帰すもの
アッラーは預言者たちに数多くの奇蹟を行わせ給うた(9)
彼等は無力だったが後に奇蹟を示す能力を与えられた
アッラーは預言者たちの口から賢明な言葉を語らせる
ただし彼等が口にするのは実際に彼等の言葉ではない
そうかと思えば堅い大岩から雌駱駝の姿を切り出して
すぐにその啼き声を聞かせては人々を喫驚仰天させる
それを見て人々は信仰に勤しむが中には不信者もいる
むろん彼等はクダールによって滅亡の道に誘われるが
アッラーはムーサーのために苦もなく海を切りひらき
大波を両側にしりぞけてその間に一条の道を作られた
また神の友と呼ばれるイブラーヒームを危険な火から
守り彼を酷熱の炎激しい卑しめの害から救われている
さらにはヌーフを大洪水から救い出されているが彼は
かつて不信の徒であった民を率いて正道に導いている
またダーウードとその息子には特別の能力を授けられ
おかげで二人には現世で難かしい事は何もなくなった

またある者のためには権勢揺ぎない者をひざまずかせ
他の者には誰一人わきまえぬ鳥の言葉を教えこまれる
ただしムハンマドの民にはひときわ高い恩恵を下され
コーランを啓示したうえに縦横に版図をひろげられた
そして使徒ムハンマドのために満月を裂き(10)同時に彼に
正真正銘紛うこともないかずかずの奇蹟を授けられた
アッラーはわれわれを不信から救い出されそのために
滅亡の寸前にいたわれわれはその灯に正しく導かれる
何と悲惨なこと今こそおのれの無智を投げ棄てる時だ
地獄の劫火の飛び散る火焔から自分自身を救うために

(1) この人物については不詳。
(2) 史書により性高潔な文学者ということのみが知られている。
(3) 要するにスペイン・ウマイヤ朝人士のこと。
(4) ウマイヤ朝ムハマンド・ブン・アブドッ＝ラフマーン(統治期間西暦八五二年から八八六年)の重臣。歿年には九〇五年、八八五年の二説がある。
(5) スペイン・ウマイヤ朝カリフ。統治期間西暦八二二年から八五二年。息子のムハンマドの統治期間は八五二年から八八六年。
(6) ウマイヤ朝家臣。イブン・ハズムの最初の師。詩文をよくしその他歴史等諸学に通じていた。一〇一〇年コルドバを襲ったチフスが原因で他界している。
(7) 地獄の劫火のこと。
(8) 復活の日のことは例えばコーラン八一章参照。
(9) 以後述べられる奇蹟については、コーラン参照のこと。煩を避け一々説明しない。
(10) コーラン五四章一節参照。預言者の登場を示すためにこの奇蹟がなされた。

最終章[1]

以上で貴方――アッラーよ貴方に栄誉を授け給え――の御希望に応え、ひとえに貴方の興味を忖度しながら、命ぜられたままに記憶にあるものを書きとどめた、本書を終ることにいたします。

本書において私は、詩人たちが好んでしばしば言及し、あらゆる角度からさまざまな分野にわたり仔細に論評している事柄についても、敢えて筆を控えることをしませんでした。恋人の憔悴に関する詩人たちの誇張した表現、溢れる涙を雨に譬えそれが乾いたまつげを潤すといった言い回し、ひと時も眠られぬ夜、何一つ喉を通らぬほどの恋患いなどがそれです。これらはすべて実際からかけ離れており、根拠のない嘘言にすぎません。ものごとにはすべて限度があり、アッラーもよろずの事柄に適当な限界を定めておられます。憔悴を例にとっても、それはしばしばひどく昂じることがありますが、詩人たちが描くほどになれば恋人は小さな蟻か、それよりもっと小さな姿になり果てて、健全な理性の理解しうる沙汰の限りを越えてしまうでしょう。不眠はしばしば幾夜も続くことがあります。しかしひとは二週間も食を絶てば、生命がありません。だが私の考えでは、不眠に耐えることの方が絶食に耐えるより難かしいものです。眠りは精神の糧であり、食物は肉体の糧なのですから。実際には精神と肉体は深く関わり合っていますが、以上の事実はほとんどの場合に通用するでしょう。水を飲むことに関しては、私が目撃したところによれば、コルドバの隣人で建築家のマイスール[2]は、真夏の酷暑に二週間水を一滴も飲まず、普通の食物に含まれる水分だけで足りたという例があります。

裁判官のアブー・アブドッ＝ラフマーン・ブン・ジャッハーフ(3)の言によると、彼は一カ月一滴も水を飲まなかった男を見たそうです。

とまれ私は本書において、誰の眼にも明らかな事実のみを書き止めました。その限度を越えた例は絶対にこの世に存在しえないものでしょう。とはいえ私は、詩人たちの道、習慣から逸脱せぬよう、上述の諸章に相応しい事例を充分に引用しました。

私の多くの友人は、本書のうちに自分たちの例がのっているのに気づくでしょう。ただしその場合、私は本書の冒頭で述べたように彼等の名前を匿名にしてあります。

こうした事柄、ないしこれに類似の点について、二人の天使が書き止めたこと(誤ち)、二人の看視者が私に罪ありとしたことについて、言葉もまた行為に他ならぬという信条をもつ者の切なる願いをもって、至高のアッラーに御宥しを乞う次第です。私の述べたことは、よし非難に値いする繰り言であったにせよ、寛大なアッラーの御心のもとに許される誤ちにすぎないでしょう。そうでないとしてもとりわけ神罰が下されるような、忌わしい悪行とはいえますまい。いずれにせよ、天啓の書に明記された大罪とは縁の遠いもののはずです。

私を憎む敵方の連中が、この種の著述をあらわしたことについて口さがなく私を非難するのは百も承知です。彼等はいうでしょう。「あの男は自分の職業に悖り、自分の道に違背する男だ。」しかし私は、他人が私の真意を曲解することは断じて許しません。至大至高のアッラーも述べておられます。「信徒の者どもよ、やたらに勝手な臆測をするものではない。当て推量も場合によっては重い罪なのだから。」(コーラン四九章一二節)

アフマド・ブン・ムハンマド・ブヌ＝ル＝ジャスール[4]は、イブン・アビー・ダリーム、イブン・ワッダーフ、ヤフヤー・ブン・ヤフヤー、マーリク・ブン・アビー・アナス、アブッ＝ズバイル・アル＝マッキー、アブー・シュライフ・アル＝カアビーにまで遡る鎖をもつ伝承を伝えてくれました。それによるとアッラーの使徒——アッラーよ彼に祝福と平安を与え給え——は述べておられます。「臆測には心せよ。それは最大の嘘なのだから。」

またマーリクまでは同じ鎖で、それからサイード・ブン・アビー・サイード・アル＝マクバリー、アル＝アアラジュ、アブー・フライラに遡る伝承は次のように伝えています。アッラーの使徒——アッラーよ彼に祝福と平安を与え給え——は、「アッラーと最後の審判を信ずる者は、よき言葉のみを口にし、さもない場合は口を閉ざせ」と述べています。

友人のアブー・バクル・ムハンマド・ブン・イスハーク[5]は、アブドッ＝ラーフ・ブン・ユースフ・アル＝アズディー、ヤフヤー・ブン・アーイズ、エジプトのイマーム、アブー・アディーユ・アブド・ル＝アジーズ・ブン・ムハンマド・ブン・イスハーク・ブヌ＝ル＝ファラジュ、アブー・アリ＝ル＝ハサン・ブン・カーシム・ブン・ドゥハイム・アル＝ミスリー、ムハンマド・ブン・ザカリヤー・アル＝アラーニー、アブ＝ル＝アッバース、アブー・バクル、カターダ、サイード・ブヌ＝ル＝ムサイヤブにまで鎖が遡る伝承を伝えてくれました。サイードはいっています。「ウマル・ブヌ＝ル＝ハッターブ[6]——アッラーよ彼を嘉し給え——は、人々のために十八の格言を作ったが、その中に次のようなものがある。『お前の兄弟に関わることは可能な限り善意に解釈せよ。相手もお前の善意に応えて振舞うように。ムスリムの口から出た言葉を悪意に解してはならぬ。善意に解しうる緒口が少しでもあれば。』」

これこそ——アッラーよ貴方に栄誉を授け給え——アッラー並びにアッラーの使徒——アッラーよ彼に祝福と平安

を与え給え――信者たちの長、カリフに奨励されている行為の規範に叶うものです。要するに私は二心をもって言葉を口にするような者ではなく、非アラブ人のような似而非信者でもありません。自らに課された宗教的義務を正しく守り、禁じられた行いを避け、他人との交友において信義を忘れぬ者には、誰にでも善行の徒という名が冠されるのです。その余のことについてはここでは冗言を避けましょう。とまれ私にとりアッラーのみで充分であります。

この種の事柄について述べるためには、俗事から遠く、雑念から離れていなければなりません。昔の出来事を記憶にとどめ、かつての日々の痕跡を保持し、これらすべてを想い起すことは、実にさまざまな経験をし、運命の浮沈に弄ばれてきた私のような者にとって、まったくの奇蹟といえるでしょう。貴方も御承知のように、現在のわれわれの境遇をもってしては、私の思いが乱れ、心は波立ち騒ぐのも当然のことです。住み馴れた故郷を遠く離れ、故国から逐われて運命の浮沈に喘ぎ、権力に迫害され、多くの友に裏切られ、逆境のうちにあって定めなき人の世の変化に曝され、富を失い、親の遺産、自ら営々として蓄えた財産も奪われて、今は父祖から譲り受けたものは何一つなく、見知らぬ国に異邦人として糊口をしのぐ私です。すでに富も地位も奪い去られ、妻子を養う心労に疲れ、ふたたび故国に戻る夢もなく、運命に打ちひしがれて、アッラーの定めにただ従うばかりの私です。ただしアッラーよ、われらをしてただ貴方にのみ苦しみを訴えさせ給え。そして願わくはわれらにかつての良き日を恵み給わんことを。実にアッラーがわれわれに残されたものは、われわれから奪われたものを遙かに上まわり、変らずに施されるものは取り上げたものより一段と価値あるものです。われわれを取り巻く恩沢、われわれに注がれる恩恵はただ限りなく、言葉をもってしては感謝の意を表現し尽すことはできません。これらはすべて寛大なアッラーの賜に他ならないのです。われわれは自分自身にたいしていかなる権能も持ち合せていません。われわれはアッラーの御許から出て、アッラーの御許に帰りゆく者なのですから。借財はすべて貸し手に返されねばなりません。変ることなく始源にして終極におわしますアッラーよ讃えあれ。

最後に自作の詩を引きます。

私は絶望のみを砦　鎧とし
絶対に不正を身にまとわない
思うによし全人類がつどっても
人間の敵から私を守るに足りない
自分の宗教　名声さえ正しければ
昔のことなど気にかけはしない
昨日は去り明日は知れぬのに
思い悩んで何になろうか

アッラーよ貴方と私を、固く正道を守って感謝の心を忘れず、アッラーを讃えて常にその御名を祈念する者の列に加え給え。アーメン、アーメン。讃えあれアッラー万世の主。われらが長ムハンマドとその一統、盟友たちに祝福と絶えざる平安を与え給え。

＊　＊　＊

以上をもって『鳩の頸飾り』(7)という題名で知られる、アブー・ムハンマド・アリー・ブン・アフマド・ブン・サイード・ブン・ハズム――アッラーよ彼を嘉し給え――の著作は完結する。ただし筆写にあたり詩の多くを割愛し、とりわけ重要なもののみを残す手段をとった。これは本書の価値を高め、魅力を一層きわ立たせると同時に分量を縮小し、随所に見られる風変りな表現を理解しやすいように整理するためである。事にあたって至高のアッラーの称讃をひとえにし、その援助、類いなき助力を仰いだ。筆写が完了したのは七三八年(一三三八年)ラジャブ＝ル＝ファルド月上旬のことである。讃えあれアッラー、万世の主。

(1) 原典にはここで特別に章を立てていないが、体裁上特に一章を設けた。
(2) この人物不詳。
(3) 第二十九章二六九頁参照。
(4) 第三十章註(6)参照。
(5) 第二章註(5)参照。
(6) 二代正統カリフ。
(7) 原典の奥付にあたるこの記述は、本書を筆写した書写生のものであるが、敢えてここに訳出した。本書の運命を想い、原典の実態を推測する上でも役に立つであろう。

解説

一

古今東西を通じて「愛」ほど人間にとり普遍的な情念はない。有情といわれるものの心の中心に根をおろし、固有の嫩芽を芽ぐませ、色綾な花々をほころばせてきたこの情念について、今さら贅言を弄するのも野暮の骨頂であろう。すでに議論百出し、くまなくその種々相を検討し尽されたかに見える「愛」について、とりわけ新たに言辞を弄すべき何ほどのことが残されているであろうか。しかし同時に、この普遍的な情念は、個々の人間の生きざまに深い関わりを持っている。ひとみなが倦きもせずこの世に生を享け、固有の生を開花させる宿命を担わされている以上、「愛」はまた精神の自然としてゆくりなく培われねばならぬ定めにあることも、疑いのない事実である。「愛は愛よりも遙か」ともいわれるように、この情念はその宿る当の者をして予期もせぬ旅路に誘わずにはおかない。ひとはかくしておのれの選びとった小道をただ一度限りの生の証しの糸として、たった一つの繭を紡ぐ。自ら織りなした固有の生きざまの暗闇に身を置いて、いかなる蝶として羽搏くかも知らぬまま。何よりもたしかなおのれに盲い、外つ国びとの光に酔い痴れるこの羽搏くものは、自らの愚行によって新たな地平を垣間見るが、その飛翔の真贋を証すものは、見はるかす風光の明澄さにしかあるまい。「愛は愛よりも遙か。」すべての人間を芸術家よりも一層芸術家たらしめるこの情念の飛翔の種々相について、いま訳者は贅言を費やす暇がない。ここでまずは数奇な運命を辿った本書、『鳩の頸飾り』の研究史から筆をそめることにしよう。

「去年の雪いまいずこ。」かつて南国の陽光をゆくりなく浴びて、洗練された文化の花をほころばせたアンダルシーア・イスラームの花影は、蕪雑なレコンキスタの冬の嵐とともに消え去ってしまった。本書の作者イブン・ハズムもいうように、たおやかな貴婦人の美しさは、ただの一度の霜で損われてしまう。事ほどさように、アンダルシーアの栄華も、一瞬にして語り草と化してしまったのである。酷熱の砂漠の地から移植され、温暖な南国の風土で伸びやかに育ったスペイン・イスラームの文化も、適当な養育者を失って見るも無残に枯れ萎んでしまったのであった。触れなば砕けんばかりの華奢な玻璃の器のように、数多くの洗練された文化的遺産は厳しい冬の訪れとともに姿を消してしまった。イブン・アブド・ラッビヒの編んだ詩華集『唯一の頸飾り』のように広く東方イスラーム圏で喧伝され、抹殺の憂き目を免れた作品も少くはない。しかし本拠地を失ったアンダルシーアの多くのアラビア語著作は、冬の霜に掻き消される運命にあったのである。本書『鳩の頸飾り』も決してその例外ではなかった。

時は十七世紀も中葉、イブン・ハズムが他界してからおよそ六百年後のことである。オランダ政府からオスマーン・トルコ宮廷に派遣されたV・ヴァルナーという大使がいたが、二十二年の長きにわたって任地にあった彼は、その間営々として古書の蒐集に励んだ。時の著名な文人ハージー・ハリーファの蔵書等、彼が集めた中東諸国語の文献は厖大な量にのぼったが、これらの稀覯本はのちにオランダのライデン大学に寄贈され、二百年近くも陽の目を見ずに埋もれていた。十九世紀の中葉にいたり、ライデン大学が数人の東洋学者にアラビア語文献の整理を依頼した折に、初めてヴァルナー文庫四六一番という整理番号をもつ写本が、イブン・ハズムの《Ṭawq-l-ḥamāmah》であることが確認されたのである。これは現存する本書の唯一の写本であるが、これがいかなる人物により筆写され、どのような経過を辿ってヴァルナーの手中に帰したか、といった仔細については杳として知れない。奥深い人間の情念の動きを的確に描き出し、朽ち去ることのない価値をたたえた本書には、このような運命もまた相応しいものであったのだろう。ただしそれ以降本書は目覚しい脚光を浴び、世界各国に紹介され、研究の対象となる。幸運なことに、本書写本の発見者は、アンダルシーア研究の第一人者R・ドズィーであった。一八六一年に公刊された彼の『スペイン・ムスリム史』は、この分野における古典的な労作であるが、そこに掲載された部分訳(第二十七章)によって、本書は各国の研究者の注目の的となった。この部分は逸早くV・シャックによりドイツ語訳され、J・バレーラ、P・ブーイジスによりそれぞれ、スペイン語に完訳の試みがなされているのである。

その後P・ブーイジスと、本書の著者イブン・ハズム研究に生涯を費やした碩学A・パラシオスの手により、テキストの公刊が試みられるが、老齢の二人が他界したため計画は一時挫折する。しかしペテルスブルク大学、現在のレニングラード大学の少壮教授D・K・ペトロフは、彼らと別に本書公刊の意志をもち、種々の困難にもめげずロシアの碩学クラチュコフスキーの協力をえて、世界唯一の写本をもとに本書のアラビア語版を公刊した。一九一四年という時点でなされた本書の公刊に、ペトロフは全力を注いだが、当時のアンダルシーア研究はその後の研究の長足の進歩に比べると、いまだ微々たるものであった。従って写本に忠実を期したこのアラビア語版は、のちにC・ブロッケルマン、I・ゴルトツィーヤー、W・マルセー等のような研究者により、厳密なテクスト・クリティークの対象となる。マルセーは一九二八年に改訂版を出し、一九四一年にM・ヴァイスヴァイラーがヨーロッパでの第三版を公刊している。その間にも本書と深い関連性をもつイブン・ダーウードの『花の書』、イブン・クズマーンの『詩集』を研究したA・R・ニクルが、一九三一年に本書を英訳しており、その後も一九四九年にF・ガブリエリのイタリア語訳、L・ベルシェーのフランス語訳、一九五二年にスペインの碩学E・G・ゴメスのスペイン語訳、一九五三年にはA・

J・アーベリーの英訳等が出版された。かくして長らく埋もれたまま陽の目を浴びずにいた本書『鳩の頸飾り』は、今世紀に入りプラトンからオウィディウス、プロヴァンサル詩華集、ダンテ、ペトラルカ、スタンダールの著作といった一連の愛の論考とともに、古典の殿堂の一角に座を占めることになったのである。

アラビア語圏においても、本書は西欧における研究の高まりとともに、人々の注目の的となってきた。本書に関する研究も数多く出版されているが、ここでは煩を避けるため説明を割愛することにしよう。ただしアラビア語版の公刊については、一九七五年までさしたる熱意は見られなかった。一九五〇年に出版されたH・K・アッ＝サイラフィーの刊本は誤植も多く、原典校訂もなされておらず、一九七五年のM・M・アブドッ＝ラティーフ本もこれと大差がない。ただし同年にカイロ大学教授T・A・マッキーがダール＝ル＝マアーリフから出版した刊本は、現在最も信頼するに足りるものといえよう。その後同教授が公刊する予定の本書に関する論文は、不幸にして未見であるが、専門の研究者による本格的な出版として前記の刊本は信頼するに足り、したがって訳者は翻訳にあたりこれを底本とした。この刊本の原典、注釈も、原則的には碩学E・G・ゴメスの研究、翻訳を基礎としたものであるが、各所に彼自身の意見も述べられており、現在までのところこの刊本が翻訳に際し最も相応しいものと思われる。

触れなば砕けんばかりの古えの玻瑠のような文化的遺産も、数多くの学者たちの努力をまって古典の一角に居を占めることができた。それはそれとして喜ばしいことであるが、依然として秘密は残されたままである。われわれの手許に残された唯一の写本は、書写生も指摘しているように、『鳩の頸飾り』の完本ではないのである。「詩の大半を割愛し、要点だけをきわ立たせるようにした……」という書写生の奥書きは、通常どの翻訳にも訳出されていないが、訳者はこのような本書の性格を明瞭にし、本書の辿った運命を明示するために敢えて訳出した。その後の研究にもとづき、古書に記載された原書からの引用部分がこの写本に欠けている等の証拠から、書写生の奥書きに偽りがない点が立証されているが、そこで問題になるのはこの書写生の判断である。彼が必要以上の削除を行なっているのではないか、等々議論百出であるが、さしあたり多くの秘密があってこそ、美人も一層美人たりうるとでもいう以外に方途はない。幻の原本の実態は杳として知れないのだから。

二

本書にまつわる隠された部分はさておくとして、ここではまず著者イブン・ハズムの時代とその生涯について紹介することにしよう。

西暦七一一年、イスラーム軍の将軍ターリク・ブン・ジヤードが、僅かの手兵を率いてスペインに侵攻して以来、スペインの大半は寸時にしてこの新参の勢力の手に帰した。その後三百年の間、スペイン・ウマイヤ朝は絶えず東方のイスラーム圏から養分を摂取しながらも、この温暖肥沃な新開の土地で特異な文化の花を咲かせるのである。東方ではアッバース朝に覇権を奪われたものの、アンダルシーアにおけるウマイヤ朝の力はそれに劣らず強大で、西側からの脅威も怖れるに足りなかった。新興の気にもえるムスリム勢は、強力な王朝の力を基礎にアラブ化、イスラーム化を推し進め、着実な成果をあげることに成功した。しかし本書の筆者イブン・ハズム——正式にはアブー・ムハンマド・アリー・ブン・アフマド・ブン・ハズム——が首都コルドバに生れるころから、ようやく情勢は変化の兆を見せはじめているのである。彼の生年九九四年は、ウマイヤ朝カリフ、ヒシャーム二世の統治期間にあたるが、この時にはウマイヤ朝カリフはすでに傀儡となりさがり、実権は国璽尚書アル＝マンスールの手に握られていた。アンダルシーアはようやく悲劇的な内訌の時を迎えていたのである。ゴメスも指摘するように、イブン・ハズムはスペイン・ムスリムにとって最も悲劇的な時代を生きるよう、宿命づけられていたのであった。

イブン・ハズムの家系については正確な事実は知られていない。あくまでも推測にすぎないが、彼はイスラームに改宗したキリスト教徒の後裔であろうというのが、これまでの通説である。ともあれこの一族は祖父のサイードの代に首都コルドバに住みつき、父アフマドの代にはすでに貴顕の地位を占めている。ちなみに父のアフマドは、ウマイヤ朝カリフ、ヒシャーム二世を擁立して実権を握っていたアーミル家のアル＝マンスール、アル＝ムザッファルの二代にわたり宰相をつとめ、官僚の昇りつく絶頂を極めているのである。国璽尚書の肩書きを持ちながら、実は国家の大権をすべて掌握していたアーミル家に仕え、同時にウマイヤ朝のカリフ、ヒシャーム二世にも忠誠の限りを尽した彼の政治的才腕は並々ならぬものがあったようである。

今をときめく宰相の息子として生れたイブン・ハズムは、幼年時代をもっぱらハレムの中で、数多くの女性たちに取りまかれて過した。本書のあちこちからもうかがわれるように、彼の繊細な感受性は周囲の女性たちの影響によって一段と洗練されていく。彼に読み書きはおろか、一切の幼児教育をほどこしたのもこれらの女性であったが、彼女らの何気ない立居振舞いの背後に、奥深い情念の動きが宿されているのを幼い彼に悟らせたのも彼女たちであった。ともあれこのような幼児環境は、微妙な愛情の表現、恋人の狡智など、愛に関しては専門家であると自負する彼に、その諸相を逐一洞察する観察眼を養う充分な機会を与えた。幼年時代の十数年は、しのび寄る破局の影を少しも予知させぬ至福の時だったのであろう。ただし彼の生母に関する記述がどこにも見出せないのは、何故であろうか。しかしこの至福の時も、ついに無残な終りを告げることになる。本書『鳩の頸飾り』が、この時を偲ぶ挽歌としての一面を備えている点については、読者もすぐに想い到ることであろう。

アーミル家の勢威の失墜とともに、アンダルシーアは未曾有の混乱期を迎える。それまで一枚岩を誇っていた堅い団結は一挙に乱れて、内訌、内乱が続き、しかも支配者の誰一人として安定した政権を保ちえないような状態が永続するのである。それまでアンダルシーアへの外国からの移住者は、もっぱらウマイヤ朝の政権下で同化に努めてきた。しかしアーミル家の擡頭のころより内部矛盾が顕在化し、次第に徒党意識にもとづく集団的抗争の度が増していく。具体的には首都コルドバの貴顕の士、ベルベル人、サカーリバと呼ばれるスラブ系人士の間で覇権を目指す内部抗争が激化していくのである。ちなみにこれらのスラブ人は、軍人もしくは種々の労働者としての北部、東部ヨーロッパから大量に集められた奴隷であったが、次第に主として軍事的に勢力を強め、侮りがたい力をもつようになっていた。このような内紛は、当然枢要な政治的立場にあった父アフマドを渦中に巻きこまずにはいなかった。アーミル家を倒し、新たに権力の座についたムハンマド・アル゠マフディーは、ウマイヤ朝カリフ、ヒシャーム二世を退位させるとともに、彼と親しかった宰相アフマドを失脚させた。その後アル゠マフディーは暗殺され、ヒシャーム二世がカリフの地位に返り咲き、アフマドにも好運が微笑みかけるかと思われたが、スラブ系の将軍ワーディフは彼を監禁し、財産をすべて没収しているのである。この混乱期においてイブン・ハズムの一族は、正統的なウマイヤ朝復権を目指す政治的大義に命運を賭ける決心をしたようである。不運に見舞われたアフマドは、一〇一二年スラブ系人士の勢力を覆す隠謀に参画するが、これは結局不成功に終り悲劇的な死を遂げる。時にイブン・ハズムは若冠十八歳の青年であった。しかし悲劇はこれにとどまらなかった。翌年一〇一三年には、スライマーン・アル゠ムスタイーンに率られたベルベル人がコルドバを寇掠し、市中で残虐の限りを尽して、バラート・ムギースにあったイブン・ハズムの邸も焼き払われてしまう。イブン・ハズムは住み慣れたコルドバを離れ、アルメリアに落ち延びることになる。バラート・ムギースの邸の静謐なたたずまいは、終生彼の脳裏から消えず、本書のあちこちに追憶の想いがちりばめられているが、とまれこの邸の焼失とともに彼にとり、一つの時代が確実に終りを告げたのであった。

さまざまな不運に見舞われこそしたが、この間もイブン・ハズムは孜々として学業の研鑽に励んでいた。抜群の頭脳に恵まれ、幼少のころより優れた師に師事していた彼はあらゆる学問に頭角を現わし、その知識は当代の絢爛たる諸学のほとんどすべてを網羅していたのである。神学、哲学はおろか博く歴史を学び、詩をよくするばかりでなく、ザーヒリー派法学を体系化することによってコーラン研究に独自の一貫性を与えるばかりでなく、広汎なアラブ・イスラーム文化に綜合的な評価を下すといった、稀有の業績を残したこの不世出の偉人は、運命の波濤に翻弄されながらも、日々諸学の研究に余念がなかったのである。A・パラシオス、E・G・ゴメスといった一流の研究家たちの業績を踏まえたR・アルナルデスの優れた研究『コルドバのイブン・ハズムにおける文法と神学』は、この偉大な思想家の業績を的確に捉え、再構成した好著であるが、この研究にもとづく彼の思想の解明は後まわしにして、まずはその後半生について説明を続けることにしよう。

アルメリアに落ち延びたイブン・ハズムは当初その領主に好遇されるが、それもごく束の間のことであった。領主のハイラーンは、北アフリカのイドリース朝君主アリー・ブン・ハンムードと組んで、コルドバの支配者スライマーンを倒す計画を立て、それまでのウマイヤ朝に対する忠誠心を捨てるばかりか、親ウマイヤ朝色を明瞭にしていたイブン・ハズムを投獄する。一〇一六年イブン・ハズムは友人のムハンマド・ブン・イスハークとともに、再びこの地を落ち延びねばならぬ不運に見舞われたのであった。彼らはひとまずマラガもしくはムルシアにあったヒスヌ＝ル＝カスルに逃れるが、ほどなくして当時バレンシアにいたアブドッ＝ラフマーン四世、通称アル＝ムルタダーが旗上げするという情報をえて彼に合流する。アル＝ムルタダーのもとでイブン・ハズムは宰相の地位を得るが、コルドバに進軍した軍勢はベルベル軍に大敗し、イブン・ハズムも敵軍に捕えられている。その後罪を赦された失意のイブン・ハズムは、かつてアル＝ムルタダーの根拠地であったハティバに隠棲するが、おそらく一〇二二年ごろ彼はこの地で『鳩の頸飾り』に筆をそめたものと思われる。

しかし運命の女神は、その後もイブン・ハズムを翻弄し続けた。一〇二三年、ウマイヤ朝のアブドッ＝ラフマーン五世、通称アル＝ムスタズヒルはようやくコルドバ入りを果し、親友のイブン・ハズムを宰相に任命する。しかし不幸にして七週間後にこの新カリフは暗殺者の餌食となり、イブン・ハズムはまたも投獄の憂き目にあっている。その後彼は一〇二七年に、再びハティバに舞い戻ったことが知られている。一説によれば、ヒシャーム三世、通称アル＝ムアタッドの時代に乞われて宰相をつとめたといわれるが、すでに彼にはかつての政治的熱情は失われていた。それ以降彼は、もっぱら研究、著作、後進の教育に専念することになる。

乱世の現実を直視する学者としてのイブン・ハズムは、政治的次元で実現されなかった理想主義を、思想的な次元で復権させようと試みる。彼の心中に渦巻く理想への執心は、四百種にのぼるといわれる厖大な著作中に美しい結晶を見せているが、それは決して彼に現実からの逃避を許すものではなかった。彼の思索は象牙の塔に閉じこもって内的な自己満足に終始するといったていのものではなく、広汎な文化的現象のすべてとわたりあう性質のものであったため、ハティバでの隠棲は政治的な観点からすれば自己隔離とはいいえたが、思想的にはつねに当時の現実と深い関わりをもっていたのである。現状と絶対に妥協しない彼の理想主義は、至るところで敵を作った。例えばザーヒリー主義を標榜する彼は、歯に衣きせぬ舌鋒をもって他派の法学者たちを非難した。特に乱世において節操もなく、つねに権力者に阿るマーリク派法学者に対する彼の批判は激しく、ときに論難は種々の御用学者、為政者そのものにも及んでいる。ウマイヤ朝崩壊以降の百年は、アンダルシーアの各地で群雄が割拠し、それまでの文化的栄光が地に堕ちた時代であり、イブン・ハズムのような理想主義者が安泰な生活を営むには最悪の時代であった。乱世に独自の理想主義を貫くことを生涯の生き甲斐とした彼は、至るところで容れられず、一〇六四年マンタ・リーシャムで他界している。その晩年には、権力者たちの干渉が激しく、残り少い弟子たちも師に近づくことが困難だったといわれている。彼の孤独な最後は、その理想主義の何たるかをよく明かすものであろう。

三

本書『鳩の頸飾り』は、スペイン・イスラームでも稀有の大学者、イブン・ハズムのいわば手なぐさみの書である。ただし浩瀚な主著を書く余暇に書かれた本書は、著者の人となりを如実に反映しているもののように思われる。しかしこのような著者の性格、人となり、ひいてはそのような著者によって書かれた本書の特殊性を明らかにするためには、是非ともここで彼の思想についてひとわたり説明する必要があろう。

精細な事実の調査に基礎を置く体系家としてのイブン・ハズムの天賦の才は、彼の厖大な著作のすみずみにまで発揮されている。確固とした法学体系を確立し、同じ精神のもとに神学、宗教史等の浩瀚な著作を残した著者の精神的営為を概観するには、まずその独自の言語観から検討するにしくはあるまい。前述のアルナルデスは、彼の労作『コルドバのイブン・ハズムにおける文法と神学』の中で、この思想家の問題意識を見事に解明しているが、ここでは『鳩の頸飾り』理解に必要と思われる要点のみを紹介することにする。

神の啓示としてのコーランが下されて以降四百年に近い月日がたつにおよび、イスラーム社会にはその解釈をめぐり種々の学派が現われ、異論をたたかわすことになった。イスラーム登場以降のムスリム社会の歴史的展開は、当然最後の預言者に下された啓示に対する発展的解釈を要請した。啓示当時のムスリムにとって何の不足もなかった聖法も、時代の経過に伴い新たな事態を前にした信徒たちによって、状況に適応する新解釈が下される必要があった。聖なる啓典コーランと預言者の言行に関する伝承《ハディース》を法源とする大綱に相違はないとしても、各法学者は新事態に対処するために、法源に依拠する類推、協議といった分野を拡大して組織的に解釈の自由を獲得しようと試みた。しかしこのような試みは、宗教の硬直化に対する歯止めという肯定的な側面をもつ反面、多くの問題点を抱えもっていた。類推、協議の自由とはいうものの、それはいかなる程度まで許されるものであろうか。この自由の限界を規定する法則はどこにも存在しないのである。加えて状況に対する適応性とはいうものの、その現状は往々にして心ある者の顰蹙を買うていのものであった。いかなる状況にも無原則に対応しうるような法はもはや法ではない。しからば刻々変化する事態に対応する、法の原則性を確立することはいかにして可能であろうか。イブン・ハズムにとって理性による類推《キャース》という操作は、余りにも無責任でその場しのぎの錯雑な結果をもたらすものにしかすぎなかった。乱世に生きた彼にとっては、人間の理性を絶対的なものとして信用することはできなかった。現に彼の目前では御用学者たちが、理性による類推という道具を楯にして、権威ある者のごとくに新参の権力者たちに阿り、諂っていたのである。人間の心の奥処にはえてして隠された意図が宿っており、確固としたなんらかの公準に依拠せぬ限り、理性というものもこの意図に奉仕し、結局は客観性を失ってしまうのではないか。彼の懐疑主義を正当化する例はあちこちに満ちあふれていた。この種の理性の独断から逃れる唯一の道は、敬虔なムスリムであるイブン・ハズムにとって、至大至高のアッラーの許に立ち返る以外になかった。具体的には天啓の書コーランを全面的に信ずる以外になかったのである。

ムスリムたる者が聖典たるコーランを公準とすることは至極当然であり、その事実には何の事新しさもない。しかし問題はその解釈の方法にあった。いうまでもなくあらゆる表現は、それ自体のうちに独自の世界を完結させている。ただしその世界も解釈者の見解の相違により、異なって把握されることは理の当然である。しかし聖典が唯一の公準である限り、そこに公的な解釈の方法が存在しなければならぬことも明らかであろう。聖典の言葉は神が説明するのでもなく、それが下された状況によるものでもない。聖典はそれ自体で説明されるのみであり、それをして普遍の真理を語らしめるためには、それ自身の論理を客観的に取り出す方法を確立しなければならない。厳密な客観主義者イブン・ハズムは、独自の思想を展開するに先立ち、まず言語論から出発している。

あらゆる表現には虚偽、誤謬がつきものである。この虚偽は、表現を公けに奉仕させるものではなく、私的な目的のために利用しようという野心から生ずる。神によって創られた言語はそれ自体のうちに固有のリアリティーをもっている。そこには紛れもない真理が宿されており、それを本来の神的な根源から断ち切り、勝手に濫用せぬ限り、ひとはそのうちにこそ真理を把握し、真理を表現する手段を見出しうるのである。言語の機能は本来相互理解を目的としており、したがってそれは因習的で不可解なものであってはならず、すべてが明瞭に表現されねばならない。それゆえイブン・ハズムによれば、完全な言語表現、とりわけ神の言葉であるコーランは、その明白な外面《ザーヒル》的な意味により完全に表現され尽されているのであり、気ままな秘密の、内面《バーティン》的な解釈は許さぬものであった。当時流行の意味深長な内面的解釈は独断的な判断に席を譲り、人間の心の勝手な恣意に身を委ねる危険な態度なのである。そのような態度は結局真の相互理解を妨げ、言葉の中に盛られた真意を損ってしまう。またあらゆる言葉はそれ自体含蓄的な意味、指示的な意味をもっているが、それは言語のもつ基本的な範疇、命令法、直説法、疑問文等々の固有な様態と勘案され、客観的に理解されねばならない。議論の詳細は上述のR・アルナルデスの著書に譲るとして、イブン・ハズムの文法論の主要な関心事は、イスラーム共同体のあらゆる行為を律するコーランに公的な解釈の基準を設けることにあった。したがって文法論の成果はそのまま独自の論理学、神学体系の樹立に供されるのである。

ここでイブン・ハズムの独自の論理学を説明する前に、まず彼の理性に関する見解を明確にしておく必要があろう。先にも述べたように、彼は理性を絶対至上のものとして認めはしなかった。従って彼は独自の論理体系を樹立する際にも類、種、種差等の概念から成り立つ論理的世界の実体性を認めているわけではないのである。古来イブン・ハズムのアリストテレス理解は正統的ではないという批判がある。しかし彼はギリシャ論理学を利用こそしたが、その目的はまったく別のところにあった。たしかに彼にとっても、理性は固有の価値をもっていた。ただしそれは、人間理性の力をはるかに超えて普遍的な神の言葉を、正しく理解するために供せられる限りでの価値であった。彼は理性に多くの効用を認めていたが、それはまず理性的直観の道具であり、また被造物が備えている健全な分別、認識力の柱となるものであった。同時にそれは具体的な経験や種々の認識、書物等に盛られた真理に依存して真偽判断を行い、検証された事実にもとづいて種々の推論を行うことが可能である。ただしそれは神の言葉のように絶対的な価値を作り出すものではなく、自らに与えられた分野で真理を究明することはできても、独自の完結した真理を創造する力はない。それはムスリムの信仰の基であるコーランに秘められた、神の徴を解明するための最高の道具、真理認識の奉仕者であるが、決して支配者ではないのである。要するに彼の論理学は、理性に関するこのような認識にもとづいて築きあげられた、精緻な聖典解釈の体系であった。この際の基本的原理は、聖典中の用語を外的に明らかな、最も広義の意味で把えるということに尽きるであろう。ムスリムが法源とするコーラン、伝承《ハディース》の中では、同一の言葉がしばしば多様な意味に用いられている。このような事態は、同一の問題に関して、解釈の相違により実に多様な解答がえられるという危険性を内包していた。ムスリムの生活のあらゆる面を規制する法源解釈の不統一は、そのままイスラーム共同体の統一の破壊という社会的問題と直結していた。高度に抽象的な論議は、そのまま政治的・社会的次元と関連していたのである。煩雑を避けるため、ここでは彼の解釈学の体系のごく一部のみを紹介することにしよう。第一に彼は文章の基本要素に依拠して、神の真意を推し量ることに努める。基本要素とはこの場合肯定命令、肯定文、否定命令、否定文といった文章の様態の別であるが、これによってそれぞれ神の命令、奨励、禁止、諫止が推し量られることになる。次いで文中の語義を決定する際には可能な限り最も広い意味をとり、狭義に解釈する場合には何らかの明確な証拠が必要である。等々の規則に対してまた種々の細則が設けられているが、要するに彼の意図は、理性という忠実な下僕の能力を縦横に駆使して、偏向のない、最広義の法源解釈の可能性を求めることにあった。それはイスラーム社会においては、誤った法解釈の適用により圧政に苦しむムスリム同胞を、イスラームの大義のもとに解放するという精神的、かつ政治的意図をも含んでいたのである。

ザーヒリー派という少数派法学派に身を置いて論陣を張った、イブン・ハズムの法学上の活動についてはここでは論及しない。最も明白《ザーヒル》で、最も広義な法源解釈を意図する彼の主張には、随所に肯綮に当る議論が含まれているが、さしあたりイブン・ハズムにおける原理性の尊重、理想主義の何たるかを問題にするわれわれにとっては、細部にわたる論述は不必要であろう。端的にいって彼の態度は組織的な復古主義であった。余りにも自由な法源解釈による、聖典からの逸脱に対するこのイスラーム的復古主義は、聖典への回帰という点ではたしかに復古主義であるが、この言葉にまつわる古色蒼然たるニュアンスについては多少の説明が必要と思われる。登場当時の初期イスラーム共同体は、それまでの多神教に代わる一神教の主張という宗教的要素の他に、七世紀という時代的制約の中にありながらも、独自の方式でこの地上に理想的な共同体を樹ち立てようと尽力していた。「信徒はすべて兄弟姉妹。」この単純なスローガン一つをとってみても、それが理想的な形で社会的に実現、確立された場合、いかに多くの成果が期待されるであろうか。初期ムスリムは明らかにこのような理想的社会の形成に努めていたのであり、この理想主義の灯は政治的堕落の中を生きた後代の心あるムスリムの中で、絶えることなく灯され続けるのである。評価の如何はともあれ、ムスリムの歴史は、「毀たれた理想の歴史」であり、そのような状況の中での復古主義には、失われた真のイスラーム的原理の回復という、肯定的な側面のある事実が見逃されてはなるまい。ムスリムによって企てられるイスラーム社会の内部改革は、もっぱら復古主義の形態をとるが、考察が複雑多岐にわたるこの問題に関してはこれまで充分な研究、解説がない。したがって局外者には理解が困難な部分があるが、ここではさしあたり読者に、イブン・ハズムの復古主義が、実はかなり革新的な要素をもっていたと解釈してもらう他はあるまい。彼の法学体系に関する後代のムスリムの評価としては、その厳格な復古主義的態度のゆえに、時代との適応性が欠けているという批判がある反面、その組織的復古主義が現代の革新的ムスリムの間で注目の対象となりつつある事実は、この点を如実に反映しているといえよう。

彼の著作には、随所に独自の神学論議が鏤められているが、残念ながらここで紹介する暇はない。ただし彼の浩瀚な宗教思想史の著作に関しては是非とも言及しておかなくてはなるまい。彼は当時入手しうる限りの他宗教に関する情報、イスラーム内の諸分派、思想的流派の著述を渉猟して宗教思想通史を著わしている。優れた歴史家としての資質は、この著作における情報の的確さに示されているが、この書は単なる歴史書ではなく独自の神学的理念、つまり著者のザーヒリー派神学の理念にもとづく仏教でいうところの教相判釈の書といった性格をもっている。著者はここで知識の性格について、真理獲得の可能性についてといった哲学的問題から筆をそめて、永遠と創造、時間、空間、物質の本性等を論じながら星辰崇拝、光と闇の二元論、輪廻説、ひいては三位一体論等々のユダヤ教、キリスト教の諸問題について批判的に論考し、イスラームの護教論を展開している。議論がイスラーム自体に及ぶと、論述は異端学の様相を帯び、イスラーム内部に生じた異端派、種々の宗教思想、哲学等が鋭い批判の目で紹介されている。歴史家、体系家としての彼の面目が躍如としている彼の宗教思想史、Kitāb-l-Fiṣal fī-l-milal wa-l-'aḥwā' wa-n-niḥal は、彼の法学書 Kitāb-l-Muḥallā とともに彼の主著にあげられるべきものであり、M・A・パラシオスが生涯をかけたほぼ完訳に近いスペイン語の翻訳がある。パラシオスはまた道徳に関するイブン・ハズムの小著、Kitāb-l-'akhlāq wa-s-siyar を『性格と行為の書』として翻訳しているが、この著作にはN・トミシェの仏訳もあり、近づき易い。

以上で四百種にものぼるイブン・ハズムの著作活動の概要と、その基本的な意図について述べたが、ここでは意欲的な学術的労作の中で示された彼の組織的な理想主義態度の性格が理解されれば充分であろう。独自の理想主義を掲げながら、厳密に問題点を検討し、普遍的な形で体系化していく彼の天分、才能はこれらの学術書の中で縦横に発揮されている。本訳書『鳩の頸飾り』の魅力も、自らの体験を介して確証された事実、豊かな経験に裏打ちされた諸事実の鋭利な体系的分析、著者固有の理想主義の三点から成り立っているが、これらの関連性が明かされればさしあたり筆者の責は果されたことになる。

四

人間にとっての基本的な情念である「愛」は、アラブ文学においても主要な主題の一つであり、イスラーム以前のジャーヒリーヤの一詩人がすでに、愛についてはすべてが歌い尽され、新たに付け加えることは何もないと告白しているほどである。また「愛」そのものを論述した著作にしても、アル＝ジャーヒズやイブン・ダーウード、アル＝ハラーイティー等がすでにそれぞれ一書を著わしており、とりわけて新しい分野であるとはいえない。それにもかかわらず本書『鳩の頸飾り』が独自の魅力をたたえている主要な原因は、もっぱら上述したような三つの点に絞られるであろう。幼少の頃から異性と親しく接して磨きあげられた観察力、天賦の分析・体系力、独自の理想主義が、語り古された主題に関する本書に特異な魅力をもたらしているのである。乱世に生きたイブン・ハズムの心中には、奥深い人間不信が宿されていたことはすでに述べた。人間の内心は推し量りがたく、確たる理想を持ち合せぬ人間はいずれ背信の坂をおり下っていく。言葉というものもその背後に、真実の理解を成立させる基盤をもたぬ限り、正しい意志の疎通は不可能である。真の友情、真の愛情こそがその基盤であり、そのような親密な関係こそ、言葉を正しい意味で言葉たらしめるものであり、行為を真に意義ある行為とするものである。真の友情、真の愛情の意義を説くモラリスト、イブン・ハズムの背後には現状を冷徹に直視するが、安易にそれとは妥協しない熾烈な理想主義者が控えているのである。アンダルシーア・ウマイヤ朝も創立後三百年ともなると、徐々に安逸、頽廃の気に満ち満ち、特に貴族社会の間では生活が放恣に流れる傾向があった。豊かな富、豪奢な日常、多くの奴隷女たちと三拍子揃った当時の貴族は、同時代の詩に見られるように恋愛感情を豊かに開発していったが、時にそれは頽廃的な逸楽に堕しがちであった。このような世情は、写実性豊かな本書のあちこちからも窺いとることができよう。怜悧な観察者イブン・ハズムはこのような現状を、単純な倫理的観点から切り棄てるような頭の固い道学者ではなかった。妙なる異性がたたえている掬み尽しがたい秘密は、幼少の頃から彼の好奇心をそそり、愛がもたらす魂の高揚はこの神学者にとって生涯の関心事であった。玄妙な愛がもたらす心の葛藤はそれ自体真剣な注意を惹くに足る主題であり、軽々に否定さるべきものではない。だがそれは同時に安易な肉体の交わり、愛の技術にのみ解消される問題でもなかった。恋人に捧げられる真実の精神的な愛こそ、現世を真摯に生きる者の生の確かさの証しである。人生という行為の芸術の真贋を尋ねる指標の一つとして、イブン・ハズムは変りなく貫かれた愛の価値を顕彰する。運命の有為転変にも身をまかすことのない変りない友情、様々な紆余曲折を経ながらも貫き通される愛情、そこにこそ果敢ない人生の諸行為、言動が硬く透明に晶化する契機があるのではないか。ときに狂おしく、ときに愚かな醜態へと恋する者を誘う愛の情念は、思慕の対象との同化を願う魂の憧憬の思いの切実さによって、それ自身を正当化する。一人の異性のうちにおのれの魂の故郷を見出すような愛、そのような愛こそ真に愛と呼ばれるに相応しいものであり、そのような愛においてこそ魂の高貴さが保証される。したたかな観察家イブン・ハズムは、神の創り給うた人間が織りなす愛情のドラマを冷静に見守り続けるが、一方では前述のような愛を称揚して、「愛の徴候」から「死別」といったきわめて即物的ともいえる章だての中に、固有の精神的なふくらみをもたせているのである——最後の二章の神学者的な結論は、宗教離れの現代人にはいささか抹香くさいかもしれないが——。スペイン・イスラーム世界の文学がトルバドゥールに与えた影響、特にクルトワジー精神の起源といった問題に関しては、学界で議論が喧しい。現在ではおおむね否定的な意見が優勢のようであるが、果して如何なものであろうか。アンダルシーア文化のヨーロッパ文化への影響は否定の余地なきものであり、これを否定論者はどう定義づけるのであろうか。とまれ本書『鳩の頸飾り』は、少くともアンダルシーアのイスラーム世界に、精神的な愛を力強く主張した作品が存在することを示す有力な証拠といいうるであろう。本書のあちこちに見られる著者自身の恋愛経験の回顧談がまずこのことを、何よりもよく立証しているのである。

このような議論には、ある種の反論もある。E・G・ゴメスが本書のスペイン語訳に付した序文の中で紹介しているが、エジプトの著名な学者T・フセインによれば、この書は著者の個人的な体験を忠実に反映した著作ではなく、愛という主題に関する詩と散文を交えた覚書きであるということである。要するに物故したこのエジプトの文人学者によれば、この書はアラブ的恋愛観に擬して戯作的に書かれた作品であることになるが、果して彼の論旨は「他人の騎り物に乗ることをよしとしない」、と著者自ら告白する本書の性質に妥当するであろうか。古えの愛にまつわる逸話は数多く、風俗、習慣も異なるためそれらの引用は極力避け、実例を著者が親しく実見し、もしくは信憑するに足る友人たちから耳にした情報に限るといった態度は、それのみですでに独創的であるといえよう。どちらかといえば衒学的で引用好きなアラブ文学において、このような主題の撰択はそれ自体きわめて意欲的な試みなのである。題材処理にあたり、著者が伝統的な恋愛論の枠組に依存し、この作品中に鏤められた詩が、東方アラブ的詩法の踏襲からさして一歩を画すほどのものではないという事実は確かに存在する。しかし少くとも散文の部分には、崩壊を間近にしたアンダルシーアの挽歌ともいえる独特の詩情がたたえられており、主としてコルドバを舞台とする頽廃の気を帯びた、艶麗な当時の文化的風景が深い哀惜の想いをこめて活写されているのである。たしかに著者は、自らの経験を語るといいながら、赤裸々な私事をほとんど公けにはしていない。しかしこれは決して、彼が自分自身の内面を語らなかったことには通じまい。主として同時代のコルドバ人士の恋愛感情の発露を「逸話」という形で収録し、愛という普遍的な情念を冷静に分析する態度はまさに客観的である。しかし友人、知己、愛人について、また往時のコルドバの多彩な風物について書き綴る著者の筆は、実にしばしば彼の内面をも映し出していないだろうか。愛の諸階梯を分析する著者の視線の背後には、固有の精神的愛を結晶させた彼の全人格が滲み出てはいないであろうか。イブン・ハズムの主張によれば、通常の文章表現とは仮面にすぎない。しかしこの虚構性を帯びた仮面も、所詮は単なる仮面ではありえまい。その仮面は端的に、その背後にある人格を投影させずにはおかないのである。特にそれが文学的表現であればなおさらのことである。表現は、その背後に真理を控えていない限り真の表現たりえない。行為にしろ情念にしろ、事態には変りない。法学に神学に、自らの主張を一貫させた著者は、本書『鳩の頸飾り』で錯雑な浮世の切れ切れな情念の襤褸《ぼろ》糸から、紛うかたない正真正銘の情念の錦を織りあげようと努めた、と考えるのは当をえていないであろうか。もしもこの仮定が正しいとすれば、愛というとりわけ主体的な情念について語る際に、「私」という確たる鏡に照らす操作なしに果して何が確証されるであろうか。この書は単なる戯作的著述とは解しえぬ、数多くの要素を内に含んでいるのである。

五

愛は時としてひとを絶望の牢獄につなぎ、時として暢びやかに陶酔の大海にただよわせる。この情念がもたらす心象風景は変幻多彩で、その拡がりは人生そのものの織りなす世界とほぼ匹敵するといっても過言ではあるまい。それゆえ愛の論攷は人生そのものの省察にほぼ等しいのである。筆者はさきに、本書『鳩の頸飾り』が、イブン・ハズムの手なぐさみの書だと述べたが、それは決してこの書の価値を貶しめる意味での発言ではない。重厚精緻な著述とは別に、専門分野以外の領域でひとは時として、綿雲のようにおのれの隠れた天分を天翔けらせるものだが、この書もいわばこのような範疇に入る著作であろう。一〇二二年に隠棲の地ハティバで書かれたといわれる本書は、時折示される余りにも老成した観察のゆえに、その後著者自らの手により改訂されたという説がある。ともれ当時の著者は、すでに多くの人生経験を積み、特に愛という主題に関しては自ら専門家と称えうるほどに通暁していた。彼が回顧しているコルドバの青春は、絢爛とした中に頽廃の気と、そこはかとない哀調をたたえながら、いささかの束縛もなしに色綾な愛の花々を咲かせていた。稚気を交えた清らかな愛、好色にあぶらぎった愛、禁欲的な愛から男色趣味にいたるまで、生真面目さと狡智をないまぜて愛を謳歌するこの時代は、愛の種々相に関する論攷の対象としてまさに格好の時代であった。安逸な生活の中で愛に目覚め、幼少の頃からこの情念の万華鏡の織りなす花影をつぶさに観察した著者は、異性の美が魂をとらえるドラマの本質的な崇高さを心の底でいつくしんできた。肉体をもってこの世に生れ出た魂は、天上の己れの分身を求めて地上をさまよい歩く。奥深い己れの内部に焼きつけられた美的形象の記憶ばかりを頼みのつなとして。プラトンの『饗宴』の主題は、イブン・ハズムの心中でも高らかに鳴り響いているが、この主題は愛の論攷の先達、『花の書』の著者イブン・ダーウードを経由しているなどといった詮索は、好事家の学者に委しておけば足りるであろう。特異な美的形象に対するあらがい難い魂の傾斜は、しばしば同一の根源に回帰するのであり、この根源への回帰こそがめぐりかえった者の魂の美質を証すのだから。互いに牽引しあう磁石と鉄のように、固有の美、特有の美徳を求めてさすらう魂の劇の種々相は、よろず創られたもの、とりわけ人間の限りない可能性を信ずるイブン・ハズムの眼をとりこにした。神の創り給うた外界、人間のたたえる秘密は絶えず孤独な魂の養分たり続ける。愛が一つの魂を切開して異なる魂に向わせ、それを別種の高みへと誘うように。旺盛な観察家イブン・ハズムの観察眼は、切子硝子の一々の面のように確実で、手応えのある逸話の群れを蒐集した。運命の浮沈をつぶさになめて、人生の転機を迎えたこの観察家の魂は、深い諦念につつまれていたが、二十九歳という若さは、春の空に啼く揚げ雲雀のさえずりのような恋愛感情の闊達な高まりを、如実に把えてはいないであろうか。同時に彼の諦念は、この感情にえてして伴う軽率さを抑制して眺める慎重さ、成熟の機会を充分に与えていた。愛の華やぎと翳りを振幅豊かに把えうる年齢に書かれたこの著作は、対象となる時代、著者の内面的成長、いずれをとっても絶好のときに書かれたといいうるであろう。それに加えて前述のような著者の豊かな観察力、天賦の分析力、確固たる理想主義が、本書に独自の世界をもたらしているのである。随所にスタンダールを思わせるような的確な心理分析を含み、全体的な結構の中にも、身の丈以上のものを極力語らない著者の精神の確かなたたずまいを感じさせるものがあるが、これについてはここでは論及せず、読者の判断にまつことにしよう。とまれ本書の散文の部分は、他に先例を見ないアラビア語文学の傑作たることに疑いないのである。

アラビア語詩に関しては、従来とりわけ西欧の研究者たちの間でこれがきわめて局地的であり、世界文学たるには種々の点で普遍性が足りないという意見が多い。事実同じく詩という形式をとりながらも、そこに輝いている感性のひらめきはまさに独自のものであり、それは在来のわれわれの通念をもって簡単に秤量しきれるものではない。しかもこれまでの研究、紹介は、もっぱらこの詩的世界を通念で割り切った例が多く、遺憾ながらアラビア語詩の魅力そのものにわけ入ろうとする態度がほとんど見られない。この詩的世界が持つきわめて独自な性格と、研究の不備から、紹介は遅々としてはかどっていないが、ここではさしあたりイブン・ハズムの詩の一般的な評価について紹介しておくことにする。

アラブ詩の宝庫といわれる、イスラーム登場以前のジャーヒリーヤ詩人たちは、もっぱら天賦の詩才を縦横に駆使して珠玉の作品群を残していった。奔放自在で荒縄のように強靭な感情の発露である遊牧詩人の詩は、後代の文人たちの鑑となるが、強大なイスラーム帝国の一員となって奢侈の風を身につけていく後の詩人には、これを凌駕することはついにできない。したがって詩風は徐々に洗練され、詩法にも様々な技巧が要請されるようになった。いずれの詩的世界をとっても事情に変りはないが、イブン・ハズムの時代ともなると、一流詩人はジャーヒリーヤ詩から同時代に至る詩に精通していることが条件となっていた。学識豊かなイブン・ハズムが、この点では決して人後に落ちぬことは明瞭であろう。読書家の彼が上代の詩に通じていた点は、本書にも、タラファの古詩と自作の詩を半行ずつないまぜにした作品のある事実もこれを証明している。同時に彼がウマイヤ朝、東方世界のアッバース朝の詩にも詳しく、またアンダルシーアの作品にも通じていた点については、同時代の人々の証言からも明らかなのである。本書のあちこちにも、彼が自他ともに許す当代一流の詩人であると自負する稚気がうかがわれるが、この点については学者の評価が分れている。史料によれば、彼は当時東方のアブー・ヌワースに比せられるほどの詩人と評価されていたようであり、スペイン語の訳者E・G・ゴメスは、彼の詩には随所に美しい表現と深み、技巧がこめられていると讃辞を呈している。ただし他方では英訳者A・J・アーベリーのように、彼の詩は一応の価値はあるが、著者が自負するほど卓越したものではないという批判的な評価もある。残された唯一の写本の書写生が、どの程度彼の趣向にしたがって原詩を削除したか詳らかでなく、最終的な判断は控えねばならないが、作風の大よそは現存の詩からも判断が可能であろう。感性的なといった形容からはほど遠く、むしろ技巧に勝った詩風は時として月並みで、時折脈絡もなく挿入されるふんだんな原典の詩の翻訳にあたっては、訳者もいささか立往生したおもむきがあり、書写生の削除をむしろよしとしたことを正直に告白しておく。非力な訳者は、本書中の詩を素晴しい散文の点景としてむしろ気軽に訳出したが、これは原著者に対する冒瀆であるかもしれない。さしあたりこのような形にとどめておくが、機会があれば再訳すべきていの代物であろう。

「去年の雪いまいずこ。」かつて栄耀を誇ったアンダルシーアのイスラーム文化の灯は、レコンキスタの嵐に吹き消され、いまはわずかに数少い文献、コルドバの寺院、グラナダの宮殿といった遺跡により偲ばれるばかりとなった。コルドバの青春を愛惜する本書執筆当時のイブン・ハズムには、このような歴史の経過が見通しであったか否かは知る由もない。ただし数奇な運命をたどって再び見出されたこの小著は、音もなく立ち尽すコルドバの寺院、幽艶なグラナダの宮殿とともに、アンダルシーアの青春の墓碑銘たるに相応しいであろう。古えよりこのかた、余すところなく語られてきた愛の情念については、語り足さるべき何ほどのものも残されてはいない。古えの愛も、新たなる愛も、すべてひたむきな愛はそれ自身で完結されており、互いの間に優劣はない。様々な衣裳をまといながらも、愛はつねに愛と等しく、しかも愛は愛よりも遙かなのである。だが古えの愛という硬く晶化された情念の宝珠は、その冴えわたる輝きゆえにひとをして固有の愛へと立ち向わせる。誰にとっても決して他所事ではありえない基本的な情念の書たる本書は、果して今の世の読者にどのような意味をもちうるものであろうか。ともあれ本書も拙い訳者の手を離れる時がきた。「まず生きて、しかるのちに哲学せよ」という古えの哲人の箴言を想い起させながら。

筆を擱くにあたり、私事にわたって恐縮であるが、拙い本訳書を心の師、在アラブ首長国連邦大使小高正直氏に捧げる次第である。イスラーム文化に対する変らぬ愛をもって後進を鞭撻され、冬日に射しかける陽光のようなその親しい忠言に心励まされた研究者は訳者ばかりではない。二十年にわたる御好誼に報いるすべは何一つないが、まずはささやかな愛の花束を一束贈り届けさせていただく。師の馥郁たる美質の薫香に付け加える何ものもないとしても、この「愛の書」に託された慎ましい小花のたたずまいを賞でられんことを。

テヘランにて

一九七八年五月

■岩波オンデマンドブックス■

イスラーム古典叢書
鳩の頸飾り
――愛と愛する人々に関する論攷　イブン・ハズム

1978年7月27日　第1刷発行
2015年2月10日　オンデマンド版発行

訳・解説　黒田壽郎《くろだとしお》

発行者　岡本　厚

発行所　株式会社　岩波書店
〒101-8002 東京都千代田区一ツ橋2-5-5
電話案内 03-5210-4000
http://www.iwanami.co.jp/

印刷／製本・法令印刷

ISBN 978-4-00-730177-3　Printed in Japan